CAICT 中国信通院 | 集智丛书

U0724934

2024年
ICT深度观察

CAICT Insight ON ICT-2024

中国信息通信研究院◎编

人民邮电出版社

北　京

图书在版编目（ＣＩＰ）数据

2024年ICT深度观察 / 中国信息通信研究院编. --
北京：人民邮电出版社，2024.6
　（中国信通院集智丛书）
　ISBN 978-7-115-64471-8

　Ⅰ．①2… Ⅱ．①中… Ⅲ．①信息产业－产业发展－
研究报告－中国－2024 Ⅳ．①F492

中国国家版本馆CIP数据核字(2024)第102487号

内 容 提 要

本书主要内容为中国信息通信研究院 2024 年在 ICT 产业、两化融合与产业互联网、无线移动、信息网络、先进计算、大数据与人工智能、数字经济与工业经济、数字治理与法律、网络安全九大领域的深度观察研究报告，具有较强的时效性、权威性和实用性。

本书的主要读者对象为国内外电信运营商、设备制造厂商、增值服务提供商，以及政府部门、行业协会、研究机构的相关人员。

◆　编　　　　　　　中国信息通信研究院
　　责任编辑　苏　萌
　　责任印制　马振武
◆　人民邮电出版社出版发行　　北京市丰台区成寿寺路 11 号
　　邮编　100164　　电子邮件　315@ptpress.com.cn
　　网址　https://www.ptpress.com.cn
　　三河市君旺印务有限公司印刷
◆　开本：720×960　1/16
　　印张：19.5　　　　　　　　2024 年 6 月第 1 版
　　字数：317 千字　　　　　　2024 年 6 月河北第 1 次印刷

定价：129.80 元
读者服务热线：(010)53913866　印装质量热线：(010)81055316
反盗版热线：(010)81055315
广告经营许可证：京东市监广登字 20170147 号

编 委 会

作 者

ICT 产业篇　刘高峰　张　晶　卢　玥　张　丽　刘　泰　胡昌军
李小虎　张　悦　袁　媛　王雪梅　张利华　张雅琪　韩　超　李　召
齐永欣　郜　蕾　吕佳欣

两化融合与产业互联网篇　刘　默　王润鹏　彭连松　李亚宁
侯羽菲　李婷伟　陈　影　王海萍　吴　迪　杜　娟　洪雅兰　徐浩铭
贾金鹏　万洁羽　杨　涵　张佳玉　任　禾　汪俊龙　刘　阳

无线移动篇　万　屹　杜加懂　王　琦　刘海蛟　魏克军　郎保真
李　珊　刘　硕　杨艺果　敢　朵　灏　陈　洁　李侠宇　王　潇
周　洁　杜　斌　宋爱慧　王雯倩　王志玮　鲍佳琪

信息网络篇　党梅梅　苏　嘉　程　强　王一雯　穆琙博　朱鹏飞
徐云斌　翟茂升　高　巍　李少晖　赵俊峰　唐子南　张恒升　汤　瑞
柴瑶琳　刘　阳　李　曼　钟平声　韩淑君

先进计算篇　黄　伟　周　兰　王骏成　丛瑛瑛　张　乾　黄　璜
王　敬　赖俊森　王翰华　邱绍岩　王　琼　向　潇

大数据与人工智能篇　魏　凯　王蕴韬　闫　树　栗　蔚　郭　亮
孙　楠　孙小童　丁怡心　吴思奇　宇文梦柯　张学强　齐　静　董　昊
呼娜英　吕艾临　康　宸　张立锋　张斯睿　田稼丰　李紫涵　巩艺骧
周丹颖　苏　越　王少鹏　邱　奔　郭　雪　张一阳　谢家乐

数字经济与工业经济篇　　孙　克　李小虎　巩天啸　何　阳　汪明珠　姜　颖　胡燕妮　耿　瑶　王李祥　冯泽鲲　刘　璇

数字治理与法律篇　　张春飞　杨　媛　程　莹　邱晨曦　张子淇　王甜甜　马　兰　石　月　彭宁楠　刘耀华　殷　勇　刘光浩　罗珞珈　钱　悦　张郁安　袁纪辉　赵淑钰　李　燕　郭亚楠

网络安全篇　　田慧蓉　丰诗朵　高婧杰　冯泽冰　宋绪言　黄媛媛　景慧昀　张琳琳　梁琼琳　谢俐倞　周丽丽　秦博阳　关伟东　杜　霖　李　文　常　雯　王玉环　姜清明

序

　　2023 年是全面贯彻落实党的二十大精神的开局之年，是 3 年新冠疫情防控转段后经济恢复发展的一年，也是我国信息通信业突破发展的一年。2023 年 12 月 11 日至 12 日召开的中央经济工作会议强调，必须把推进中国式现代化作为最大的政治，以科技创新引领现代化产业体系建设，大力推进新型工业化，发展数字经济，加快推动人工智能发展，聚焦经济建设这一中心工作和高质量发展这一首要任务，把中国式现代化宏伟蓝图一步步变成美好现实。这为信息通信业持续稳步发展提供了科学指引和根本遵循。这一年，全行业坚决贯彻落实党中央、国务院的决策部署，深入推进"三大工程"、开展"六大行动"，不断实现迭代跨越，竞争优势和领先地位更加牢固，在推进新型工业化的进程中承担起光荣使命和重大责任。

　　2023 年，信息通信业聚焦制造强国、网络强国、数字中国建设目标，以做优做强信息通信业为主线，统筹发展、监管和安全，在基础支撑、创新引领、转型促进、生态赋能、安全保障等方面持续发力，行业高质量发展迈出新步伐。数字经济活力迸发，2022 年数字经济规模首次突破 50 万亿元，同比名义增长 10.3%，连续 11 年显著高于 GDP 名义增速，为经济增长提供强劲动能。**基础支撑能力进一步增强**。截至 2023 年年底，累计建成 337.7 万个 5G 基站，具备千兆网络服务能力的 10Gbit/s PON 端口达到 2302 万个。IPv6 主导能力不断加强，截至 2023 年年底，移动网络 IPv6 流量占比超 60%。算力基础设施水平持续提升，截至 2023 年 6 月底，全国在用数据中心机架总规模超过 760 万标准机架，我国的算力总规模位居全球第二，智能算力规模同比增长 45%。**技术产业优势进一步巩**

固。截至 2023 年 9 月底，我国的 5G 标准必要专利声明量全球占比达 42%，5G 融合应用标准达到 87 项，自主研发 5G 芯片出货超千万片。全球首批支持直连卫星通话功能的智能手机成功上市。2023 年 6 月，我国提出的 5 个典型场景和 14 项关键能力指标成功纳入国际电信联盟的 6G 愿景建议书（《IMT 面向 2030 及未来发展的框架和总体目标建议书》）。量子通信、人工智能等新兴产业蓬勃发展。**融合赋能作用进一步凸显。**5G 应用已融入 71 个国民经济大类，在大型工业企业中的渗透率达 37.1%，5G 物联网终端连接数从不足 40 万个提升至超过 3000 万个。千兆光网在矿山开采、汽车装配、化工和机械电子精密加工等行业规模化推广，应用案例超 2 万个，有效助力新型工业化建设。**数字普惠服务进一步提升。**加快"宽带边疆"建设，稳步推进农村 5G "点亮"工作，全国行政村通 5G 比例超过 80%。2024 年 1 月，2577 家老年人、残疾人常用的网站和手机 App 已全面完成适老化及无障碍改造升级。2023 年全年共拦截骚扰电话 540 亿次，公开通报 1861 款违规 App，持续推进用户权益保障工作。**数字治理成效进一步显现。**聚焦数据、平台和新技术、新应用领域，持续完善相关法律制度，健全配套治理规则体系，促进数字经济规范健康发展。人工智能（AI）大模型等技术变革助力数字政府、智慧城市、数字乡村建设提质增效。**网络和数据安全保障能力进一步增强。**基础电信网络的重大风险防范能力持续提升，行业关键基础设施保护水平显著增强，工业和信息化领域的数据安全管理制度建设和监管实践深入推进，全年电信网络持续安全稳定运行。

2024 年是中华人民共和国成立 75 周年，是实施"十四五"规划的关键一年。中国信息通信研究院作为信息通信和数字化领域总体院，将切实增强行业使命感和工作紧迫感，聚焦 ICT 产业、两化融合与产业互联网、无线移动、信息网络、先进计算、大数据与人工智能、数字经济与工业经济、数字治理与法律、网络安全九大领域，持续发挥国家高端专业智库、产业创新发展平台作用，夯实高水平科研成果，有力支撑我国工业和信息化事业发展，为实现中国式现代化作出新的、更大的贡献。

《ICT 深度观察》汇聚专家思想观点和真知灼见，是中国信息通信研究院持续发布的年度重磅成果，已连续 16 年发布，是业界观察和研判产业大势的重要读本之一。本书集中了上述九大领域的最新研究成果，希望能够为社会各界了解 ICT 产业最新态势和发展趋势提供参考。不足之处，请读者不吝指正。

王志勤

2024 年 2 月于北京

目录

数字治理与法律篇 223

ICT 产业篇

导　　读

2023 年，世界经济复苏仍不稳定，在局部冲突延宕、金融脆弱性攀升、极端天气增多等多重冲击下，全球经济增长预期持续放缓。为寻求经济发展新动能、新路径及大国竞争新支点、新保障，新兴技术和未来产业成为各国关注焦点。全球 ICT 产业在复杂动荡的外部环境下总体增长相对平稳。

2023 年，我国 ICT 产业规模持续增长，支撑赋能作用更加显著。数字基础设施适度超前部署，电信业全面赋能经济社会数字化转型、助力各行业智能化发展；互联网企业提质增效，积极发挥科技创新、数实融合、协同出海引领作用；电子信息制造业自主创新活跃，助力行业产业链供应链稳定优化升级。

展望 2024 年，全球电子信息制造业将重回景气周期，带动全球 ICT 产业逐步回暖。我国 ICT 产业收入增速恢复，并进一步提升，数字技术的创新是加快形成新质生产力的关键支撑，以科技创新推进新型工业化，未来通信、未来智能、未来计算等 ICT 前沿技术加快走向成熟，数字包容逐渐从理念倡导阶段进入实践深耕阶段，让数字化发展红利更加普惠共享。

本篇作者：

刘高峰　张　晶　卢　玥　张　丽　刘　泰　胡昌军　李小虎　张　悦
袁　媛　王雪梅　张利华　张雅琪　韩　超　李　召　齐永欣　郜　蕾
吕佳欣

一、2023 年 ICT 产业发展情况综述

（一）2023 年全球 ICT 产业发展回顾

1. 全球 ICT 产业收入规模稳步增长，服务业收入占比进一步提升

全球 ICT 产业收入规模稳定增长。 2023 年全球 ICT 产业主要领域收入规模超 8 万亿美元，同比增长 3.9%，增速略高于 2022 年。与全球 GDP 增速相比，2023 年全球 ICT 产业收入规模增速比全球 GDP 增速高 0.7 个百分点。2023 年，我国 ICT 产业收入规模达到 30.9 万亿元，同比增长 4.9%，增速稍高于全球平均水平。全球 ICT 产业主要领域收入规模和增速如图 1-1 所示。

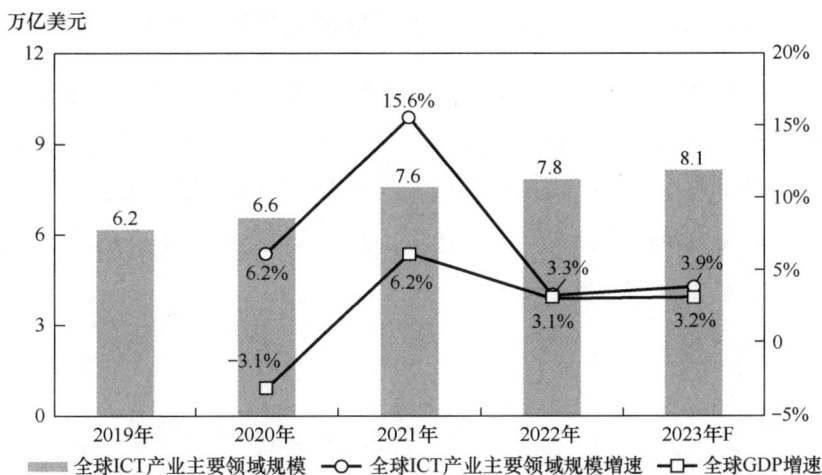

图 1-1　全球 ICT 产业主要领域收入规模和增速

[注：全球 ICT 产业收入包括 ICT 制造业收入、软件业收入、IT 服务业收入、电信服务业收入和互联网上市公司营收。数据来源：高德纳（Gartner）咨询公司、中国信息通信研究院、万得信息网（Wind）、世界银行]

服务业收入占比进一步提升。 2023 年，全球电信服务业、软件业、IT 服务业及互联网等 ICT 服务业收入在全球 ICT 产业收入中的占比达到 74.9%，比 2022 年提高 2.6 个百分点。我国 ICT 服务业收入在我国 ICT 产业收入中的占比达到 51.05%，比 2022 年提高 3.7 个百分点，首次超过电子信息制造业。我国 ICT 产

业规模和同比增速如图 1-2 所示。

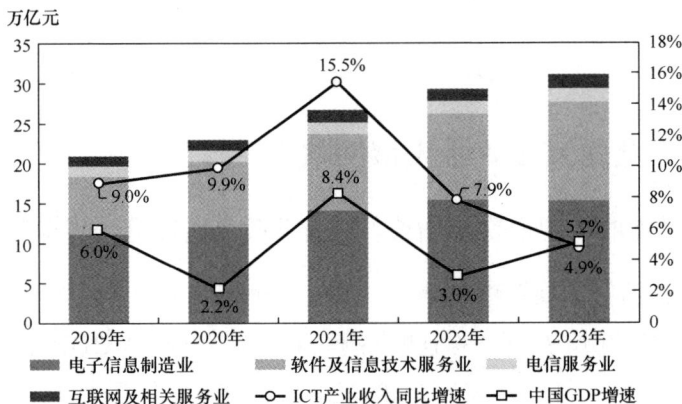

图 1-2　我国 ICT 产业规模和同比增速

（数据来源：工业和信息化部、中国信息通信研究院整理预测）

2. 全球 ICT 制造业仍处于下行周期，贸易区域化指数呈上升态势

受全球半导体下行周期、需求低迷等因素影响，全球 ICT 制造业收入规模仍处于下降阶段。根据行业研究机构分析，2023 年全球半导体及半导体装备，PC、平板电脑和手机等市场规模均出现负增长的情况。企业网络设备、可穿戴和半导体材料等市场规模快速增长，但规模有限，无法形成足够的上升动力。2023 年全球 ICT 制造业整体收入规模下降 6%，如图 1-3 所示。

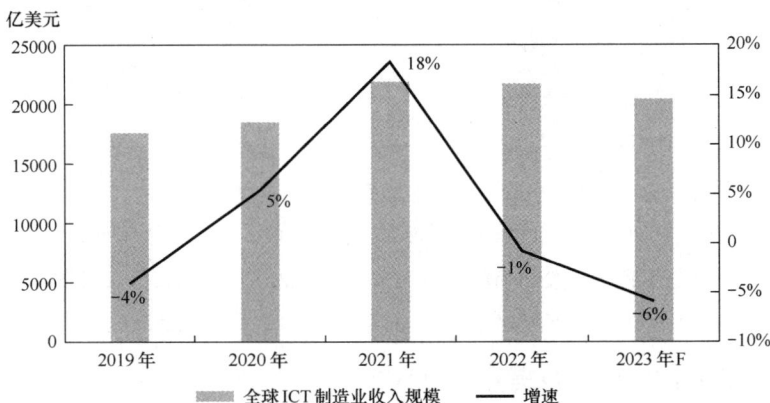

图 1-3　全球 ICT 制造业收入规模和增速

[数据来源：Gartner、国际半导体产业协会（SEMI）、TechInsights、群智咨询（Sigmaintell）、中国信息通信研究院整理]

在全球 ICT 制造业下行周期和重点市场需求不振的影响下，2023 年我国电子信息制造业规模以上企业收入呈现下降态势。2023 年我国电子信息制造业规模以上企业营业收入下降 1.5%，如图 1-4 所示，这是 2000 年以来，电子信息制造业首次出现年度行业收入下降的情况。

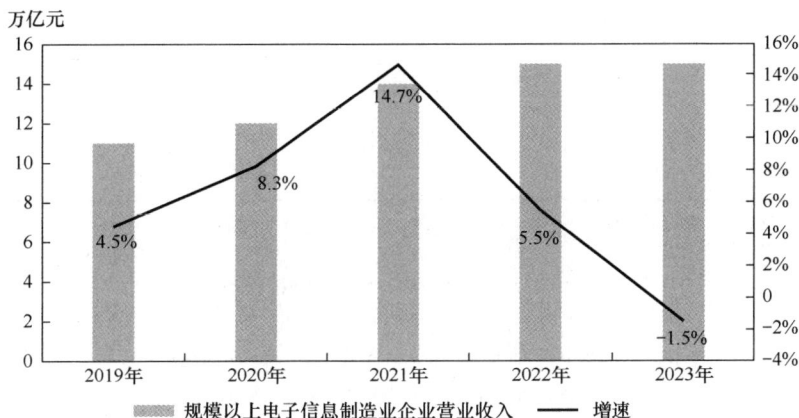

图 1-4 我国电子信息制造业规模以上企业营业收入及增速
（数据来源：国家统计局、中国信息通信研究院整理）

全球 ICT 制造业贸易的全球化指数下降，而贸易区域化指数不断攀升。根据贸易全球化和区域化指数[1]的计算，近 30 年来，全球 ICT 制造业贸易网络全球化程度不断提升，在 2019 年到达顶峰，但近年来呈现小幅下降态势，基本回落到 2015 年、2016 年的水平。而自 2018 年开始，全球 ICT 制造业贸易区域化指数呈现迅速回升态势，基本上升至 2016 年的水平，逼近 2012 年 ICT 制造业贸易区域化巅峰期指数值。全球 ICT 制造业贸易全球化和区域化指数变化态势如图 1-5 所示。

---

1 贸易全球化指数通过图密度计算，是贸易网络中实际存在的贸易流与贸易网络可容纳的贸易流上限间的比值，反映国家间贸易关系的紧密程度。贸易区域化指数通过模块化指数计算，主要衡量贸易网络中的贸易小集团的区分程度。

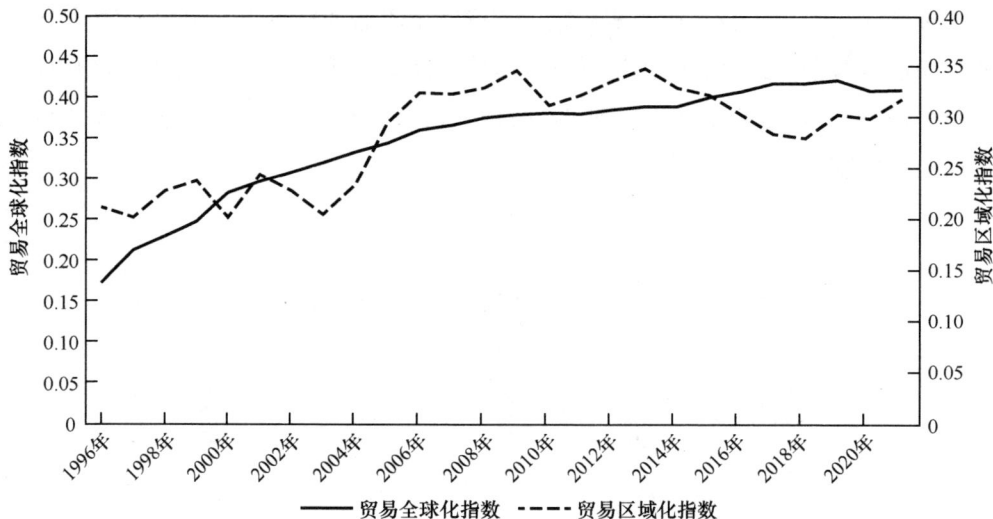

图 1-5　全球 ICT 制造业贸易全球化和区域化指数变化态势

（数据来源：Comtrade、中国信息通信研究院整理）

3. 全球软件市场复苏，数字化转型、云相关领域快速成长

全球软件市场回暖。2023 年全球软件业收入增长复苏，规模超过 9100 亿美元，同比增长 12.4%，增速比 2022 年提升 1.5 个百分点，如图 1-6 所示。我国软件及信息技术服务业运行稳步向好，软件业务收入高速增长，2023 年累计完成软件业务收入 123258 亿元（约为 12.3 万亿元），同比增长 13.4%，如图 1-7 所示。

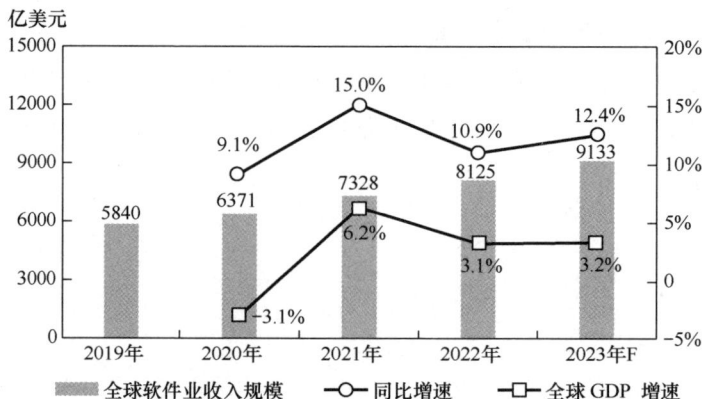

图 1-6　全球软件业收入规模和增速

（数据来源：Gartner、世界银行、中国信息通信研究院整理）

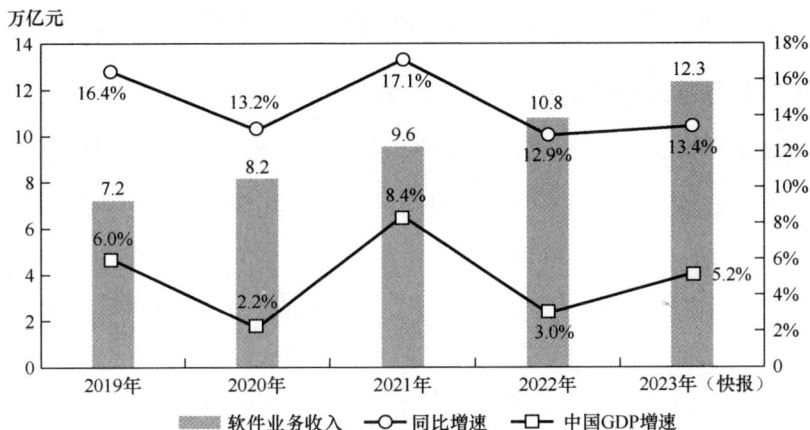

图 1-7 我国软件及信息技术服务业收入 [2]

（数据来源：工业和信息化部、国家统计局）

数字化转型、云服务拉动软件业务保持快速发展。从业务来看，在全球软件市场中，安全软件、网络软件等支持数字化转型的平台和软件类业务收入增长最快，年增速接近 20%。企业对云服务投入加大，拉动云相关软件业务加速发展，全球软件业重点领域收入规模增长情况如图 1-8 所示。

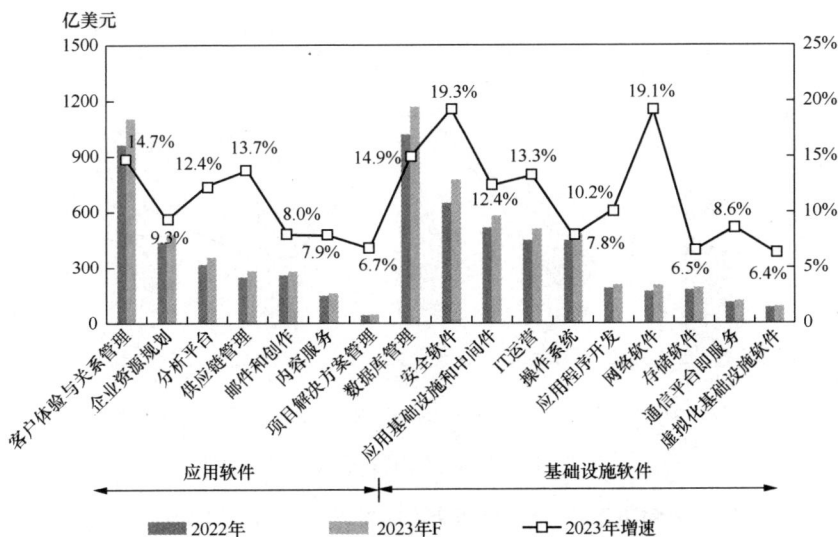

图 1-8 全球软件业重点领域收入规模增长情况

（数据来源：Gartner、中国信息通信研究院整理）

2 2023 年数据为快报数据，其他年份数据为年报数据，增速按可比口径计算。

4. 全球电信服务业收入平稳增长，移动网络数据流量继续快速增长

电信服务业收入平稳增长。 2023 年全球电信服务业收入保持平稳增长态势，收入同比增长 3.7%，与 2022 年增速持平，如图 1-9 所示。2023 年我国电信服务业收入同比增长 6.2%。电信服务业收入增速继续高于我国 GDP 增速，如图 1-10 所示。

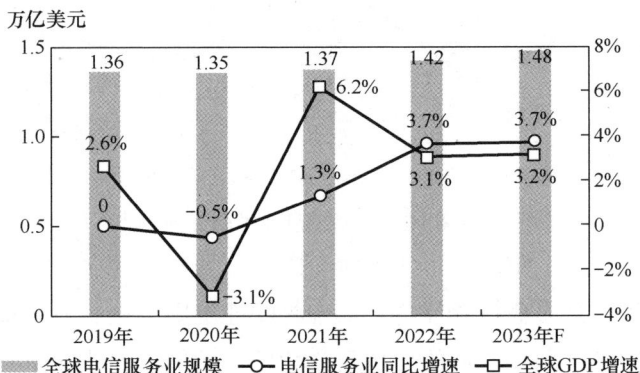

图 1-9 全球电信服务业发展情况

[数据来源：Gartner、中国信息通信研究院、世界银行、全球移动通信系统协会（GSMA）]

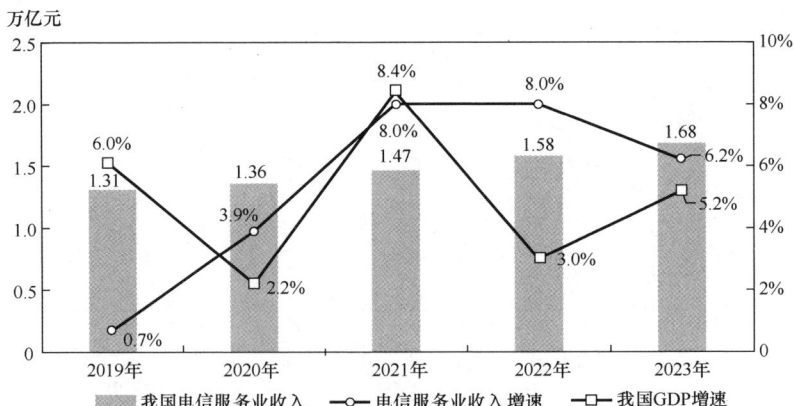

图 1-10 我国电信服务业发展情况

（数据来源：工业和信息化部、中国信息通信研究院）

移动网络数据流量继续快速增长。 截至 2023 年年底，全球智能手机 DOU（平均每户每月上网流量）达到 21.1GB，同比增长 30%，增速较 2022 年同期回落 4.4%，如图 1-11 所示。

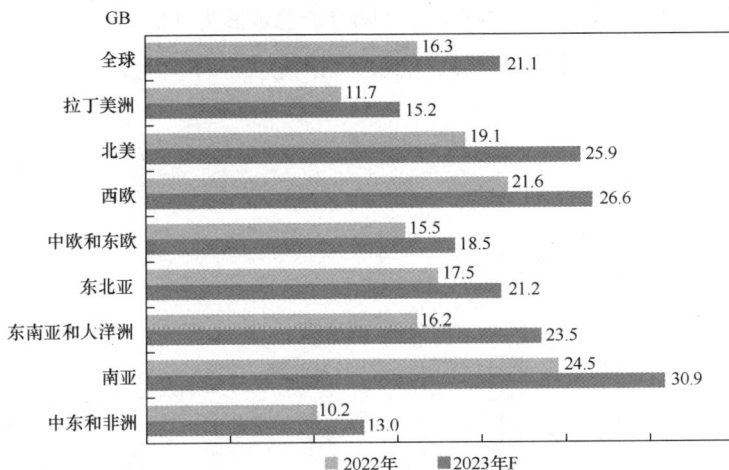

GB

地区	2022年	2023年F
全球	16.3	21.1
拉丁美洲	11.7	15.2
北美	19.1	25.9
西欧	21.6	26.6
中欧和东欧	15.5	18.5
东北亚	17.5	21.2
东南亚和大洋洲	16.2	23.5
南亚	24.5	30.9
中东和非洲	10.2	13.0

■ 2022年 ■ 2023年F

图 1-11　全球各地区智能手机 DOU 情况

（数据来源：爱立信、GSMA、TeleGeography）

5. 全球互联网企业营收增长持续放缓，投融资进入低谷，市值企稳回升

领先企业营收增长持续放缓。 2023 年前 3 季度，全球 Top10 互联网企业营收为 10866 亿美元，增长 7.8%；其中，我国头部互联网企业营收为 2963 亿美元，同比增长 2.7%，如图 1-12 所示。

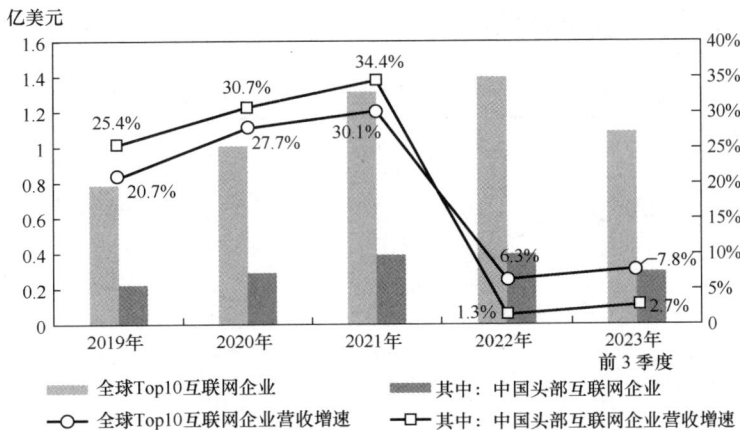

亿美元

25.4%　30.7%　34.4%
20.7%　27.7%　30.1%　6.3%　7.8%
　　　　　　　　　　　　1.3%　2.7%

| | 2019年 | 2020年 | 2021年 | 2022年 | 2023年前 3 季度 |

□ 全球 Top10 互联网企业　　■ 其中：中国头部互联网企业
—○— 全球 Top10 互联网企业营收增速　　—□— 其中：中国头部互联网企业营收增速

图 1-12　全球 Top10 互联网企业营收情况

（数据来源：公司财报、中国信息通信研究院）

投融资交易热度继续下探。 自 2022 年下半年以来，全球投融资交易热度持续下滑。2023 年第四季度全球互联网融资总金额为 258 亿美元，同比下滑 11.7%，交易笔数为 3134 笔，同比下滑 12.5%；我国互联网融资总金额为 9 亿美元，同比下滑 44.5%，交易笔数为 192 笔，同比下滑 27.2%。全球互联网融资总体情况如图 1-13 所示。

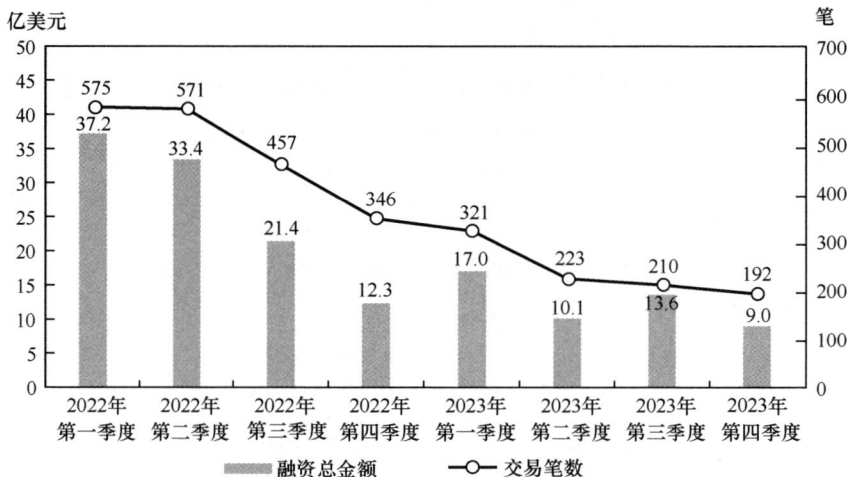

图 1-13　全球互联网融资总体情况

（数据来源：世界银行、上市企业财报、中国信息通信研究院、Wind、CB Insights）

头部企业估值调整修复。全球头部互联网企业市值自 2022 年年底企稳回升。2023 年年底，全球头部互联网企业总市值升至 6.9 万亿美元，如图 1-14 所示；其中，我国头部互联网企业总市值为 1.02 万亿美元。

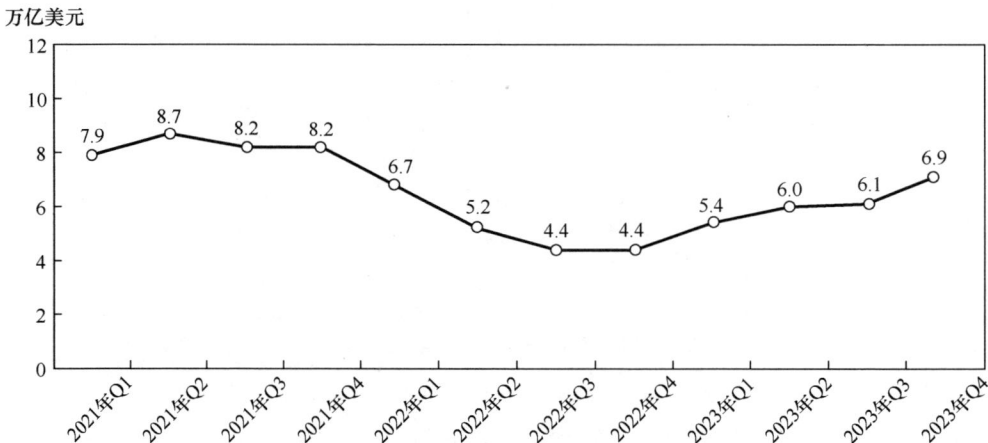

图 1-14　互联网头部企业总市值（Top30）

（数据来源：Wind、CB Insights）

（二）2023 年我国 ICT 产业发展成效

1. 推进数字基础设施适度超前建设，支撑数字中国建设

作为经济社会发展的信息"大动脉"，数字基础设施对于支撑数字中国建设具有不可替代的重要作用，适度超前建设数字基础设施非常必要，以确保数字中国建设顺利进行。2023 年 2 月，中共中央、国务院印发了《数字中国建设整体布局规划》，指出要夯实数字中国建设基础，打通数字基础设施大动脉，涉及 5G 网络、千兆光网、IPv6、移动物联网、算力等多个 ICT 产业领域。

加快 5G 网络与千兆光网协同建设。 5G 网络建设稳步推进，截至 2023 年 11 月末，5G 基站总数达 328.2 万个，占移动基站总数的 28.5%。千兆光纤宽带网络建设稳步推进，截至 2023 年 11 月末，全国互联网宽带接入端口数量达 11.33 亿个，比上年末净增 6194 万个，具备千兆网络服务能力的 10Gbit/s PON（无源光网络）端口达 2272 万个，比上年末净增 749.6 万个。

深入推进 IPv6 规模部署和应用。 2023 年 2 月，移动网络 IPv6 流量占比首次超过 IPv4 流量占比，达到 50.08%，2023 年 11 月，移动网络 IPv6 流量占比已达 59.95%，保持较快增长速度；截至 2023 年 11 月末，全国 IPv6 互联网活跃用户数达 7.765 亿，用户占比达 71.96%，全国 IPv6 终端活跃连接数达 17.072 亿，活跃连接占比达 73.94%。

推进移动物联网全面发展。 2023 年，蜂窝物联网用户规模增长较快，IPTV（互联网电视）用户规模稳步增加。截至 2023 年 11 月末，3 家基础电信企业发展蜂窝物联网终端用户 23.12 亿户，比上年末净增 46772 万户，在移动网络终端连接数（包括移动电话用户和蜂窝物联网终端用户）中所占的比重达 57.3%。IPTV 总用户达 3.99 亿户，比上年末净增 1878 万户。

算力基础设施布局稳步推进。 截至 2023 年第三季度末，全国在用数据中心标准机架数量超过 760 万架，算力总规模达每秒 1.97 万亿亿次浮点运算（197EFLOPS）。算力结构不断优化，智能算力规模同比增长 45%。国家算力枢纽加快建设，围绕数据中心集群布局新建约 130 条干线光缆，以 400Gbit/s OTN 为

代表的高速长距传输技术商用部署，有效提升跨区域数据传输质量。

2. 加快培育壮大新型消费，促进传统领域消费升级

线上新型消费持续蓬勃发展。 全息互动、裸眼 3D、数字渲染等新兴技术加速渗透融入各领域，新应用、新场景创新活跃，为人民群众带来了多样化的全新体验。2023 年杭州第 19 届亚运会，8K 超高清视频直播、VR 观赛、透视巨幕、场内外海量视频互动、360° 回放等创新应用大放异彩。智慧观赛依托 "5G-Advanced+ 超高清视频" 技术，实现用户多角度、多维度实时观赛。5G 新通话为用户提供实时智能翻译、趣味通话、智能客服、远程协助等多项功能。沉浸式裸眼 3D 利用 "全景相机 + 云 +5G+ 全沉浸式交互空间"，实现用户自由视角、"场随人动" 的沉浸显示效果。

新一代信息技术加速渗透到传统消费领域。 线上线下融合不断推动传统领域消费模式的变革。互联网医疗、互联网教育、互联网政务等创新消费场景不断提升公共服务均等化、普惠化、便捷化水平，目前，已建设近 1000 个 "5G+ 医疗健康" 试点项目、109 个 "5G+ 智慧教育" 应用试点项目。智慧文旅、智慧家居等新型生活服务应用不断涌现，为消费者提供精准化、个性化服务，持续提升消费体验、激发消费新动能。2023 年 7 月，国家级智慧旅游沉浸式体验新空间案例达到 24 个。软硬件融合创新带动智能网联汽车（ICO）、无人机等智慧产品加快发展，持续推动消费结构高端化，搭载 L2 及以上 ADAS（高级驾驶辅助系统）的乘用车销量占比超过 40%。

3. ICT 技术赋能创新、绿色、数字化转型，助力新型工业化关键任务实现

以计算芯片、传感器、5G、云服务为代表的 ICT 技术，全面赋能产业链管理、引领技术创新、助力传统产业数字化转型和企业绿色低碳转型，助力新型工业化产业链安全、技术创新、产业结构优化和绿色工业等关键任务实现。

ICT 技术赋能产业链管理，提升产业链供应链的稳定性和智慧性。 ICT 技术主要为企业提供产业链多环节信息协同、全产业链可视化监控调控和决策优化三大价值。从企业实践的成效看，一方面，ICT 技术助力企业在运输受阻等特殊情

况下实现供应链资源的统筹调配，提升供应链稳健性；另一方面，ICT 技术通过数据的收集与分析实现库存和物流等产业链资源的优化配置，优化供应链决策，提升供应链的智慧性。

ICT 技术引领创新，促进产业融合创新水平提升。 ICT 是全球创新最为活跃的领域，其作为使能技术，能够与产业深度融合，不断提升融合创新水平。在电信网络中，运营商通过 IT 和 OT 的融合技术架构和新型工业设备连接实现网络部署"形态"突破，同时也为通信时延带来了性能差异化的突破。在电子信息制造业领域，材料、机械、计算和通信等技术不断融合突破，实现电子材料、装备、元器件和零部件的全面创新和突破。

ICT 技术助力传统产业转型，推动产业结构优化升级。 电信运营商强化 ICT 技术赋能钢铁、石油开采、家电等工业领域。如美的与中国移动携手打造荆州美的洗衣机工厂，实现工业园区全场景、全要素、全流程 5G 连接，覆盖产品设计、原料采购、订单处理、生产制造、仓储物流、产品销售、客户服务等九大流程十五大类应用。宁波钢铁与中国电信共同上线"5G+ 焦化生产可视化平台"，实现铁水含硅量的监测预判、高炉"黑箱"生产的透明化和全智慧炼铁，提升设备效率，降低能源消耗。

ICT 技术强化碳管理能力，促进企业绿色低碳转型。 利用 ICT 技术对传统产业实施技术改造，通过工艺及管理模式创新实现能效优化，减少传统产业碳排放。同时，ICT 技术帮助政府和企业精准获取各类"碳"信息，通过数据诊断、预测等方式提升碳排放管理效能，实现绿色化目标，如中国联通打造钢铁碳云平台，助力企业清查碳排放数据，分析碳排放因子，制定减碳方案，提升企业竞争力。

二、2023 年 ICT 产业热点分析

（一）电信业全面赋能数字化转型，助力智能化发展

1. 加速构筑"第二增长曲线"，数字化转型收入增长显著

电信业务收入保持稳定增长态势。 从各类业务对电信业务收入增长的拉动作用来看，增值及其他业务拉动电信业务收入增长 5.7%，有力保障了 2023 年电信业务收入实现 6.2% 的增速，保持进入 5G 增长周期以来良好的增长态势。各类业务对电信业务收入增长的拉动如图 1-15 所示。

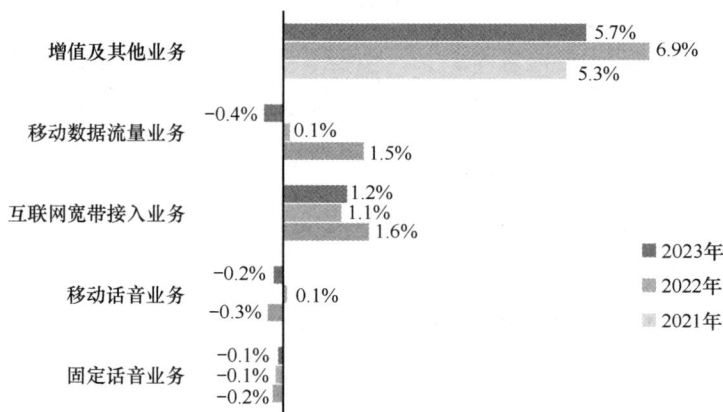

图 1-15　各类业务对电信业务收入增长的拉动

（数据来源：国家统计局、工业和信息化部、中国信息通信研究院预测）

政企信息服务收入保持两位数增长，为数字经济注智赋能。 电信运营商深入推动数字技术赋能千行百业的数字化转型，拓展数字化产品和服务，云计算、大数据、物联网等企业数字化转型相关收入均保持两位数增长。2023 年前 3 季度，中国电信、中国移动、中国联通 3 家基础电信运营商政企信息服务收入在 2022年同期超过 2000 亿元收入规模的基础上，同比增长 19.2%，规模达到 2470 亿元，如图 1-16 所示；云服务收入同比大幅增长 61.9%，规模从 702 亿元增至 1136 亿元，如图 1-17 所示。

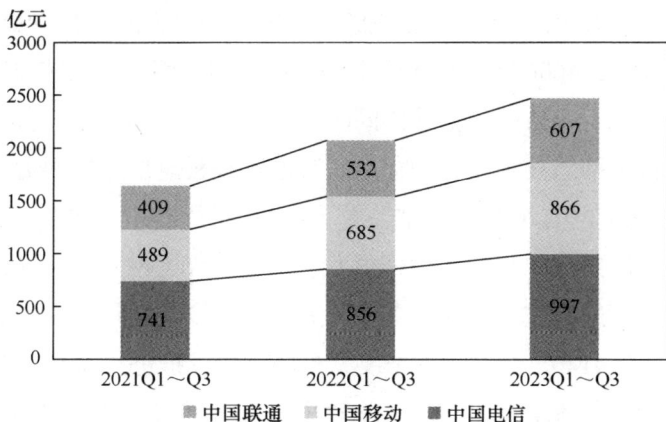

图 1-16 政企信息服务收入发展情况

（注：中国电信的数字化转型产品收入为产业数字化收入，中国移动的数字化转型产品收入为 DICT 收入，中国联通的数字化转型产品收入为产业互联网业务收入；数据来源：中国电信、中国移动、中国联通公司财报）

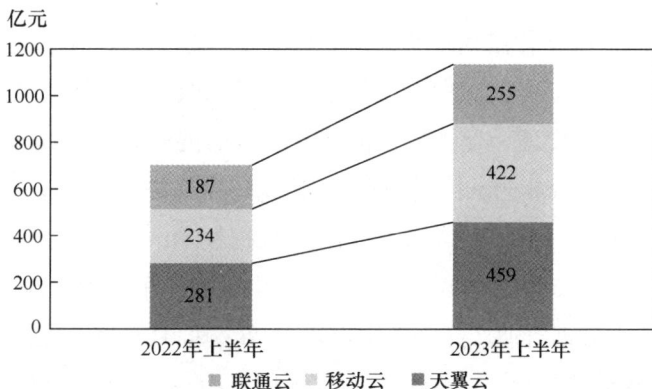

图 1-17 云服务收入发展情况

（数据来源：中国电信、中国移动、中国联通公司财报）

2. 系统打造新型基础设施底座，全面赋能经济社会数字化转型

系统推进"网、云、算、智"融合。基础电信企业从"网、云、算、智"几方面全面发力，系统打造新型基础设施底座，中国电信强调"网络＋云计算＋AI＋应用"推动千行百业"上云用数赋智"，中国移动提出"网＋云＋DICT"一体化拓展，中国联通围绕"5G+'云大物智链安（云计算、大数据、物联网、人

工智能、区块链、安全）"进行应用推广。5G、千兆宽带等通信网络基础设施的服务能力持续升级，400Gbit/s 全光网络进入快速部署期，跨区域数据传输质量大幅提升。初步建成云边协同、算网协同的多层次算力设施体系，智能算力设施成为建设重点。算力网络技术攻关和标准研制取得积极进展，中国通信标准化协会（CCSA）组织制定的首个行业标准《算力网络 总体技术要求》正式发布；2023 年 5 月，中国电信研究院与英特尔公司发布了首个算力网关白皮书；国际电信联盟发布了由中国联通研究院牵头的首个算力网络信令国际标准——算力网络服务部署信令需求（Q.4140）标准。数据要素市场化持续推进，2023 年运营商云计算和大数据业务收入高速增长 37.5%。截至 2023 年 4 月底，中国移动能力中台的能力调用量月峰值达 402 亿次，增长 192.3%，2023 年 10 月中国移动推出"九天·众擎基座大模型"，并基于该模型发布多个行业大模型；中国电信"星辰"语义大模型达到千亿参数，包含首批试商用的 12 个行业大模型；中国联通格物设备管理平台已形成近 300 个行业领域的智能物模型。

深化赋能政企数字化应用场景。电信业以 5G 融合多要素引领产业数字化发展，打造行业数字化平台，探索创新数字化产品和服务模式，在推进行业数字化转型、助力中小企业发展、促进数字消费升级方面的赋能作用稳步显现。基础电信企业均已推出面向行业的 AI 大模型，加快构建"网络＋算力＋模型"一体化的产品体系和产业生态。中国电信利用 5G＋大数据技术，增强了数据获取量，并提供精准的分析结果，覆盖 120 多个应用场景；中国移动梧桐大数据平台已入驻 145 家内外部单位，大数据行业产品服务用户超 3500 家；中国联通已服务 30 多个国家部委及 21 个省级政府，沉淀了 100 多款场景化应用。"5G ＋"行业应用快速发展，截至 2023 年年底，5G 行业虚拟专网超 2.9 万个，5G 行业应用案例数超 9.4 万个，"5G＋工业互联网"项目超 7000 个，其中面向企业数字化转型，提供可定制的云服务、标准化云产品，加速推动 5G 轻量化（RedCap）技术演进、产品研发，开展云产品促销降费，惠及中小企业；在家庭数字化服务方面，打造数字生活新消费平台、数字生活超市、数字消费权益生态平台，智慧家庭服务收入增长 22.1%。

3. 加大研发投入、强化科技创新，构造产业链融通发展生态

积极落实强化国家战略科技力量的要求。电信业强化科技创新，加大研发投

入，加强关键核心技术攻关，加大科技型、创新型人才引进力度，强化市场化激励约束机制，科技创新能力显著提升。2023 年前 3 季度，中国电信、中国移动、中国联通 3 家基础电信运营商研发费用同比快速增长 23.8%，研发费用规模由 216.2 亿元增至 267.6 亿元，如图 1-18 所示。

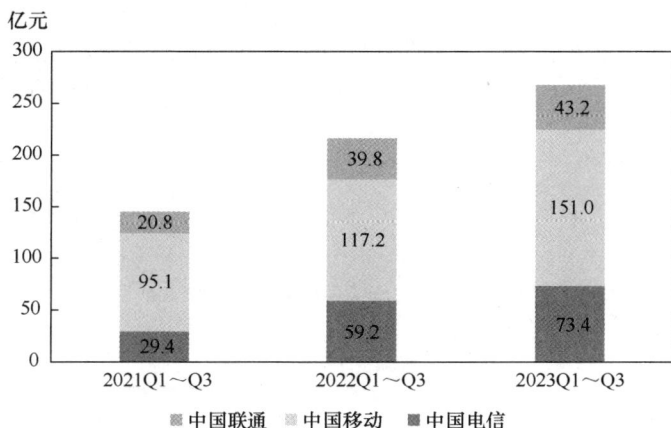

图 1-18　电信业研发费用增长情况

（数据来源：中国电信、中国移动、中国联通公司财报）

积极发挥创新主体作用和融通带动作用。 基础电信企业积极承担"链长"职责，推进"共链"行动，推动创新链、产业链和价值链的深度融合。中国电信发布战新产业共链行动计划和移动支付产业链合作计划，牵头联合多家合作企业积极承担战新产业、未来产业重点领域工作任务。中国移动提出"十百千万"合作伙伴计划，发布 12 条产业支持政策，汇聚超 1300 家上链企业，创新"雁阵式"协同攻关模式，围绕 90 余项关键共性需求协同攻关。中国联通针对"安全荟"产业链安全云市场，开发"墨攻"安全运营服务平台纳管 100 多款产品，携手近 400 家合作伙伴，联合共创安全产品。

（二）互联网企业提质增效，积极发挥引领作用

1. 我国互联网企业收入增速稳步提升，实现提质增效

收入增速稳步提升。 随着中国经济稳步复苏、国内政策落实到位及企业业绩

向好重振发展信心，互联网行业实现收入增速稳步增长。从收入看，工业和信息化部数据显示，2023 年我国规模以上互联网和相关服务企业完成互联网业务收入超 1.7 万亿元，增长 6.8%。其中，生活服务领域企业的互联网业务收入较快增长，增长 20.7%。网络销售领域企业的互联网业务收入增速持续提升，增长 35.1%。从利润看，2023 年我国规模以上互联网企业实现利润总额 1295 亿元，增长 0.5%。其中，阿里巴巴、腾讯、百度、美团等头部互联网企业的净利润增速均超过 10%，互联网企业整体呈现明显向好发展态势。互联网业务收入累计增长情况如图 1-19 所示。

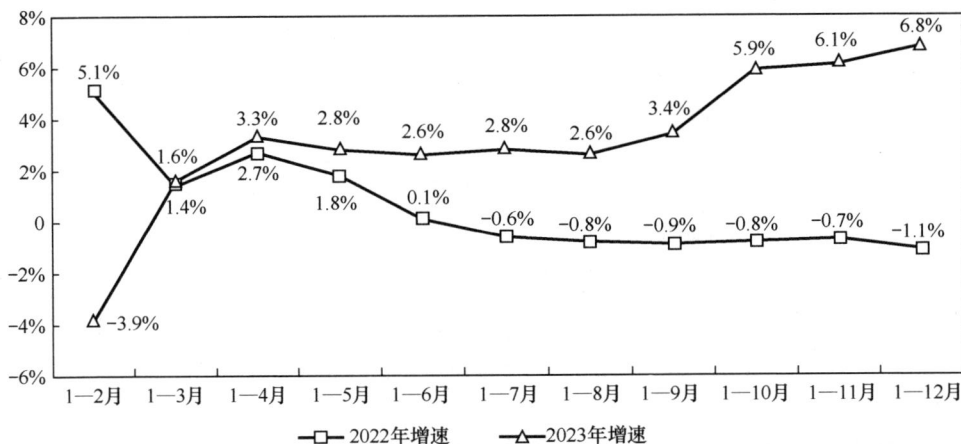

图 1-19　互联网业务收入累计增长情况
（数据来源：工业和信息化部）

提质增效成果显著。互联网企业更加聚焦"练内功"，通过科技创新助推发展提质，寻求更加稳健的发展路径。世界知识产权组织（WIPO）发布的《2023 年全球创新指数（GII）报告》显示，中国创新指数位列第 12 位，是前 30 名中唯一的中等收入经济体。一方面，新兴技术渗透各领域成果初现。互联网企业聚焦 AI、云计算等新兴技术研发，百度的"文心一言"、科大讯飞的"星火认知"、阿里巴巴的"通义千问"、华为的"盘古"等大模型纷纷推出，截至 2023 年 7 月，我国累计已有 130 个 AI 大模型问世，AI 成为新的生产工具，AI 大模型正在重构千行百业。另一方面，互联网企业利用生态化战略提升业务服务质量。美团、饿了么外卖平台通过整合自动驾驶产业链实现全链路支撑，解决用餐高峰时段订单堵塞等问题。京东健康、阿里健康通过整合优质医疗资源，有效解决线下医患供需不平衡等问题。

2. 互联网企业积极提升企业核心竞争力，发挥引领作用

带动科技创新。 互联网企业保持高额研发投入，积极寻求企业价值增长原生动力，提升企业自身核心竞争力。从研发投入看，在 2023 年民营企业研发投入排名前 10 位的企业中，互联网企业占据 6 位，腾讯、阿里巴巴、百度位居前三，其中腾讯以 614 亿元的研发投入位列第一，百度研发投入在企业支出中的占比（衡量研发强度）达到 18.85%，领跑民营企业研发费用十强。从创新成果看，我国互联网企业自身实力不断提升，技术创新追赶速度不断加快，覆盖芯片、人工智能等多个领域。百度在人工智能领域取得多项突破，大模型专利申请量、授权量国内第一，深度学习专利申请量全球第一。腾讯保持高研发投入促进了成果转化，带动了专利申请量和授权量的持续增加，体现了创新活力，在全球主要国家和地区的专利申请公开总数超过了 6.6 万，专利授权超过了 3.3 万件，主要集中在人工智能、云技术等前沿领域。2023 年民营企业研发投入排名前 10 位的企业如图 1-20 所示。

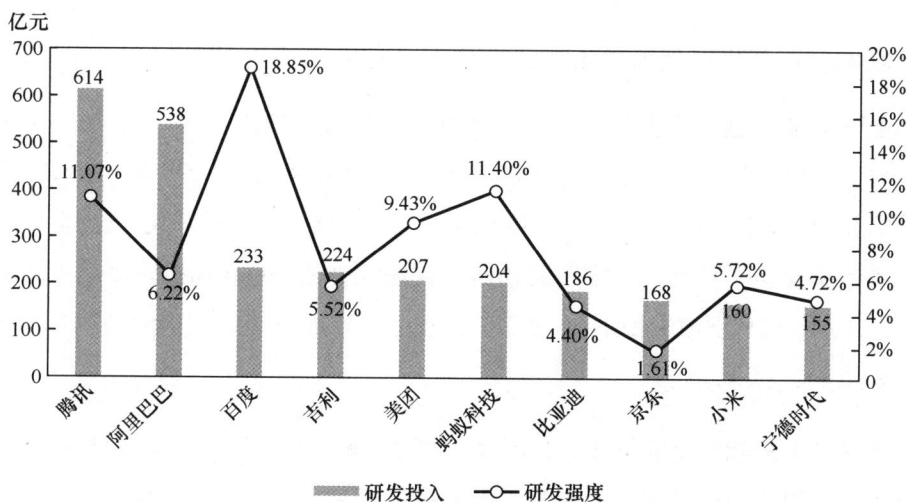

图 1-20　2023 年民营企业研发投入排名前 10 位的企业
（数据来源：中华全国工商业联合会）

恢复和扩大消费。 一是互联网平台企业连接海量消费者和供应商，促进高效和低成本交易。截至 2023 年 6 月，淘宝、拼多多、京东三大电商平台的国内活跃用户数分别为 9.2 亿、8.6 亿、5.1 亿。2023 年，全国网上零售额超 15 万亿元，增长 11%，比社会消费品零售总额增速高 3.8 个百分点，网络购物已经成为扩大

消费的主渠道。二是基于线上消费和业态创新，带动下沉市场规模及潜力消费需求增长。开设网上店铺、直播带货等已经成为农民创业增收新途径，电商平台通过"电商直播＋旅游＋采摘"等农旅融合新模式，有效提升农产品价值链，因地制宜带动农户增收，2022 年全国共有 1730.3 万家农村网店，其中直播电商有573.2 万家。

推动数实融合。互联网企业利用技术优势和资源优势，在创新要素投入、创新组织方式方面发挥积极作用，不断提升数字化服务能力，推进传统产业转型升级。阿里巴巴基于阿里云"汽车云"、斑马智行智能汽车操作系统及高德地图，实现了云网端协同能力在出行领域的成功应用，实现数据驱动汽车研发、制造全环节。腾讯推出煤矿远程操控系统，依托 5G 专网和腾讯云对远端卡车进行实时操控，当前三一智矿投入使用的 40 台矿车，已累计实现无人驾驶商业化运行里程超过 15 万千米，累计运营土方量超过 95 万立方米。

3. 互联网企业积极拓展海外市场，推进多产业协同"走出去"

全球化发展进程稳步推进。我国企业不断加快全球化步伐，"出海"App 类别呈现多样化趋势，我国互联网企业的全球竞争力持续提升。Sensor Tower 发布的数据显示，TikTok 连续 12 个季度位列全球下载量榜单榜首，已成为全球最受欢迎的社交媒体平台之一。字节跳动旗下视频软件 CapCut 和拼多多旗下跨境电商平台 Temu 跻身下载量榜单前 10 名，我国互联网企业进一步向海外用户群体渗透，如图 1-21 所示。

全球品牌影响力持续提升。我国互联网企业的"出海"理念与战略发生变革，不仅从流量思维转变到产品和用户思维，更在产品开发、品牌建设和市场营销等多方面采取长期主义策略。比如，我国"出海"电商企业纷纷加大对产品质量把控、商家合规管控的重视力度，转向以打造品牌为核心、建设独立站为载体的经营模式。data.ai 发布的数据显示，在 2023 年全球 Top50 发行商中，有 12 家为中国企业，上榜数量仅次于美国，位列全球第二，海外用户对腾讯、字节跳动、网易、米哈游、阿里巴巴等中国互联网品牌的认可度持续提升。

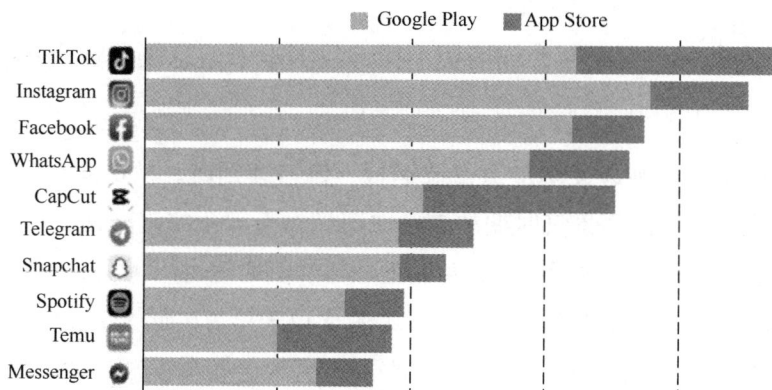

图 1-21　2023 年第二季度移动应用全球下载量榜单

（数据来源：Sensor Tower）

产业协同形成"出海"合力。在供应链方面，海外仓是我国新型外贸基础设施的建设成果，也是中国商品走向世界的助推器。当前我国海外仓数量已超过 2000，总占地面积超过 1900 万平方米，覆盖全球多个国家和地区。**在基础设施方面**，我国企业开启全球算力基础设施建设布局，如 TikTok 将投资 1000 亿元在欧盟各国建立 3 座数据中心，以提升其服务能力。**在终端产品方面**，我国智能手机、可穿戴设备、智能网联汽车等终端产品均开启"出海"进程。小米、OPPO、vivo 等国产智能手机厂商近 3 年（2021—2023 年）稳定占据印度智能手机市场超七成份额。

国潮文化进一步走向全球。游戏企业、短视频企业等打造"资本＋技术＋模式"的商业路径，依托优质 IP 将中国文化向全球市场输出。如米哈游公司《原神》基于中国传统戏曲文化推出的新角色云堇在海外掀起模仿热潮，角色介绍视频上线仅一周便在 YouTube 上收获了超过 226 万次的观看。手机游戏《一念逍遥》上线之后，凭借极具中国特色的水墨画风格和"修仙"题材，成为现象级游戏产品。灵犀互动娱乐的《三国志·战略版》成为多个国家和地区 Google Play2021 年最受欢迎的游戏。

（三）电子信息制造业自主创新活跃，助力行业产业链供应链水平稳定提升

1. 细分领域进入下行周期叠加消费不振，我国电子信息制造业全年在承压中持续回暖

我国电子信息制造业增加值低位运行，但持续回暖。从历史数据来看，电子信息制造业在经济不景气时期的波动性明显大于工业的波动性，随着 2023 年全球经济增速的下行，我国电子信息制造业增加值增速也出现明显下降，2023 年我国电子信息制造业增加值增速出现自 2009 年以来第二次低于工业增加值增速的情况。从月度数据来看，电子信息制造业 2023 年全年市场呈现持续回暖态势，自 2023 年 6 月开始，电子信息制造业累计增加值增速由负转正，全年增加值增速为 3.4%，2023 年增加值增速比同期工业增加值增速低 1.2 个百分点，如图 1-22 所示。

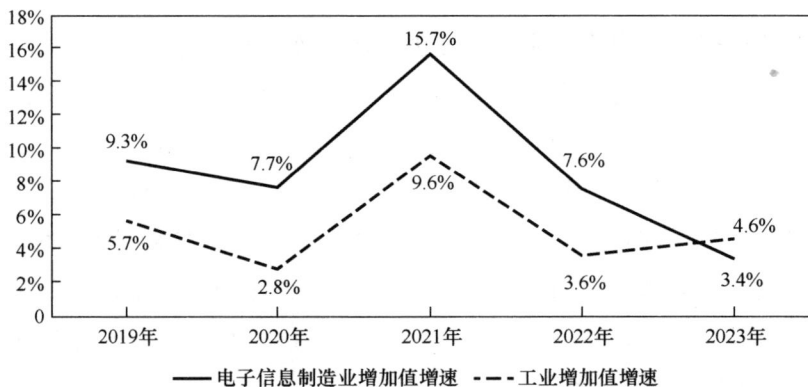

图 1-22　2019—2023 年电子信息制造业增加值增速和工业增加值增速
（数据来源：国家统计局）

我国电子信息制造业出口增速下降。我国电子信息制造业是典型的外向型行业，出口景气程度对行业有较大影响。2023 年国际电子需求市场持续低迷，我国规模以上电子信息制造业出口交货值为 62391 亿元，同比下降 6.3%，比同期工业降幅深 2.4 个百分点，如图 1-23 所示。

我国移动通信基站设备和电子计算机等重点产品产量负增长，手机和集成电路产品市场回暖，能源转型支撑类产品市场规模快速增长。电子信息制造业产品对全球市场的依存度较高，受全球经济低迷等复杂外部因素影响，2023 年我国移

动通信基站设备和电子计算机等重点产品产量同比下降。随着库存消化的基本完成，手机和集成电路产量触底回升，2023 年全年实现 6.9% 的增长。在全球制造业绿色转型加速推进的背景下，光伏电池产量 2023 年全年实现 54% 的高速增长。2019—2023 年重点产品产量增速情况如图 1-24 所示。

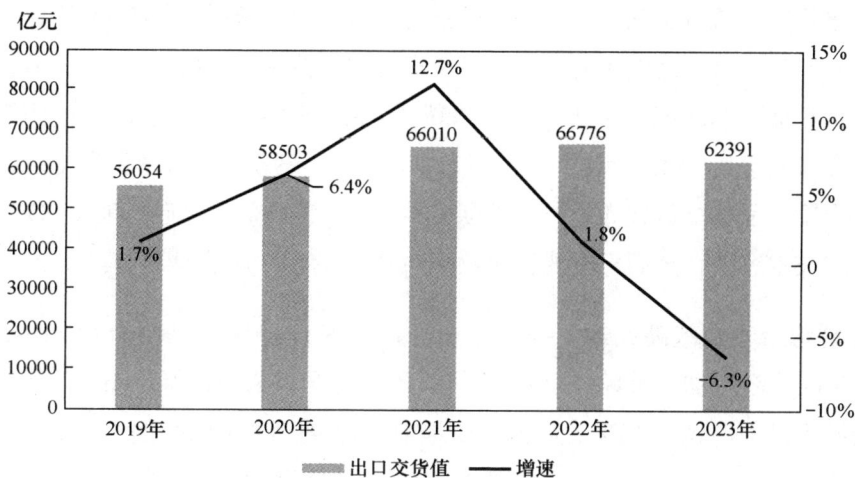

图 1-23　2019—2023 年电子信息制造业出口交货值及增速

（数据来源：工业和信息化部）

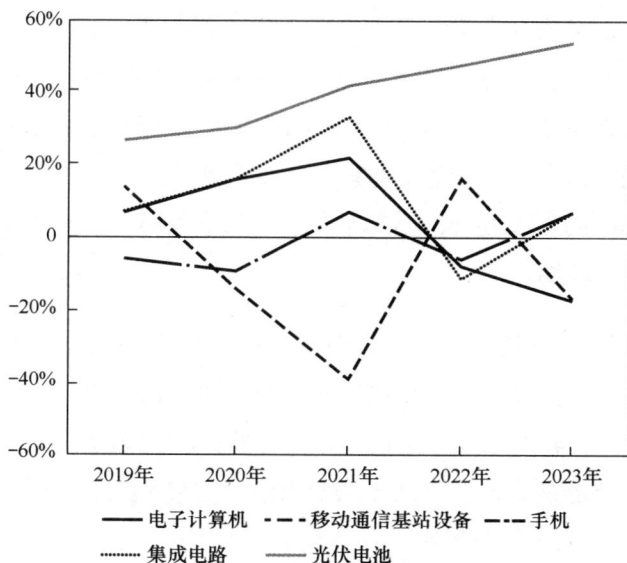

图 1-24　2019—2023 年重点产品产量增速情况

（数据来源：国家统计局）

2. 不同领域自主创新模式鲜明，电子信息制造业系统化提升产业安全水平

2023 年，我国电子信息制造业不同领域已经形成鲜明的自主创新模式，即优势领域引领创新、前沿领域战略创新、同步领域差异化创新、薄弱领域追赶创新。

一是优势领域引领创新。 我国光伏产业快速发展，光伏电池制造市场占有率位居世界前列。以光伏为代表的优势领域实现引领技术的创新，如 2023 年 11 月，我国光伏企业隆基绿能自主研发的隆基晶硅 - 钙钛矿叠层光伏电池经美国国家可再生能源实验室（NREL）认证，效率达到 33.9%，刷新电池效率世界纪录；2023 年第三季度，晶科能源宣布，其自主研发的 182N 型高效单晶硅电池（TOPCon）取得重大技术突破，全面积电池转换效率达到 26.89%，为全球最高。

二是前沿领域战略创新。 我国企业面向未来即将快速成熟的 Micro LED、Mini LED 等领域加大战略创新布局。例如，为支撑 Apple Watch（苹果手表）2024 年年底商用 Micro LED，我国厂商提前进行生产设备的战略创新布局，包括大族激光、海目星激光等多家厂商出货 Micro LED 巨量转移[3]设备，德龙激光的 Micro LED 激光巨量转移设备获得头部客户首台订单。

三是同步领域差异化创新。 我国企业对于手机制造等基本实现全球同步的技术领域，主要通过功能和材料的差异化创新巩固地位。如从功能上看，华为 Mate 60 系列手机成为全球首款支持双星卫星通信的手机，同时支持我国提出的星闪技术，实现低功耗、低时延、高速率的设备短距离连接。从材料上看，小米和华为旗舰手机推出创新的盖板玻璃，小米龙晶玻璃和华为第二代昆仑玻璃的维氏硬度均超过苹果超晶瓷玻璃。

四是薄弱领域追赶创新。 我国企业对于电子信息制造业的关键设备、元器件等薄弱领域主要采用学习、对标国际先进技术水平的方式，不断创新突破。如龙芯中科于 2023 年 4 月发布高性能计算处理器；欧康诺于 2023 年 10 月发布新一代半导体存储器测试系统；长江传感推出激光位移传感器，用于电子元器件加工、汽车制造等行业的精密检测。

3　巨量转移是指通过高精度的设备把巨量微米级 LED 芯片正确且高效地移动到目标基板及 PCB（印制电路板）上，最终实现 Mini LED/Micro LED 的量产。

3. 关键基础领域创新从技术突破迈向量产应用，助力我国产业链供应链安全稳定

2023 年，我国电子信息制造业的关键材料、零部件、装备和元器件等基础领域的自主创新，已经实现从关键技术突破向量产交付、客户验证的阶段升级，这将促进自主产品做强做优、助力我国产业链供应链安全稳定。

在关键芯片领域，华为 Mate 60 系列手机配置华为主自研发的麒麟 9000S 处理器芯片；黑芝麻智能推出华山二号自动驾驶高算力感知芯片，已经于 2023 年在东风汽车、领克汽车等汽车上实现搭载。**在关键零部件领域**，上海国际超导科技的"高温超导电缆"在上海超导输电示范工程中应用，天马车载 Mini LED 背光显示屏已出货海外客户。**在关键装备领域**，合肥欣奕华的半导体 AMHS（自动物料搬送系统）产品已实现量产交付，易天股份的 Mini LED 巨量转移设备已完成部分整线的交付与验收。**在关键材料领域**，2023 年，南大光电研发的 ArF 光刻胶已在下游客户存储芯片和逻辑芯片产品上通过验证，清溢光电已实现 180nm 工艺节点半导体芯片掩膜版的客户测试认证及量产。

三、2024 年 ICT 产业发展趋势展望

（一）2024 年全球 ICT 产业回暖，电子信息制造业重回景气周期

预计 2024 年全球半导体市场将重回景气周期，同时以手机和个人计算机（PC）为代表的消费终端的市场也将在低迷了两年后重回正增长通道，受此两大规模市场带动，全球电子信息制造业市场将逐步回暖。

全球半导体市场将重回景气周期。根据 TechInsights 的预测，从 2023 年第四季度开始，全球半导体市场重回景气周期，2024 年全球半导体市场规模将增长13%，其中集成电路市场将实现 14% 的增长，光器件、传感器及分立器件（OSD）市场将实现 9% 的增长，半导体固定资产投资也将重回正增长通道，实现 4% 的增长，如图 1-25 所示。

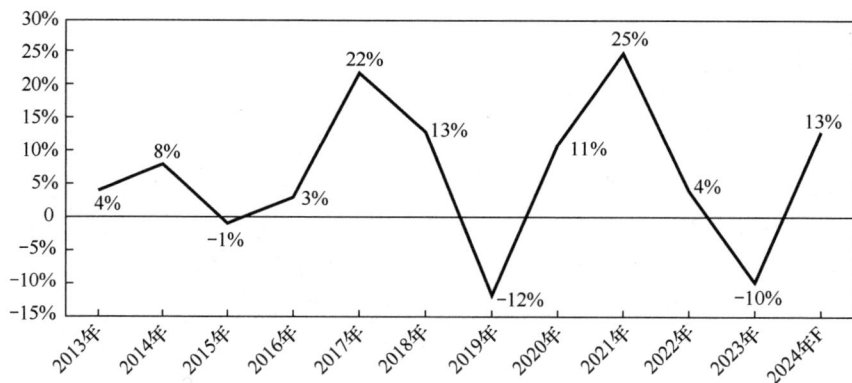

图 1-25　全球半导体市场规模增速预测

（数据来源：TechInsights）

以全球手机和 PC 为代表的消费终端的市场将重回正增长。在前两年的消费终端库存逐步消化完成后，预计 2024 年，以手机和 PC 为代表的消费终端的市场

将重新进入正增长通道，预计出货量和市场规模均将增长，手机和 PC 的市场规模将分别增长 6% 和 4%，如图 1-26 所示。

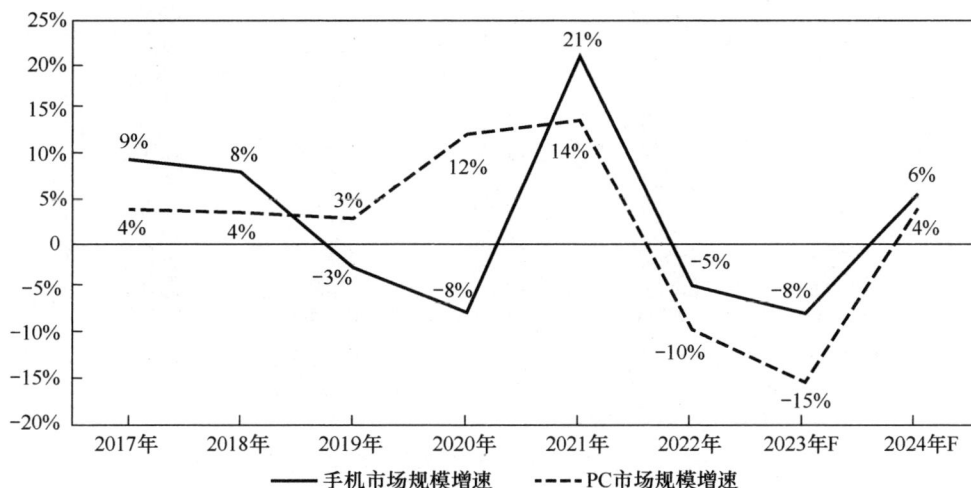

图 1-26　全球 PC 和手机市场规模增速

（数据来源：Gartner）

（二）2024 年我国 ICT 产业收入增速恢复提升

预计 2024 年，我国 ICT 产业平稳增长，收入增速达到 9.2%，较 2023 年显著回升，预计 2025 年 ICT 产业收入增速将继续走高。其中，电子信息制造业收入恢复平稳较快增长态势，半导体、智能手机等领域收入恢复正增长，人工智能服务器、人工智能物联网设备等新兴领域收入将持续快速提升，产业自主创新和应用加快。软件产业收入稳健增长，人工智能嵌入应用加快，云计算、大数据服务等驱动产业结构持续优化调整。电信业保持良好增长势头，云网、算网、人工智能能力持续深化，数字化转型快速推进、智慧家庭业务收入快速增长。互联网企业紧抓国内国际两个市场，在业务创新、技术创新、数字赋能、海外布局方面持续发力。2021—2025 年我国 ICT 产品收入规模（含预测数据）如图 1-27 所示。

万亿元

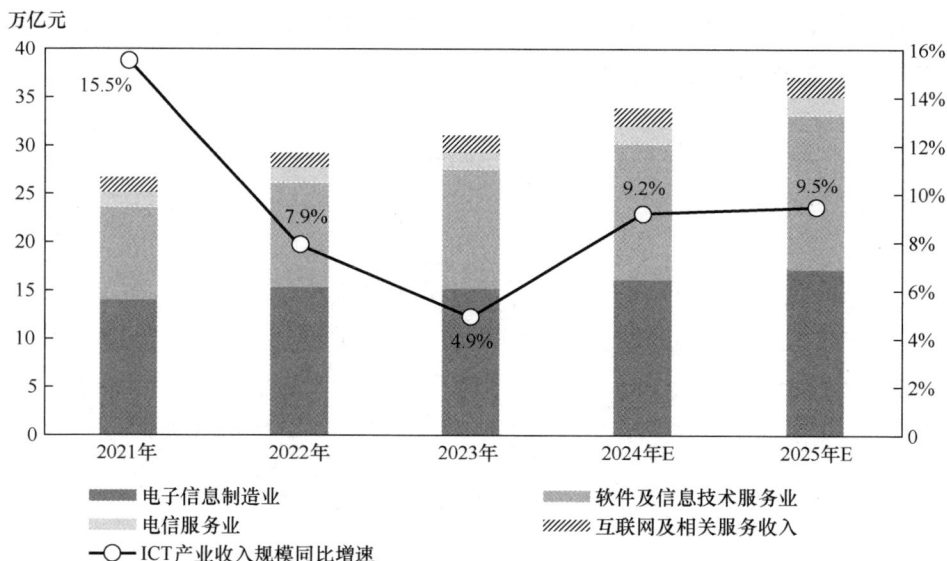

图 1-27　2021—2025 年我国 ICT 产业收入规模（含预测数据）

（数据来源：中国信息通信研究院预测）

（三）ICT 是前瞻布局未来产业的重点领域

未来产业是以满足未来人类和社会发展新需求为目标，以突破性、颠覆性的前沿科技创新为驱动，尚处于产业发展萌芽期，有望在未来带动经济社会发展的高潜力、高价值产业。未来产业是面向未来的新兴产业接续力量，其出现的时间节点在创新技术产生阶段和新兴产业出现阶段之间，具备颠覆性、长期性、战略性、外部性、不确定性等特征。因此，前瞻布局未来产业，以突破性、颠覆性的前沿科技创新带动产业升级，培育新质生产力，是世界各主要经济体抢占新一轮科技革命和产业变革制高点的重要举措，是我国推进新型工业化、加快建设现代化产业体系的必然要求。

ICT 是未来产业布局的关键领域，部署方向包括未来通信、未来智能、未来计算等。随着深化 ICT 领域发展，ICT 未来产业逐步壮大。其中，未来通信形成卫星互联网、"陆海空天"一体化、未来网络等关键技术，未来智能形成类脑智能、群体智能、超大规模模型等关键技术，未来计算形成光计算、量子计算、生物计算等关键技术。当前，ICT 未来产业正加快走向成熟、商业落地，将成为经济社会发展的新动能，在技术、产业、市场等层面引领颠覆性变革。在技术层面，ICT 前沿技术将推进知识和技术体系的颠覆性创新，有望重塑全球创新版图，赋能千行百业。在产业层面，ICT 未来产业将引发生产方式和生产组织方式的重大升级，成为推动经济高质量发展的重要力量。在市场层面，ICT 未来模式将释放新需求，形成新业态，并有望推动消费方式转变，持续推动市场活力和市场潜力逐步提升。

（四）数字包容理念加速落地，让更多人共享数字化发展成果

2024 年，数字化浪潮加快奔涌向前，数字包容逐渐从理念倡导阶段进入实践深耕阶段，在积极推动数字技术赋能经济社会发展的同时，也将凝聚更多参与主体特别是 ICT 企业合力应对数字技术带来的偏向性，让数字化发展红利更加普惠共享。

数字包容实践将取得更大进展。 2023 年数字包容实践探索加快开展，数字技术的可及性、可负担性和应用无障碍水平全面提升，数字技术持续支持农业农村数字化转型发展，助力优质公共服务普惠下沉，实现了"市市通千兆、县县通5G、村村通宽带"，2022 年，农业生产信息化率超过 25%，政务服务、教育服务、医疗卫生服务等公共服务数字化水平得到大幅提升。2024 年，数字包容实践将进一步拓展深化，在更广的范围、更深的层次、更高的水平快速发展，从基本公共服务、农业农村信息化、信息无障碍等领域向外延伸到环境治理、生物多样性保护等领域，从不同个体和领域的核心需求与关键环节挖掘问题并利用数字技术加以解决，从让更多的个体接入数字技术向使用数字技术获得内生发展动力的方向前进。

ICT 产业将持续发挥数字包容主力支撑作用。 数字包容发展需要"自上而下＋自下而上"共同作用，集合政府、企业、社会组织和公民个体等的合力，提升每个个体的数字素养和参与意愿，推动形成数字领域包容发展与利用数字技术推动经济社会包容发展并进的良好局面，实现"赋予数字以包容、推动包容以数字"的目标。2024 年，ICT 企业将进一步发挥自身的技术优势、数据优势和产品开发优势，加强数字技术研发、开发更多具有包容性的数字产品和服务，并结合自身业务领域积极参与各类型数字包容实践，探索形成更多的成熟商业模式，为数字包容理念落地的整体推进提供有力支撑。

两化融合与产业互联网篇

导　　读

　　2023 年，全球数字化转型在规模化普及与前沿技术探索中并行推进，智能工厂、智慧能源、智慧医疗走向更深层次、更广范围的应用推广，特别是中小企业的数字化转型和规模化推广成为热点和重点，在国家政策资源加持和地方政府数字化转型的差异化探索下，我国中小企业的数字化转型路径日益清晰，尤其是"链式"数字化转型成为发展特色；与此同时，工业互联网技术产业进一步裂变升级，智能化装备、"5G＋开放自动化"、工业互联网平台、AI、数字孪生等产业持续创新应用，工业大模型、机器人成为拉动产业规模增长的主要引擎，在技术创新及产品化中展现巨大应用前景。

　　具体来看，本篇从发展情况综述、热点分析和发展趋势展望 3 个方面对两化融合与产业互联网领域 2023 年发展情况进行分析论述。**在发展情况综述部分**，各国持续加大对各行业数字化转型的支持力度，制造、能源、医疗等行业的数字化转型持续拓展深化，供应链数字化为大中小企业带来更加敏捷、韧性更强、更高效的供应网络；工业互联网技术产业进一步裂变升级，不同产业市场阶段有所差异，5G、工业智能、数字孪生市场规模高速增长，成为未来拉动产业规模增长的重要引擎。平台市场规模增速放缓、成熟度持续提高，平台经济效能将得到有效释放。开放自动化处于起步、探索阶段，但发展潜力巨大，对自动化产业产生深刻影响。**在热点分析部分**，一是总结了我国中央政策和地方政府推进中小企业数字化转型的举措，分析了典型模式及路径，为中小企业数字化转型精准施策与规模普及指明方向。二是分析了人工智能大模型在工业领域的最新应用，不同产业主体差异化布局模式，为产业智能化发展提供新动能。三是研判了机器人产业的创新变革趋势，系统性地呈现了不同类型机器人的演进升级方向。**在发展趋势展望部分**，报告指明，全球产业数字化转型步伐进一步加快，工业 AI 成为增长核心驱动力，并将深刻影响整个数字技术应用体系，制造业数字化转型将进一步走向大规模普及，行业数据要素价值也将随之加速释放。

———————————————

本篇作者：

刘　默　王润鹏　彭连松　李亚宁　侯羽菲　李婷伟　陈　影　王海萍
吴　迪　杜　娟　洪雅兰　徐浩铭　贾金鹏　万洁羽　杨　涵　张佳玉
任　禾　汪俊龙　刘　阳

一、2023 年两化融合与产业互联网领域发展情况综述

（一）主要国家深入推动数字化转型，应用推广与前沿创新并行推进

一是全球加快推动中小企业数字化转型。 2023 年 6 月，财政部、工业和信息化部发布《关于开展中小企业数字化转型城市试点工作的通知》，2023—2025 年财政部、工业和信息化部拟分 3 批组织开展中小企业数字化转型城市试点工作。美国能源部（DOE）宣布拨款 2200 万美元支持全国中小企业的智能制造，消除中小企业利用创新技术和工具的阻碍。欧盟设置新冠疫情复苏基金，按年度补贴成员国中小企业开展研发、商业化落地等。日本各县持续发放 2023 年中小企业机器人导入、数字化导入补贴，提高企业生产作业效率。

二是融合技术创新成为各国重点发力方向。 工业和信息化部发布《制造业技术创新体系建设和应用实施意见》，为制造业创新提供重要支撑。美国总统拜登签署行政命令以促进美国生产技术创新，支持投资尖端技术来支持美国制造。2023—2025 年，欧盟预计每年为技术创新提供约 7000 万欧元（1 欧元≈7.9 元）的资助，推动智能机器人在工业领域的应用。日本 2023 年发布《制造业白皮书》，强调重视人工智能在制造业各环节中的应用。

三是各国大力促进绿色低碳转型。 我国新型工业化推进大会提出全面推动工业绿色发展，国家发展和改革委员会、科学技术部、工业和信息化部等部门发布《绿色低碳先进技术示范工程实施方案》，加快绿色低碳先进适用技术示范应用。美国启动 200 亿美元"绿色银行"计划，促进全国清洁能源投资，以应对气候变化。欧盟战略技术平台（STEP）的新计划，将绿色技术作为重点投资方向。2023 年 6 月，日本计划在未来 15 年内投资 15 万亿日元（1 日元≈0.048 元）供应氢能源，加快向低碳经济转型。

四是重点行业数据共享流通推进步伐加快。我国组建国家数据局，研究编制《"数据要素 ×"三年行动计划（2024—2026 年）》，将推动数据安全可信流通作为重点方向。美国食品药品监督管理局发布数据和技术战略计划——创建 OneFDA 系统，实现数据共享。欧盟汽车行业数据空间于 2023 年 1 月成立公司，开展运营，为汽车零部件企业提供质量数据追溯平台。日本和欧盟就跨境数据流达成协议，取消数据本地化，使运输、机械等行业受益。

（二）新技术创新活跃，5G、开放自动化、平台技术、数字孪生成效显著

1. 工业互联网技术产业从裂变到整合速度加快，变革势能彰显

工业互联网技术产业从裂变到整合是基本规律。针对传统金字塔结构制造体系中存在的信息孤岛和跨层级信息难流动的问题，工业互联网通过整合 AI、云计算等数字技术促进了智能装备、新型工业网络、开放自动化、工业互联网平台、工业智能、工业 App、工业互联网安全七大新兴产业的发展。下一步，新兴产业将围绕数据闭环加快走向更深层次的整合，进一步实现全链条、全周期数字孪生应用。

全球工业互联网产业裂变整合已呈现两大特点。**一是新兴产业变革潜力彰显，加快替代传统产业。**2024 年，预计智能装备产业增速达 14%，工业 5G 基础设施未来 5 年的年复合增速将达到 28%，开放自动化市场规模未来 5 年的年复合增速预计达到 18%，是传统自动化市场规模增速的 6 倍，工业智能市场规模预计增速将达到 52%，工业 SaaS 未来 5 年预计增速将达到 16%，为传统工业软件市场规模增速的 3 倍。**二是产业整合速度加快，构建全链路数据闭环是关键目标。**西门子虚拟 PLC（可编程逻辑控制器）与 5G 融合，实现 PLC 在云端的稳定持续运行。西门子推出与平台集成的组态软件 SIMATIC AX，实现协同开发。C3.AI、Salesforce 等将大模型沉淀为平台中间件，以提升平台开发能力。PTC Creo+、PTC Creo 10 设计软件通过融合 AI 实现创成式设计，提升设计效率。

2."5G＋工业互联网"技术创新持续深化，5G 工厂建设加速

"5G＋工业互联网"技术创新活跃。一是轻量化专网解决方案加速涌现，5G 核心网从耦合封闭的设备形态走向开放，轻量化、场景化、智能化的 5G 核心网产品初具形态。运营商、通信厂商及互联网云服务商等主体积极入场布局相关产品与服务，软硬一体化的垂直解决方案加速形成。**二是"5G+PLC"加速融合推进 IT 与 OT 融合**，工业多层架构向扁平化架构演进，形成基于 5G 的"云边端"协同架构，"5G+MEC（多接入边缘计算）"提供实时数据处理分析能力，满足工业控制场景的低时延要求。

各国积极推进 5G 工厂建设。从全球进展来看，截至 2023 年 4 月，据不完全统计，全球（不包括中国）5G 工厂项目数量与 2021 年年底相比提升了 113%。欧洲的 5G 工厂项目较多，其次是亚洲和美洲。西门子发布了《西门子工业 5G 全连接工厂白皮书》，施耐德在上海、无锡等地搭建了多个 5G 全连接工厂。**从国内进展来看**，截至 2023 年 10 月底，全国推动的 5G 工厂项目达到 2107 项，与 2022 年相比增长了 260%。其中 300 个项目入选工业和信息化部发布的《2023 年 5G 工厂名录》，覆盖 26 个省（自治区、直辖市）、24 个国民经济大类。工业互联网产业联盟于 2023 年 6 月发布《5G 全连接工厂建设白皮书（2022 年）》，为 5G 工厂建设提供技术参考方案。5G 工厂建设数量全国前 10 位如图 2-1 所示。

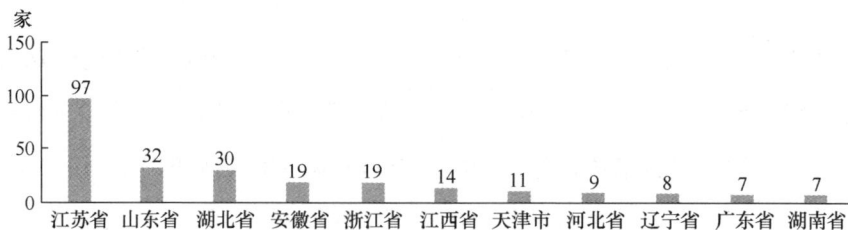

图 2-1　5G 工厂建设数量全国前 10 位

（数据来源：中国信息通信研究院）

3. 开放自动化领域处于起步阶段，但增长潜力巨大，原体系正发生深刻调整

开放自动化领域当前仍处于起步阶段，但已彰显出巨大的增长潜力。一方面，开放自动化市场整体规模较小，仍处于起步阶段，据统计，全球市场规模

仅有 5.2 亿美元，和传统近百亿自动化市场相比，占有率不足 5%；另一方面，开放自动化市场已经彰显巨大市场潜力，据统计，在过去 10 年间，某开放自动化厂商营收和某传统自动化厂商营收之比从不足 3% 增长到 40%，前者近两年仍保持年均 28% 的营收增速，而传统自动化市场平均增速 3%。

解耦、高效、智能成为开放自动化领域的重要探索方向。一是虚拟化技术融合应用成为焦点，更大范围的软硬件解耦成为可能。2022 年 12 月底，CODESYS 发布可在容器和虚拟机中实现确定性运行进而实现多类硬件迁移的虚拟 PLC，实现硬件成本降低和异构系统统一管理；2023 年 6 月，西门子推出可在各类设备（包括云平台）上部署迁移的虚拟 PLC，实现硬件成本降低和异构控制系统快速改造。**二是传统 OT 开发加快向 IT 开发看齐，**知识封装和复用效率大幅提升。2023 年 9 月，西门子推出新开发工具 SIMATIC AX，提供基于 VSCode 的云开发环境，提升开发效率，2023 年 10 月，罗克韦尔自动化将微软大模型服务添加到其 OT 开发工具中，加速工业自动化系统的设计和开发，助力开发效率有效提升。**三是实时数据驱动的智能控制探索成效初显，**生产自主化水平进一步提升。2023 年 2 月，横河电机发布基于 FKDPP 算法的新型人工智能控制模型，实现场景自主化控制，降低对人工经验的依赖程度；2023 年 11 月，中控集团发布全流程智能运行管理与控制系统 OMC 2.0，实现回路自整定、操作工艺过程在线优化等，自控率、平稳率显著提升。

4. 平台市场成熟度持续提高，三大领域取得新进展

全球平台市场增速略有放缓，平台市场分化态势初显。根据国际市场调研 MarketsandMarkets 数据，2023 年全球工业互联网平台市场规模达到 95 亿美元，预计将于 2028 年达到 182 亿美元，年复合增长率将达到 13.9%，如图 2-2 所示。头部平台企业营收向好，如 2023 年西门子 Xcelerator 商业平台、PTC ThingWorx 平台的营收增长均超过 10%。随着平台发展的马太效应逐步显现，部分缺乏明确技术、产品和商业优势的平台企业面临较大发展压力。从全球来看，过去 2 年已有超过 100 家平台企业退出市场。

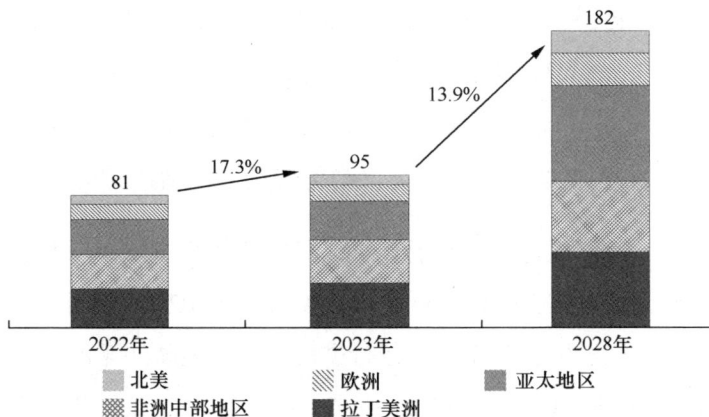

图 2-2   全球工业互联网平台市场规模（单位：亿美元）

（数据来源：MarketsandMarkets）

　　平台架构及核心技术基本成熟，前沿领域融合创新仍然活跃。一是云原生数据与模型集成的产品大量涌现。如 PTC 推出 Onshape Arena Connection，连接其云原生产品 Onshape 开发和 Arena 产品生命周期管理（PLM）解决方案，实现数据共享，西门子和 IBM 合作实现基于 MBSE（基于模型的系统工程）的电子电气软件等软件集成。**二是生成式 AI 大模型沉淀为平台通用中间件，带来智能交互能力。**如 Salesforce 推出用于 CRM（客户关系管理）的生成式 AI 大模型 Einstein GPT，实现与用户进行自然语言交互的智能客户服务、基于自然语言处理技术的个性化内容生成等，ABB 将 Azure OpenAI 服务整合到 ABB Ability™ Genix 工业分析和 AI 套件中，实现代码、图像和文本的生成，以提升用户体验。**三是平台数字孪生应用向边缘侧下沉，带来边缘仿真优化。**如施耐德电气将 EcoStruxure 机器专家数字孪生软件与即插即用的 EcoStruxure 开放自动化平台相结合，实现从单一设备到完整产线的系统级闭环仿真调试；海克斯康基于 Nexus 平台的 ESPRIT CAM，实现对各类成品零部件、工装刀具、数字控制机床的建模、仿真与优化。

　　平台业务工具云原生开发加速，我国工业 SaaS 市场增速高于全球平均水平。区别于传统工业软件的封闭式单体架构，工业 SaaS 软件采用云原生松耦合架构，天然具备高效开发、灵活扩展等升级能力。**当前全球工业 SaaS 正迎来发展黄金**

期，通用软件的 SaaS 化率最高，专精软件的 SaaS 化率也在快速提升。如部分通用软件服务商（如 ERP、CRM 厂商）的软件的 SaaS 化率已经高达 90%，其头部布局厂商包括 SAP、Oracle、金蝶、用友等，而专精软件服务商（如 CAD、CAE 厂商）也在加速其核心产品的云化、SaaS 化，并在用户市场推广中表现亮眼，如 Autodesk 已经完成全产品线的 SaaS 化，2022—2023 年，西门子、PTC、达索的 SaaS 业务也在快速增长，增速分别高达 22%、23%、18%。**我国工业 SaaS 产业整体规模较小，但增速较高，各个细分领域营收增速均显著领先于全球水平。**各类产业主体积极创新工业 SaaS 产品，如华为推出完全自主可控的企业管理软件 MetaERP，正在从内部应用走向对外推广，天喻软件、湃睿信息科技、安世亚太等均基于云原生数据模型驱动引擎 iDME 推出高端 PLM、SPDM（仿真流程及数据管理平台）等产品。工业 SaaS 市场数据如表 2-1 所示。

表 2-1　工业 SaaS 市场数据

	研发设计 SaaS			生产制造 SaaS	经营管理 SaaS		
	CAD	CAE	PLM	MES/MOM	ERP	CRM	WMS
该领域 SaaS 在同领域软件市场中的占比	30%	40%	70%	50%	90%	90%	70%
全球增速	8%	16%	7%	9%	9%	12%	19%
我国增速	15%	18%	17%	23%	19%	25%	24%

MOM：制造运营管理　　ERP：企业资源计划　　WMS：仓储管理系统

（数据来源：Grand View Research，公开信息整理）

平台商业生态扩张，形成从工具到资源、从资源到工具两条路线。工业技术服务商通过全链条业务软件云化、不断积累数据与商业资源，实现商业创新。达索构建 3DE Marketplace，打通云 CAD 软件，汇聚超 1 万台机器、超 1790 个零部件制造商；西门子将用于电子价值链交易的 Supplyframe DSI 平台与用于电子系统设计的 Xpedition 集成，提供数十亿元电子元器件商业交易。**而产业互联网企业则通过以市场资源为牵引的模式，推广轻量化业务工具，构建商业闭环。**如致景科技打造"百布"成本布交易服务平台、"全布"纺织工业互联网平台与"天工"服装智能制造云平台，实现纺织产业链上下游的资源交易，同时推出 IOT、

MES 等数字化业务改造工具服务，实现产业链数据的深层次汇聚整合。云工厂提供零部件在线制造、资源交易，同步提供协同制造系统，实现全链条数字化管控，当前已汇聚超 10000 家协同工厂。

5. 数字孪生市场高速增长，可视化和几何建模是主要的发展方向

数字孪生市场高速增长，规模将破百亿。 根据 MarketsandMarkets 测算，全球数字孪生市场规模保持高速增长态势，2023 年市场规模已经超过百亿美元，未来 5 年的年复合增长率将达 61.3%，如图 2-3 所示。此外，从区域看，北美数字孪生市场在未来 5 年仍将占据主导地位，尤其汽车和运输行业对数字孪生的需求持续扩张，将推动北美数字孪生市场规模增长。

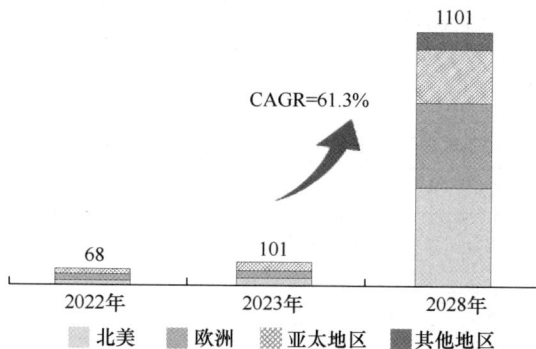

图 2-3　全球数字孪生市场规模（单位：亿美元）

（数据来源：MarketsandMarkets）

数字孪生全链路技术产品化进程提速，其中数字孪生可视化和三维自动化建模的规模应用是拉动市场增长的主要引擎。 国外巨头企业加速推出数字孪生技术产品，覆盖数字孪生可视化、几何建模、仿真优化、服务运维等数字孪生全链路技术产品领域。在可视化方面，算力升级叠加算法创新助力数字孪生可视化走向实时渲染，如英伟达发布新版本 Omniverse 平台，优化 NVIDIA RTX ™ GPU 架构，并在渲染器中集成 DLSS 3 深度学习算法，提升实时渲染性能。在几何建模方面，三维自动化建模技术愈发成熟，实现了高效、灵活、自主的数字孪生建模，如海克斯康推出 CADWorx 2023，构建管道、结构建模数据库以支持模型的灵活创建和复用，极大程度地提升了三维建模效率。在仿真优化方面，智能仿真技术不断迭代升级，促进数字孪生开发、创新质效齐升，如 MathWorks 发布 Simulink R2023b，基于遗传算法和仿真技术实现控制参数自动整定，加速控制器的设计优化。在服务运维方面，实时仿真技术迎来产品化，助推数字孪生运维走向实时、高可靠性，如 Ansys 推出 Twin Builder 2023R1，利用基于 4 阶 Runge-Kutta 法的 AI 降阶模型，在保证机理模型准确性的同时减少计算量，大幅提升系统仿真效率。数字孪生可视化和三维自动化建模初步形成规模应用，据 IoT Analytics 统计，在 100 个数字孪生案例中，数字孪生可视化应用项目的占比超 40%；据 Market Data Forecast 预测，2023—2028 年创成式设计市场年复合增长率将超 20%，将拉动数字孪生市场高速增长。

（三）新应用探索加速，智能工厂、数字供应链及行业转型应用深入

1. 智能工厂建设展现新的内涵和趋势

一是智能工厂从数字化设计规划走向数字原生工厂。企业加快数字基础设施的建设和集成，应用数字孪生建模、分析等技术进行工厂数字化设计和仿真优化，在投产运营环节中搭建数字孪生工厂，实时了解产线状态，数字基因不断融入智能工厂全生命周期。如西门子从零开始规划和建设数字原生工厂，批量生产的灵活性提高 30%，生产力提高 20%。

二是可重构柔性产线各环节紧密联动，快速响应市场需求。面对多品种、小批量订单的快速、低成本生产需求，企业加快先进控制、智能装备和柔性产线集成应用，打造可重构柔性产线，高效完成生产。如中联重科塔机工厂实现重型装备原材料分拣、加工、焊接、涂装全流程柔性化，每 18 分钟生产 1 台塔机，每 72 分钟生产 1 台施工升降机。

三是数据深度分析从生产管理向生产制造各环节拓展。人工智能、大数据分析等技术已经从质量管理、设备管理等环节向车间排产、生产管控等环节拓展，实现生产实时分析、预测和智能调度。如鞍钢股份针对炼钢、炼铁、冷轧与热轧等工序开发智能冶炼、自动轧钢等模型，提升产线运行效率和稳定性，每年降低 4000 万元人工成本。

四是工厂内外多主体、多资源协同制造模式加速落地。通过平台连接供应商、生产商、经销商、物流商等工厂内外多个主体，实现供应链全链条资源链接和配置。根据中国信息通信研究院对智能制造试点示范案例的统计，供应链高效协同支撑智能制造示范工厂生产效率平均提升 34.8%。

2. 深化供应链数字化探索，展现产业组织模式变革的巨大潜力

从大企业应用看，多工厂排产的敏捷交付和供应商寻优的韧性提升是当前应用重点。宝马与英伟达合作，基于 Omniverse 平台的数字孪生能力实现不同工厂实时规划与协作，将原计划的生产时间缩短了 30%，目前已覆盖全球 31 个工厂。在全球半导体短缺的情况下，博朗某些零部件的供应受到较大影响，宝洁通过模拟仿真技术形成替代设计方案，快速寻找备选供应商，并实现全链路可视协同，在原材料断供的情况下仍实现按时交付。

从中小企业应用看，"社会化设计 + 社会化生产"的模式愈发普及，在更大范围内实现"小单快反"模式。一方面，平台企业不断创新产品及服务，加快对新模式的应用推广，如致景科技于 2023 年推出 Fashion 3D 设计软件，支持云端联动设计师、版师、服装厂等，叠加已有"天工"服装智能制造云平台，搭建起"从设计到交付"的社会化协同体系；MacroFab 平台接入北美超 100 家工厂，快速完成 PCB 原型制造，推动用户产品设计周期由数月缩短至数天，2022 年平台出货量增长 275%；另一方面，地方政府以"产业大脑"为重要支撑，支持集群企业积极探索新模式，如浙江省打造"产业大脑"，目前已建设化工、装备制造、家具、生物医药等 96 个细分行业的"产业大脑"，以服装行业为例，"产业大脑"通过打通设计师资源和 200 多家工厂，推动"设计 - 生产 - 交付"周期缩短超8%，实现快速响应多地的流行款服装和高端定制服装订单。

此外，构建可信数据空间，可推动数据有效流通，促进大中小企业融通创新，加快产业链共生发展新生态的形成。欧盟组建 Catena-X 汽车行业数据空间，提供产品全生命周期追踪、制造即服务（MaaS）、模块化生产等应用，支持大企业实现汽车供应链、产品订单、质量和碳排放的追溯及协同优化，支持中小企业将剩余产能共享，提升订单量、减少固定成本和无效支出。目前已覆盖宝马、福

特、NTT 等 160 余家大企业，并与法国、瑞典合作建立国际枢纽，吸引全球中小企业融入。

3. 数字化转型驱动医疗行业更深层次的变革

人工智能在医疗健康领域的应用进一步深化。如在辅助诊断方面，谷歌医疗大模型 Med-PaLM 2 的问诊精确度已达临床医生水平。在医疗保健方面，英国国家医疗服务体系（NHS）制定采购框架，支持在医疗保健领域引入人工智能技术。在药物研发方面，中国生物打造基于 AI 的创新疫苗、药物设计和自动化筛选平台，有效提高药物研发智能化水平。

数字化转型和远程医疗加快应用，缩小健康差距、改变医疗资源不平等的现象。如英国国家医疗服务体系预计在 2024 年推出数字化健康体检试点项目，通过移动 App 调查和在线下进行血压测试的方式筛查人群中的心脑血管疾病患者。2023 年 3 月，宁夏银川市第一人民医院依托"互联网 + 医疗健康"平台，联合援非医疗团队成功完成患者颈部巨大肿瘤远程切除手术。

数字化医疗器械审批适度放宽。国家卫生健康委员会进一步落实"放管服"改革要求，发布《大型医用设备配置许可管理目录（2023 年）》，对技术成熟、性能稳定、应用规范的大型医用设备，积极推动由甲类改为乙类或由乙类调出目录。美国食品药品监督管理局于 2023 年 3 月发布新的指南文件，简化在用智能医疗器械的注册、审批流程。

医疗数据流通共享成为重要趋势。如英国国家医疗服务体系构建单一保健数据源，支持公共和私人医疗系统为用户提供更好的服务。妙佑医疗国际（Mayo Clinic）与以色列谢巴医疗中心等合作，扩大国家合作伙伴数据网络，支持更先进、更准确的 AI 应用。韩国医学成像公司 MEDICAL IP 把医疗 IP 迁移到 AWS 云上，实现数据的跨平台共享和智能化分析。

4. 能源行业、城市数字化探索更为系统深入

能源行业的数字化探索更为深化。一是在发电侧，数字化赋能发电低碳清洁转型。如中国华电集团天津分公司打造"5G+ 智慧电厂"，实现光伏发电全面

感知、智能运维。宁德核电于 2023 年基于模型训练建立智能知识库和知识图谱，推动打造智慧高效的智能核电厂。**二是在传输侧，建设数字电网和虚拟电厂成为探索方向。**如江苏省建成我国首个全息数字电网，实现对亿千瓦级负荷大电网进行全息数字化呈现。**三是在用电侧，**制造业走向全流程综合能耗优化。如优也在烟草工厂中开展超过 500 台加工辅助设备的综合能耗管控，并进一步打通 MES 等系统，实现能耗管控与生产计划协同。

　　城市数字化转型由单点走向系统性变革。一是市场规模稳中有升。2023 年政府主导的智慧城市市场规模约 250 亿美元，增速达到 18%。**二是推进机制不断创新。**如上海市建立城市数字化转型工作领导小组，形成专家咨询机制及社会化专业研究和促进机构。**三是业务应用持续延展。**城市数字化转型由政务和民生应用向产业赋能延伸，如 2023 年长沙新型智慧城市建设场景清单共计 168 个智慧城市领域建设项目，预估投资总额达 92.93 亿元，涉及生态宜居、产业经济等众多领域。

（四）工业互联网产业规模稳步增长，产业活力不断增强

　　我国工业互联网产业发展实现稳步增长，2023 年国内工业互联网产业规模达 13500 亿元，如图 2-4 所示。在工业互联网领域，企业融资规模稳健增长，创新创业培育成效明显，有力加快我国制造业数字化转型步伐。

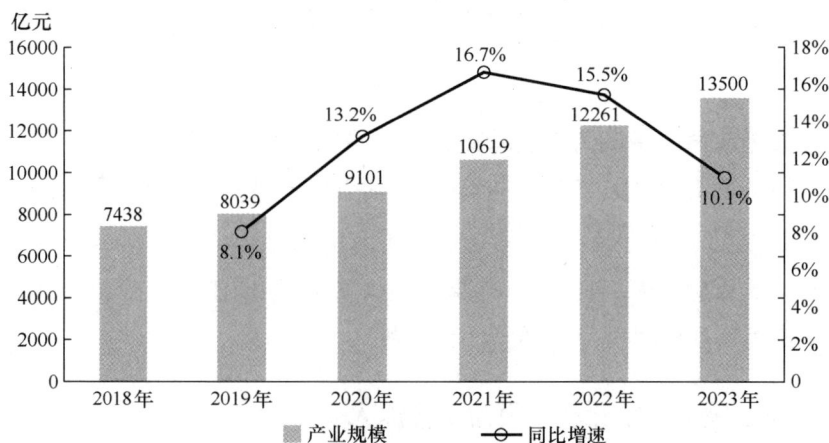

图 2-4　我国工业互联网产业规模测算及预测

（数据来源：中国信息通信研究院）

　　我国工业互联网产业规模稳步增长，2023 年增速继续放缓。根据中国信息通信研究院测算，2022 年，我国工业互联网产业规模达 12261 亿元，较 2021 年工业互联网产业规模（10619 亿元）增长 15.5%，增速较 2021 年放缓 1.2%。其中，核心产业加快成长，工业互联网平台与应用规模为 3678 亿元，增长 30.6%，首次超越工业自动化市场成为规模最大的细分领域。受全球经济下行压力影响，2023 年工业互联网产业规模增速放缓至 10.1% 左右，国内工业互联网产业规模达 13500 亿元。

　　工业互联网产业融资规模稳健增长，创新创业培育成效明显。资本市场稳健增长，2023 年 1—8 月，我国新增工业互联网上市企业 32 家，首发累计融资规模达 471 亿元，已超过 2022 年融资规模的八成。工业互联网初创企业总量已超4000 家，2023 年新增千家企业，一半以上的新增企业为工业智能领域企业，已超 2100 家。

二、2023 年两化融合与产业互联网领域热点分析

（一）中小企业数字化转型走向精准施策与规模普及，推进模式和路径逐渐清晰

1. 我国高度重视中小企业数字化转型，政策投入持续加大

2017—2020 年为引导鼓励阶段，鼓励各地推动中小企业上云。2017 年，国务院发布《关于深化"互联网＋先进制造业"发展工业互联网的指导意见》，提出要推动百万企业上云。2018 年，工业和信息化部印发《推动企业上云实施指南（2018—2020 年）》，提出中小企业和创业型企业可依托公有云平台，按需租用存储、计算、网络等基础设施资源。2020 年，工业和信息化部印发《中小企业数字化赋能专项行动方案》，提出将中小企业数字化改造升级纳入专精特新中小企业培育体系和小型微型企业创业创新示范基地建设，予以重点支持。

2021—2022 年为大力支持阶段，中央财政提供财力支撑。2022 年，工业和信息化部、财政部发布《关于开展财政支持中小企业数字化转型试点工作的通知》，提出 2022 年补贴 100 个左右服务平台，每个服务平台最高奖补不超过 600 万元，由服务平台为中小企业提供数字化改造服务。同时，每个省份每批可最多推荐 5 个细分行业参与数字化转型试点。

自 2023 起为全面推进阶段，中央政策支持力度显著提升。在推进中小企业数字化转型城市试点工作方面，一是支持力度显著提升，2023 年发布《关于开展中小企业数字化转型城市试点工作的通知》，提出 2023 年先选择 30 个左右城市开展试点工作，不同类型试点城市补贴 1 亿～ 1.5 亿元，每个城市试点期两年，奖补资金由试点城市统筹使用；二是布局更加精准，政策提出东、中、西部地区试点城市被改造企业分别不少于 500 家、400 家和 300 家，且改造完成后其数字化水平应达到二级及以上（根据工业和信息化部办公厅发布的最新版本《中心企业数字化水平评测指标》确定）；三是支持范围扩大，由支持中小企业数字化转型，拓展至支

持低成本数字化产业发展，鼓励高效"链式"数字化转型，以及提供数字化诊断咨询、数字化人才培训等综合服务。**在加强中小企业数字化转型宣传方面**，2023年10月举办全国中小企业数字化转型大会，加强数字化转型试点城市政策宣贯，促进中小企业就数字化转型生态进行交流。在提升中小企业认知水平方面，工业和信息化部于2023年6月组织开展数字化转型成熟度贯标工作启动会，面向中小企业开展数字化成熟度诊断工作。

2. 领先地区先行先试，探索形成差异化政策推广路径

浙江省通过打造标杆工厂，推动中小企业有样学样进行规模化推广。**一方面，浙江省打造标杆初级工厂**。浙江省选择具有数字化转型潜力和意愿的不同规模中小企业，通过市场化招标选择总包代理服务商，进行系统性建设，并打造标准合同模板，量化各类型项目建设投资。**另一方面，浙江省在前期打造标杆初级工厂的基础上，推动中小企业有样学样进行规模化推广**。通过将不同行业、不同规模、不同类型项目经验总结固化为可借鉴的样本，中小企业依照样本寻找供应商、签订合同、进行工程监管和验收结算，降低中小企业数字化转型门槛，提高中小企业数字化转型成效。

江苏省紧抓重点产业链和重点行业，通过开展"一链一策"实现推广普及。**一是明确重点产业链**，江苏省重点培育化工、服装、集成电路等50条重点产业链，作为数字化转型的主抓对象。**二是开展"一链一指南"**，江苏省依托前期遴选确定的50条重点产业链，开展编制分行业智能化改造数字化转型实施指南工作。截至2023年年底，江苏省共编制了12个行业的数字化转型指南，计划2024年新编制30个行业智能化改造数字化转型实施指南。**三是进行"一链一诊断"**，江苏省按照重点产业链分包招标，每年投入12亿元为中小企业提供免费数字化转型诊断咨询服务。**四是构建数字化转型供给的支撑保障**，江苏省依托819家服务商的资源打造数字化转型供给资源池，建设了工业互联网平台及其他公共服务载体，为中小企业数字化转型提供较为完善的公共服务保障。

广东省由面向集群园区的数字化转型推广转为面向产业链的"链式"数字化转型推广。前期，广东省以集群园区为核心推动数字化转型。2022年发布《广东省产业集群数字化转型工程实施细则（2022年）》，加快推进以"工业互联网园区+行业平台+专精特新企业群+产业数字金融"为核心架构的新制造生态系统建设，推动产业数字化转型。**下一步，广东省将进一步加强以"链主"、平台为核心的"链式"数字化转型。**2023年发布《广东省全面提升制造业质量品牌水平的若干政策措施》，明确提出支持龙头企业带动上下游中小企业"链式"数字化转型。

3. 政府带动中小企业数字化转型高速发展，转型模式逐渐清晰

以基础加工类等企业为代表的产业链上游中小企业更关注提升生产效率、降低人员成本。在产业链上游，以基础化工企业、来料机加工企业、PCB生产企业等基础加工类中小企业为代表的企业，更关注提升生产效率，降低人员成本，逐渐探索形成设备数字化管控、生产计划排产、生产过程监控等应用场景。

以生产零部件、中间品等为代表的产业链中游中小企业更关注高质量生产供给与部分产品设计。在产业链中游，以特定装备零部件、传感器、电池组等的制造为代表的零部件、中间品制造中小企业，更关注高质量生产供给与部分产品优化设计，探索形成了生产过程管控、质量检测与分析、供应链优化、仓储物流管理等应用场景。

以成品生产企业等为代表的产业链下游中小企业，对产品研发与营销管控、供应链管理等要求更高。在产业链下游，以生产日化产品、消费电子产品等为代表的成品生产企业，对产品研发与营销管控、供应链管理等要求更高，逐渐探索形成了产品仿真分析、产品数据管理、线上营销管理、订单计划排产等应用场景。

4. 我国公共服务加速完善，下一步需补足能力、加强协调

近年来，主要国家将公共服务载体作为推进中小企业数字化转型的重要方式。如美国制造业拓展伙伴（MEP）计划建设了51个制造中心和600余个办事处，面向中小制造业企业提供精益生产、数字化转型的诊断和咨询等上门服务。日本重点依托各区域中小企业、IT供应商、金融机构等共同打造了超106个IoT推进实验室，2023年从中遴选出31个作为区域数字化推广实验室，研发满足区域产业共性需求

的数字化解决方案，并为中小企业提供一对一数字化转型上门咨询服务。欧洲数字创新中心、中小企业 4.0 能力中心等为中小企业提供人才培训、生态会议、数字化转型咨询等综合服务。

我国逐渐加强中小企业数字化转型服务载体建设。2017 年，工业和信息化部依托制造业创新中心建设工程，推动建设工业互联网创新中心，重点开展前沿数字化技术研发，推动成果产业化。2022 年，工业和信息化部推动成立工业互联网数字化转型促进中心，集示范推广、测试认证、产教融合等多种综合功能为一体，为企业数字化转型提供系统性综合服务。**然而，目前公共服务载体的服务能力与运行机制仍需进一步完善与优化。一方面，公共服务载体的服务能力不足。**我国数字化转型公共服务载体主要聚焦培训、会议等技术推广类服务，正逐渐加强数字化转型诊断咨询等技术应用类服务，但仍缺乏低成本技术产品的开发服务。**另一方面，公共服务载体的运行机制单一。**我国公共服务载体多以政府支持为主，自我"造血"能力不足，难以长期运行。同时，各公共服务载体之间缺乏工作协同，难以最优配置服务资源。

（二）人工智能大模型在工业领域的融合应用初步探索，为产业智能化发展注入新动能

1. 大模型工业应用探索加快，初步覆盖主要工业场景并展现新的应用模式

工业制造成为大模型赋能重点领域，市场规模爆发增长。MarketResearch 的预测显示，自 2022 年起，未来 10 年"工业＋大模型"市场将实现大幅增长，到 2032 年"工业制造＋大模型"的市场规模将达到 63.98 亿美元，年复合增长率将达到 41.6%，"工业设计＋大模型"的市场规模将达到 13.459 亿美元，年复合增长率将达到 24.5%。

大模型基于 3 种部署模式赋能工业领域，形成 10 个典型应用场景。当前，大模型在工业领域基于通用模型集成应用、通用模型的场景化适配调优、特定领域的专用模型 3 类模式实现应用部署。大语言模型（LLM）围绕自动处理工业设

备与管理环节生成的文档、统计图表生成、特定领域知识问答、人员实训、智能交互机器人 5 个典型应用场景；视觉大模型 / 多模态大模型围绕研发与生产环节的 CAD 草图生成、AI4S（科普智能）、药物研发、安全巡检、质量检测 5 个典型应用场景。此外，"大模型 + 研发设计""大模型 + 具身智能""大模型 + 软件工程"等，面向工业制造各个环节均具备应用赋能潜力。

2. 基于大语言模型的应用探索仍是现阶段的主要探索模式

工业各环节围绕 4 类人工智能大模型开展应用探索，当前以大语言模型的应用探索为主。 根据中国信息通信研究院对近 80 个工业大模型应用案例的分析显示，当前工业各环节围绕大语言模型、专用大模型、多模态大模型和视觉大模型 4 类大模型开展应用探索，4 类大模型应用占比分别是 75%、15%、8% 和 2%，通用模型的场景化适配调优是其主要部署模式，在所有部署模式中的占比为 65%，问答交互模式为其主要应用模式，在所有应用案例中的占比为 62%。

大语言模型应用模式聚焦问答交互与内容生成，有效提升任务执行效率。 问答交互模式包含知识查询与交互、需求交互与执行。如 Cognite 将生成式 AI 与 Cognite 特定的数据建模能力和检索增强生成能力相整合实现设备维护功能；C3.ai 基于人工智能大模型，实现通过自然语言对话自动生成 BI（商务智能）报表的功能。内容生成模式包含代码生成模式与文档生成模式。如西门子与微软合作，基于 GPT 开发代码生成工具，可通过 NLP 输入生成 PLC 代码；Salesforce 推出 Einstein GPT，实现电子邮件自动撰写。

3. 专用、CV 和多模态大模型实现点状探索，研发设计、质检巡检和装备操控是重点领域

专用大模型基于结构化数据，面向产品、药物等研发，通过高效生成与预测提升研发效率。 在产品研发方面，以 CAD 草图生成为主，基于图像或文本进行 2D CAD 草图生成，受样本数量和生成规范限制，目前仅个别企业开展探索，3D 图形生成是其探索方向。如 DeepMind 基于 470 万 CAD 草图与其 CAD 草图生成规范进行大模型训练，实现 2D CAD 草图生成。在药物研发方面，目前聚焦基于一维分子序列进行蛋白质 / 药物的性质、结构与匹配能力的预测优化，大规模的公开数据集是关键要素，正向多维数据预测演进。如 Meta 应用包含 150 亿个参数的蛋白质大模型 ESMFold，基于由 1.25 亿个蛋白质分子结构构成的数据集进行训练，仅花费 2 周时间便完成了包含罕见物质的超 6 亿个蛋白质分子结构预测。

视觉大模型基于领域数据训练适配满足多种任务判别需求。如山东能源将视觉大模型用于矿山巡检，替代原有 20 多个小模型，开发成本降低 90%；国家电网构建电力大模型，能够每分钟处理 100 张异常图像，同时识别 20 类缺陷，识别效率是传统 AI 模型效率的 10 倍。

多模态大模型集成语义数据、视觉数据、规划数据、执行数据等多类数据，满足复杂决策与具身智能的复杂任务执行需求。在复杂决策方面，多模态大模型将异常图像、故障特征等，与行业知识、根本原因分析、决策方案打通，实现针对异常状况的复杂决策处理，如哈尔滨工业大学利用语言视觉大模型根据图像进行工业异常检测，并输出高质量故障特征描述。在具身智能方面，多模态大模型基于视觉 - 语言 - 动作（VLA）大模型识别当前环境，并自动生成控制指令，增强机器人执行复杂任务的能力，如美国斯坦福大学利用视觉大模型、大语言模型，驱动机器人在虚拟空间中生成规划路线，完成复杂任务。

4. 各类主体从不同领域加快技术产品布局

围绕芯片、算法、模型等工业大模型层级，各主体面向计算设施、框架平台、基础大模型、行业 / 领域大模型、工业产品融合与工业大模型产品方案开展布局。

AI 厂商聚焦能力推广。AI 厂商重点关注打造大模型通用底座，赋能一站式大模型开发，实现行业赋能全链条打通。如华为打造昇腾 AI 基础算力设施，搭建基于大模型全链路构建的框架平台，开发盘古基础大模型底座，构建供应链物流管理、异物检测等仓井大模型及盘古药物分子大模型、盘古矿山大模型等行业大模型，并推出工业大模型一体机。

工业技术服务商聚焦产品融合。工业技术服务商重点关注将大模型融入已有的工业技术产品。如发那科（FANUC）将大模型融入其机器人产品，构建内置大模型的工业机器人；Beckhoff 将大模型融入 TwinCAT XAE 客户端，实现基于自然语言对话进行 PLC 代码、HMI（人机交互）界面生成。

初创企业聚焦工具创新。 初创企业面向特定任务 / 领域并基于模型构建轻量化工具。如创新奇智构建奇智孔明 AInnoGC 工业大模型，并基于该大模型构建生成式企业私域数据分析应用 ChatBI、生成式企业私域知识问答应用 ChatDoc 等产品；SymphonyAI 基于工业知识库对大模型进行训练，并构建具备文件审查、设备监控、操作问答等功能的工具。

科研机构 / 科技巨头聚焦前沿探索。 科研机构 / 科技巨头重点探索模型技术与产品等前沿创新。如谷歌基于大模型构建大模型代码生成工具、代码检查工具，并构建 PaLM-E、RT-2、RT-X 等多模态机器人大模型；西北工业大学应用大模型以解决异构机器人协同问题。

（三）在市场需求增长和智能技术升级的双重影响下，机器人产业即将迎来技术和产业的双重变革

1. 机器人市场需求持续增长，新技术、新应用塑造更大的发展空间

机器人市场延续蓬勃发展的势头。 近年来，随着科技的飞速发展，机器人行业受到全球广泛关注。在各国政策的大力支持和市场需求快速增长的双重推动下，智能机器人行业迎来了黄金发展期。而人口老龄化等因素与旺盛的需求叠加，推动全球机器人市场规模持续走高。2023 年，全球机器人市场规模达到 580 亿美元，预计 2024 年，全球机器人市场规模将达到 660 亿美元，年复合增长率将达到 14%，如图 2-5 所示；而 2023 年，我国机器人市场规模达到 210 亿美元；2024 年预计达到 251 亿美元，年复合增长率达到 20%。

对工业机器人的需求增加。 对工业机器人的需求在全球范围内呈现稳定增长的趋势。特别是在制造业回流的大背景下，各国的工业机器人装机量普遍呈现增长态势。2022 年，北美地区工业机器人的总装机量较前一年增长了 12%，这一增长率反映了该地区制造业的活力及对自动化和智能化生产方式的需求。印度作为全球发展最快的工业经济体之一，正通过引进和自主研发工业机器人核心技术，快速提升其制造业的竞争力和生产效率。过去 5 年间工业机器人的存量增加了一倍

多，年均增长率达到了 16%，表明印度在制造业自动化方面的巨大进步和潜力。

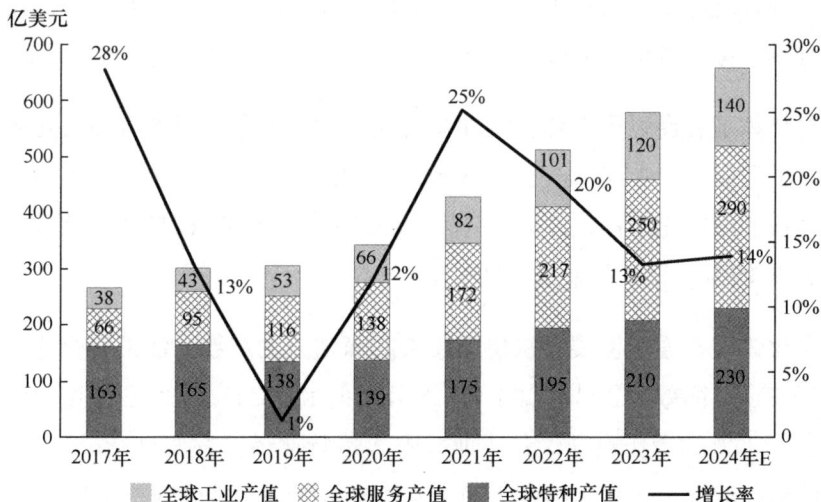

图 2-5　2017—2024 年全球机器人市场变化趋势

[数据来源：国际机器人联合会（IFR）、中国电子学会（CIE）]

人形机器人市场规模高速增长。 高盛基于人形机器人技术发展情况、市场需求变化趋势和宏观经济形势进行综合分析，在乐观情境下，2035 年人形机器人市场规模可能达到 1540 亿美元。MarketsandMarkets 的预测则更为具体，预计全球人形机器人市场规模将从 2023 年的 18 亿美元增长到 2028 年的 138 亿美元，年复合增长率将达到 50.2%。这一增长率远超许多传统行业市场规模的增长率，表明人形机器人市场具有巨大的增长潜力和投资价值。

2. 工业机器人"微创新"不断，向平台化、轻量化、简易化、协同化和虚拟化的方向演进

平台化体现在打通从工业机器人的设计、制造到服务的全链条各环节，有利于实现高效管理。 如发那科推出工业机器人全生命周期管理平台，包括工业机器人的数字化设计、加工和运维，提升工业机器人的设计、生产、维护效率；英伟达发布最新版本的 Isaac Sim 平台，用于开发和测试工业机器人。

轻量化体现在通过材料更新、结构优化和技术迭代，实现工业机器人的快速

部署、简易维修。如 ABB 推出史上最小的工业机器人 IRB 1010，可在智能手机、智能手表等智能电子产品狭小的生产空间内完成生产；Comau 开发的机器人移动平台具有模块化、可扩展和可重复配置的特点，可以无缝适应不同的硬件架构。

简易化体现在通过图形化、模块化等简易编程手段，显著降低工业机器人的使用和开发门槛。 如 Yaskawa 公司的 Moto MINI，具有简化的编程界面，用户可以使用直观的图形化编程软件进行操作；ABB 推出 OptiFact 模块化软件平台，节省高达 25% 的编写程序和采集数据时间。

协同化体现在通过发展人机协同相关的算法、生产线，使工业机器人辅助使用者进行安全、高效的工作。 如 KUKA 公司的 KR C4 工业机器人可以防止意外碰撞、根据工人的动作自动优化工业机器人运行路径；发那科公司的 CRX 协作机器人能够与操作员进行高精度无缝交互，提高了生产线的人机协作效率。

虚拟化体现在为工业机器人提供训练平台和管理平台，实现工业机器人的自主学习和全生命周期管理。 如达索推出数字训练平台帮助机器人自主学习、实时监控工业机器人运行状态，并生成预测和诊断结果；ABB 利用数字孪生平台辅助工业机器人设计和生产，可以在数小时内将五轴机器人 IRB 365 集成到包装生产线中。

3. 智能机器人创新加速，渐进式改良与变革式创新路线并存

随着产业结构变迁与新企业入场叠加，深刻改变智能机器人产业竞争格局和产业生态。

ICT 企业 引领科技变革方向，将大模型、深度学习等先进技术与机器人融合形成高智能化解决方案。凭借在信息通信等领域积累的先进技术，以智能技术和软件工具为切入点，提升机器人人机交互、自主决策与简易部署等能力，开辟行业竞争新赛道，为自身产品寻找新应用市场。如谷歌推出 RT-2 机器人大模型——在开放性环境中进行泛化训练。

初创企业 重视软硬件结合，这些企业瞄准细分领域市场需求，以智能技术为核心形成解决方案，为工业机器人整机与技术的有机结合开辟新兴领域，强调多模态感知、自主学习等智能技术对整机的控制与作业水平的提升。如思岚自研工

业机器人自主导航算法、激光雷达、多传感器融合。

传统龙头企业布局整机及平台，持续为产品叠加智能化功能，打造覆盖更全面的产品体系；在硬件领域精益求精，并向一体化平台系统延伸，提升产业链掌控能力。如新松发布工业机器人生产管理平台，实现对工业机器人的高效检测和精确控制。

4. 人形机器人处在产业化前期，有望在重点领域获得初步应用

在技术方面，"大脑"和"小脑"赋予机器人人类特性。多模态大模型驱动人形机器人向情境理解、自主学习和智能决策等方面全面进化，形成"大脑"。如达闼机器人推出的多模态大模型 RobotGPT，实现复杂场景下的语义理解、自主规划、任务执行和实时交互；谷歌推出的 BERT、DeepMind，以及 OpenAI GPT，微软和百度推出的大模型等大语言模型走进人形机器人训练和交互领域。

提高抓取精度与控制运动平衡的人形机器人控制算法持续改进，实现多自由度的灵巧手、双足运动等运动控制，形成"小脑"。如特斯拉 Optimus Gen2 拥有11 个自由度且具备触觉的新灵巧手，能够使用两指捏取鸡蛋；波士顿动力、优必选等开发覆盖人形机器人超过 20 个自由度的优化控制算法。

在产业方面，部分厂商推出的机器人已经处于产业化前期。2023 年 9 月，Agility Robotics 在美国开建全球第一家人形机器人工厂。第一代特斯拉 Optimus 于 2023 年 3 月推出，并快速迭代升级，在 12 月推出第二代，计划在 2024 年少量试产并应用于特斯拉工厂制造业务，预计在 2025 年实现大规模量产。

在应用方面，仓储物流和服务是近期重点。在工业领域，人形机器人将执行复杂场景下的柔性装配、物料搬运等任务。如电商巨头亚马逊将人形机器人 Digit 导入仓储工作进行测试，应用于货物运输；国内人形机器人的引领者优必选在智慧工厂中对人形机器人 Walker X 进行训练及测试，用于智能分拣。在服务领域，人形机器人可以无缝融入人类的生活和工作环境。如人形机器人 Ameca 可以和人类进行多语言交互，已在旅游景点及商场进行试用；傅利叶智能推出的 GR-1 通用机器人已经实现批量化试产 100 台，用于老人和病人的陪护。

三、2024 年两化融合与产业互联网领域发展趋势展望

（一）全球数字化转型收入增速预期下调，AI 驱动产业变革动能提升

当前，数字化转型仍然是推动经济高质量发展、提升国际竞争力的重要力量，因此我国持续加大数字化转型投入力度。

未来 5 年全球数字化转型支出将保持较高增速，但数字化转型收入增速预期放缓。 国际数据公司 IDC 提供的数据显示，2023 年在全球业务实践、产品和组织的数字化转型方面的支出预计达 21500 亿美元，预计在 2023—2027 年的 5 年内，年复合增长率将达 16.1%，较 2022 年预测值小幅下降 0.5%。其中，2023 年中国数字化转型支出预计达 3850 亿美元，预计未来 5 年的年复合增长率将达 17.9%，较 2022 年预测值小幅下降 0.9%。全球数字化转型收入增速预期下调，但中国仍处在全球前列。

工业智能领域在大模型技术突破引领下发展潜力巨大。 未来 5 年内，积极推动数字化转型的主要领域市场规模将持续高速增长，增速排名前三的领域预计为工业人工智能、数字孪生、工业控制安全及云计算领域。战略咨询和市场研究公司 BlueWeave Consulting 咨询公司预测，2023 年全球工业人工智能的市场规模约为 47 亿美元，预计未来将保持约 52.5% 的高速增长。国际数据公司 IDC 提供的数据显示，到 2026 年，全球工业控制安全市场规模将达到 67.6 亿美元，年复合增长率将达到 28.4%。

（二）大中小企业积极开展转型实践，制造业数字化转型或将走向大规模普及

龙头企业广泛开展数字化转型实践，带动智能工厂行业持续扩张。 随着物联网、大数据、人工智能等新一代信息技术的发展和应用，广大企业纷纷开展智能工厂建设，从 2015 年到 2022 年，中国智能工厂行业经历了一个快速扩张的阶段，市场规模从 774.6 亿元增长到 8589.1 亿元，增长了超过 10 倍。根据当前各行业

的建设热情和发展速度，预计未来几年中国智能工厂行业仍将保持 10% 以上的年均增速，到 2025 年，中国智能工厂行业市场规模有望超 1.4 万亿元。**在民营企业方面**，根据《2023 年中国民营企业 500 强调研分析报告》，90% 左右的 500 强民营企业加快实施数字化转型，推动提升企业经营管理水平，带动产业链上下游企业协同转型。海尔搭建卡奥斯 COSMOPlat 工业互联网平台，已链接了近 80 万家企业，覆盖 20 多个国家，服务 7 万余家企业。京东工业互联网平台为 1050 家大型企业和近 120 万家中小微企业提供数字化转型服务。**在国企方面**，已有 89 家央企明确数字化转型发展规划，90 多家央企组建由"一把手"负责的数字化转型领导机制。2023 年，已有 800 多家国企探索传统业务转型模式，建设数字场景 3200 多个，组建数字科技类公司近 500 家，数字技术供给服务能力加快提升。

中小企业投资建设加快，以数字化转型升级增强竞争力。在数字化转型投资方面，根据 IDC 预测，未来几年中小企业将在 IT 技术方面持续增加投资，从 2022 年的 812.9 亿美元增长至 2025 年的 1164 亿美元，年增长率预计超过 12%。**在能力建设方面**，中小企业将通过数字化转型增加收入，提升效率，增加业务弹性和灵活性，增强抵御风险的能力。预计到 2025 年，将有 50% 的中型企业设置专业 IT 技术决策岗位，25% 的中小企业实现半数核心业务上云，25% 的中小企业应用智能决策系统加强产品研发和供应链管理。

（三）智能化将持续影响数字化转型的技术应用体系

未来 3 ~ 5 年，智能化探索将围绕深化应用融合创新与技术产业优化创新实现数字化转型赋能。**在应用融合创新方面，应用模式仍以效能提升为主，将进一步扩展智能化应用场景与应用范围。**一是以效率提升为主的"自动化式"AI 仍是应用主战场，当前 LLM、CV 等大模型创新提速，短期内以加速现有流程的分析处理效率为主。二是经营管理加快探索新技术应用，研发生产应用探索不断加深，智能研发生产场景面临有效性提升的实际问题，管理服务等非严肃环节成为新技术的试验田。三是中小企业智能化探索将迎来转折性突破，大模型带来相对通用化的平台与工具产品，降低中小企业的智能技术使用门槛。**在技术产业优化创新方面，主要集中于工业装备、工业软件与智能主体的智能化赋能与升级。**一是具身智能的认知水平等创新探索还会有亮眼表现，AI 助力具身智能认知水平得到显著提升，但受限于适用场景有限及工程化问题，工业应用进展相对有限。二是提升软件应用开发效率与基于 AI 的模型优化能力，部分软件平台具备"免提式"控制界面与无代码开发能力。三是衍生更多细分领域的智能主体，提供视觉识别、数据分析等特定技术和设备、供应链等特定领域的平台、产品。

（四）行业数据成为数据要素市场的关注重点

未来 3 年，行业数据规模将持续增长，发展潜力持续被挖掘，在多个方面展现新的发展趋势。

一方面，行业数据规模巨大，具有巨大的发展潜力。随着数据要素价值释放路径的增加和数据流通机制的逐步落地，行业数据将带动数据要素市场规模持续扩大。上海数据交易所数据显示，截至 2022 年年底，我国数据产量达到 8.1ZB，增长 22.7%，产业数字化规模达到 41 万亿元，增长 10.3%，工业数据交易规模达到 61.4 亿元，增长 53.1%，到 2025 年，数据产量预计突破 10ZB，产业数字化规模预计突破 50 万亿元，工业数据交易规模预计突破 166.6 亿元。

另一方面，行业数据将在多个方面展现新的发展趋势。国家数据局的成立为行业数据要素市场创造制度和机制保障，可信数据空间等共享流通技术为行业数据的互联互通提供支撑，将为数据治理、数据流通、数据应用、数据生态带来新发展趋势。一是数据治理水平的提升，目前超过 80% 的央企已经开展数据治理实践，超过 60% 的央企已将数据治理上升为集团战略，制造、交通等行业将出现更多高质量数据集，有效支撑数据的流通与利用。二是数据流通更加畅通，欧洲建立了 17 个公共数据空间和 46 个行业数据空间，我国可信数据空间方案已在上海、江苏、湖南等省市落地，随着推广建设的进一步拓展，供应链、产业链、跨行业、跨区域的数据流通模式将逐步趋于成熟。三是数据应用不断创新，供应链、设备运维、碳足迹等数字化转型应用持续拓展，行业大模型的创新应用将推动重点行业及领域的高质量数据聚集，产业创新能力进一步提高。四是数据生态更加繁荣，在数据交易方面，北京、深圳等数据交易所设置工业专区，随着数据资产入表工作逐步深入，数据资源化向数据资本化的转换进程加快。

无线移动篇

导　　读

回顾 2023 年，无线移动领域总体呈现平稳增长态势。全球智能终端销量下滑速度降低，我国智能终端销量恢复小幅增长的态势。移动物联网市场规模持续呈现高速增长的态势。Wi-Fi 7 市场化进程加速。

在 5G 应用方面，5G 行业融合应用的实施效果显著，逐步构建运营商加速增长的"第二增长曲线"。5G 开启了"出海"新征程，实现中国经验"走出去"。**在卫星互联网方面**，全球卫星互联网发展速度加快，手机直连卫星成为行业发展的新热点，天地融合是手机直连卫星的重要发展方向。**在 6G 方面**，**国际电信联盟（ITU）**确定 6G 典型应用场景和关键能力指标，我国 6G 技术研发取得阶段性成果。

展望 2024 年，5G 用户渗透率将持续稳步提升，移动物联网将成为推动经济社会数字化转型的主要动力。WRC-23 为移动通信分配了新的频谱，并制定了 WRC-27 的研究议题，为无线通信发展指明了方向。

本篇作者：

万　屹　杜加懂　王　琦　刘海蛟　魏克军　郎保真　李　珊　刘　硕

杨　艺　果　敢　朵　灏　陈　洁　李侠宇　王　潇　周　洁　杜　斌

宋爱慧　王雯倩　王志玮　鲍佳琪

一、2023年无线移动领域发展情况综述

（一）移动通信网

1. 全球移动用户数达86.3亿，5G用户数超15亿

截至2023年年底，全球移动用户数达86.3亿，全球移动用户渗透率达107.3%；全球4G用户数达50.6亿，4G用户渗透率达58.78%，如图3-1所示。全球5G用户数超15亿，5G用户渗透率达18.70%，其中大洋洲、美洲5G用户渗透率较高，如图3-2所示。

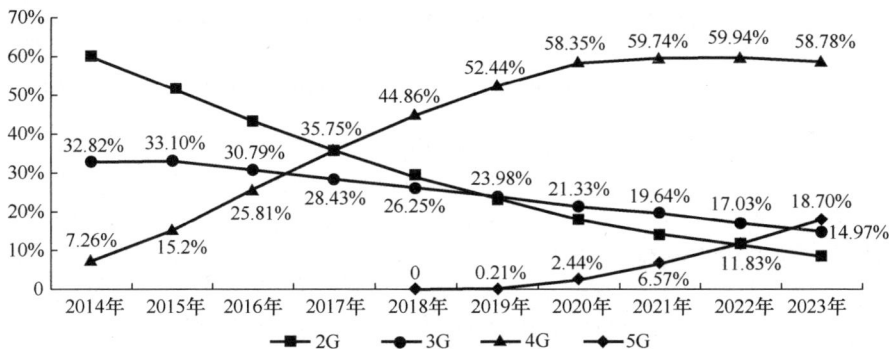

图 3-1 全球2G/3G/4G/5G用户渗透率变化情况

（数据来源：GSMA）

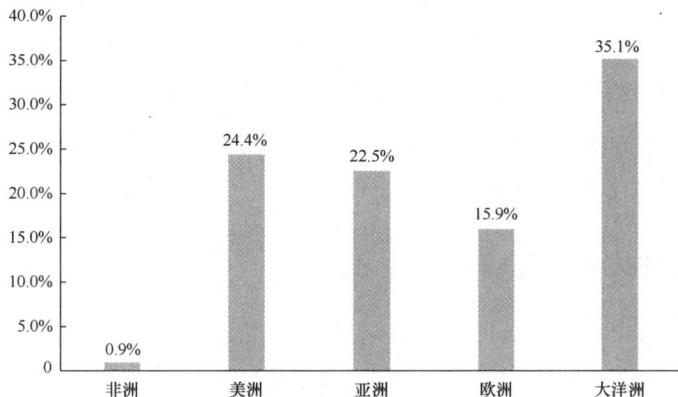

图 3-2 全球5G用户渗透率

（数据来源：中国信息通信研究院、GSMA）

2. 我国移动电话用户总数达 17.27 亿，5G 移动电话用户数达 8.05 亿

截至 2023 年年底，我国 3 家基础电信企业及中国广电的移动电话用户总数达 17.27 亿，较 2022 年年底净增 4315 万户；我国 5G 移动电话用户数快速增长，总数已达 8.05 亿，渗透率达 46.6%，如图 3-3 所示。

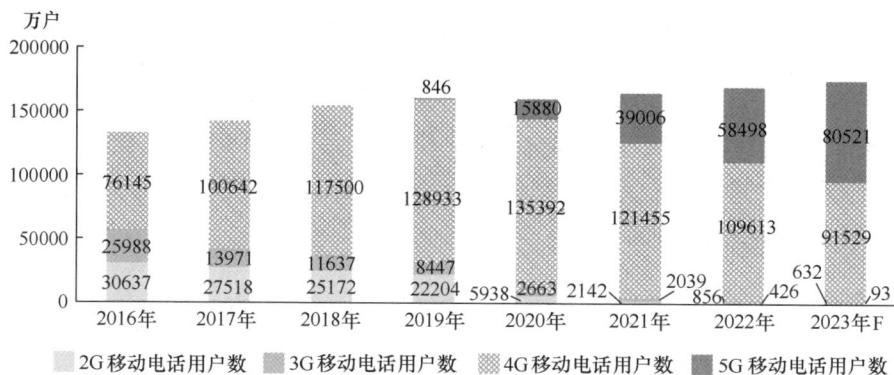

图 3-3　我国 2G/3G/4G/5G 移动电话用户数发展情况

（数据来源：工业和信息化部、GSMA）

3. 全球 5G 网络建设持续推进

截至 2023 年 12 月，全球已有 106 个国家（地区）的 289 家运营商提供 5G 业务（含移动和固定无线服务），其中欧洲有 112 家，亚洲有 85 家，美洲有 52 家，非洲有 31 家，大洋洲有 9 家。随着 5G 商用范围从主流发达地区不断向欠发达地区扩展，5G 网络已基本遍布全球，2023 年以来，全球实现 5G 商用的国家（地区）累计新增 30 个，其中 11 个国家（地区）位于非洲；5G 商用网络累计新增 41 个，16 个新增 5G 商用网络位于非洲。2019—2023 年全球 5G 商用网络总量及各地区年度 5G 商用网络新增情况如图 3-4 所示。

4. 我国已累计建成并开通 328.2 万个 5G 基站

截至 2023 年 11 月底，我国已累计建成并开通 328.2 万个 5G 基站，占移动基站总数的 28.5%，较 2022 年年底新增 5G 基站 97 万个，如图 3-5 所示。我国所有地级市城区、县城城区均已实现 5G 网络覆盖。

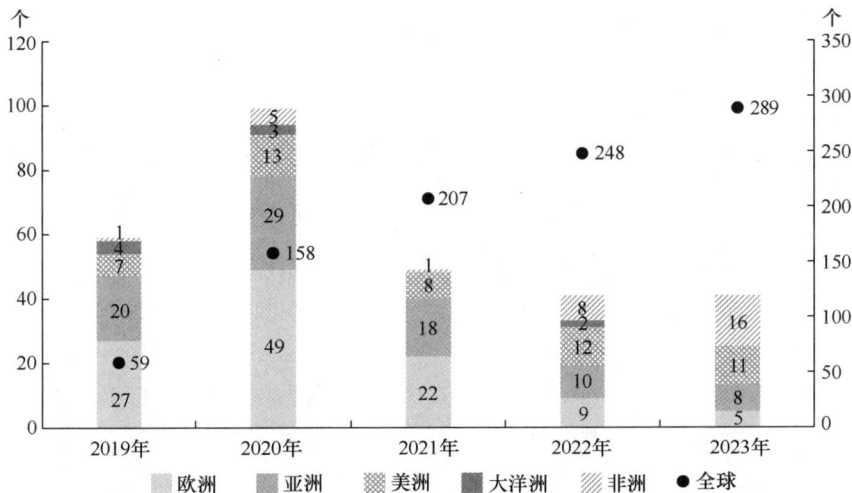

图 3-4 2019—2023 年全球 5G 商用网络总量及各地区年度 5G 商用网络新增情况
（数据来源：中国信息通信研究院）

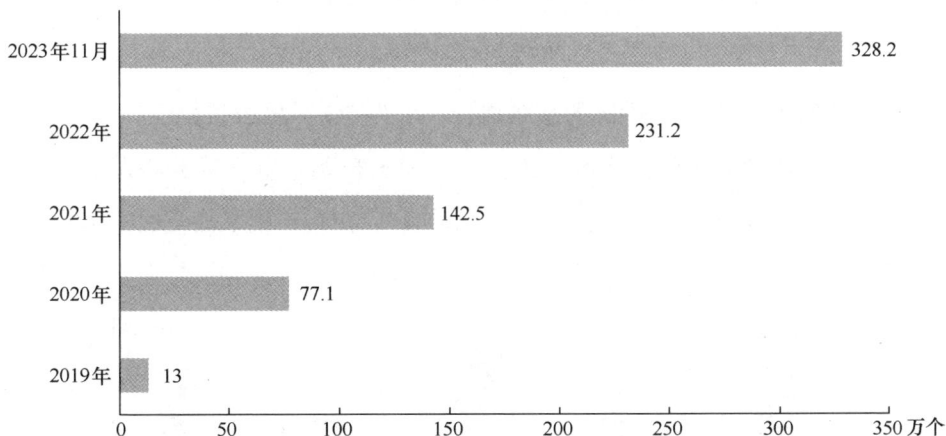

图 3-5 2019—2023 年 11 月我国累计建成并开通 5G 基站总数
（数据来源：工业和信息化部）

5. 全球手机市场复苏缓慢，我国手机市场触底回暖

由于全球经济持续低迷，中低端市场及新兴市场需求大幅收缩，导致用户换机周期延长，全球手机市场复苏缓慢。市场调研机构 Omdia 提供的数据显示，2023 年全球智能手机出货量约为 11.65 亿部，相比 2022 年同比下降 3.5%，降幅

较上一年收窄，如图 3-6 所示。

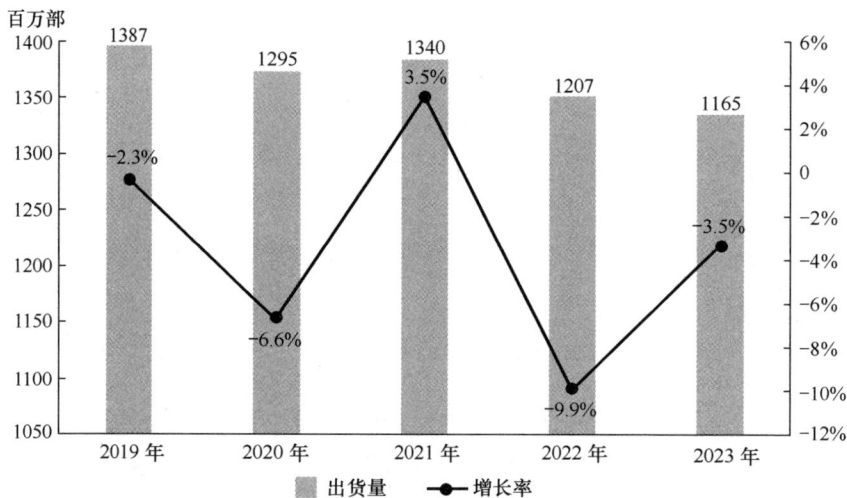

图 3-6　2019—2023 年全球智能手机出货量及增长率统计

（数据来源：Omdia）

进入 2023 年，折叠屏手机的逆势增长、华为 5G 手机的强势回归，都极大地提升了中国消费者购机的活跃度。2023 年，我国智能手机出货量约为 2.89 亿部，增长 6.3%，我国智能手机市场规模下滑态势扭转，出现小幅增长，如图 3-7 所示。

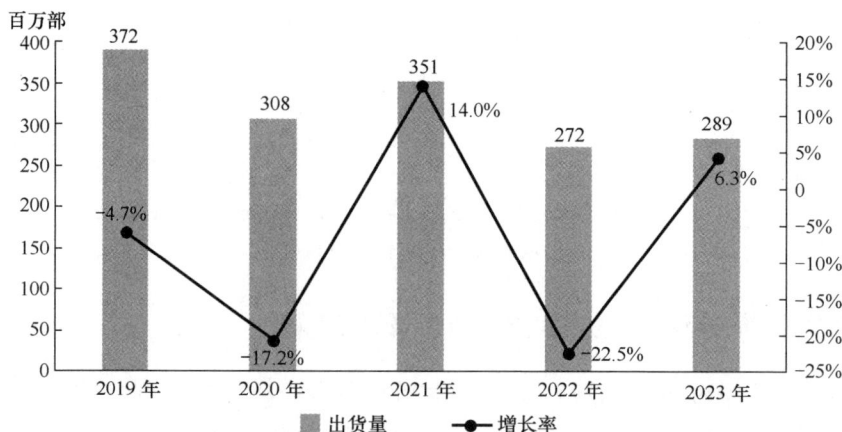

图 3-7　2019—2023 年我国智能手机出货量及增长率统计

（数据来源：中国信息通信研究院）

（二）移动互联网

1. 我国移动互联网累计接入流量增速放缓

2023年，我国移动互联网累计接入流量达3015亿GB，增长15.2%，如图3-8所示。

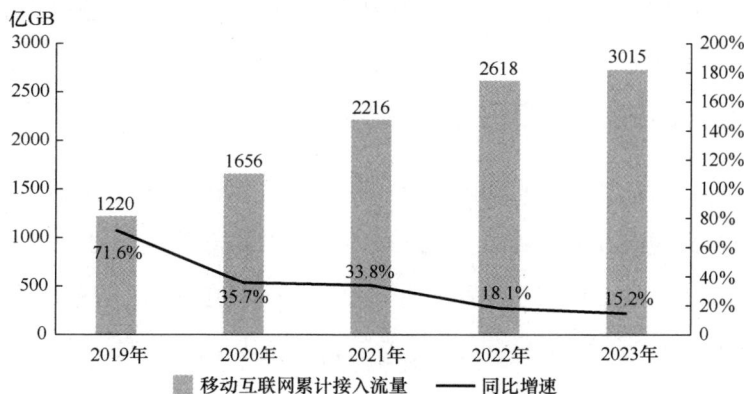

图3-8　2019—2023年我国移动互联网累计接入流量及增速

（数据来源：工业和信息化部）

2. 我国DOU保持增长态势

2023年我国DOU保持增长态势，2023年年底DOU达16.85GB，同比增长10.9%，如图3-9所示。2023年全球DOU均值为16.9GB，我国DOU与全球DOU均值基本保持一致。

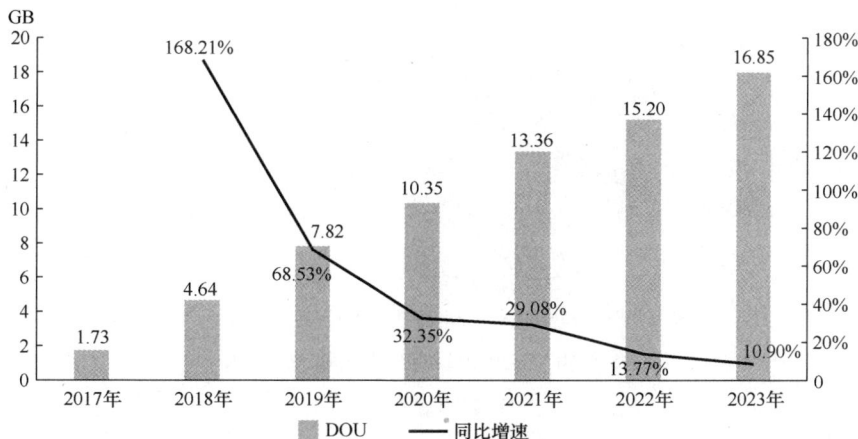

图3-9　2017—2023年我国DOU增长情况

（数据来源：工业和信息化部）

（三）移动物联网

1. 移动物联网持续快速发展，终端款型和连接数稳步增长

从全球市场来看，据 GSA（全球移动供应商协会）统计，截至 2023 年 9 月，全球共发布 534 款 Cat-NB1（窄带传输能力等级 1）终端，模组占比 42%；全球共发布 156 款 Cat-NB2（窄带传输能力等级 2）终端。

截至 2023 年 8 月，全球共发布 1106 款 LTE 室内外固定无线接入（FWA）CPE（用户驻地设备）、4966 款工业 / 企业路由器移动热点、2174 款模组、1541 款平板电脑、393 款 USB 调制解调器、422 款资产追踪器、359 款摄像头、167 款笔记本电脑、119 款智能手表及车载数据记录仪等 LTE 物联网终端。

截至 2023 年 8 月，全球共发布 300 款 5G 室内外固定无线接入 CPE，232 款 5G 模组、192 款 5G 工业或企业路由器 / 网关 / 调制解调器、95 款无人机 / 头戴式显示器 / 机器人等新型 5G 物联网终端。排名前 3 位的 5G 物联网终端包括占比为 30% 的 5G 室内外固定无线接入 CPE、占比为 23% 的 5G 模组和占比为 19% 的 5G 工业或企业路由器 / 网关 / 调制解调器，如图 3-10 所示。

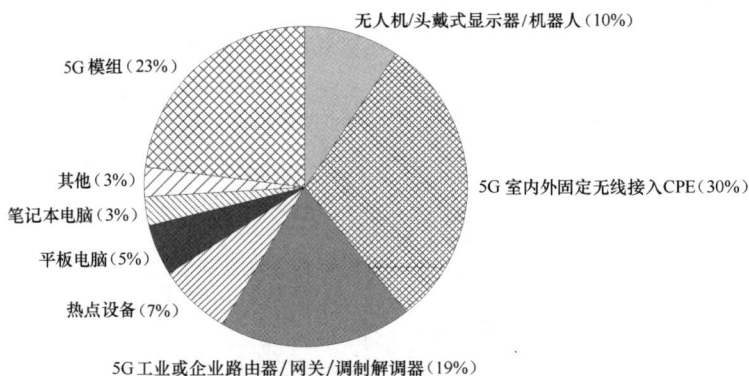

图 3-10　全球 5G 物联网终端分类占比

（数据来源：GSA）

国内市场方面，蜂窝物联网终端用户数持续快速增长。自 2022 年 8 月以来，蜂窝物联网终端用户数月同比增长率保持在 28% 以上，如图 3-11 所示。

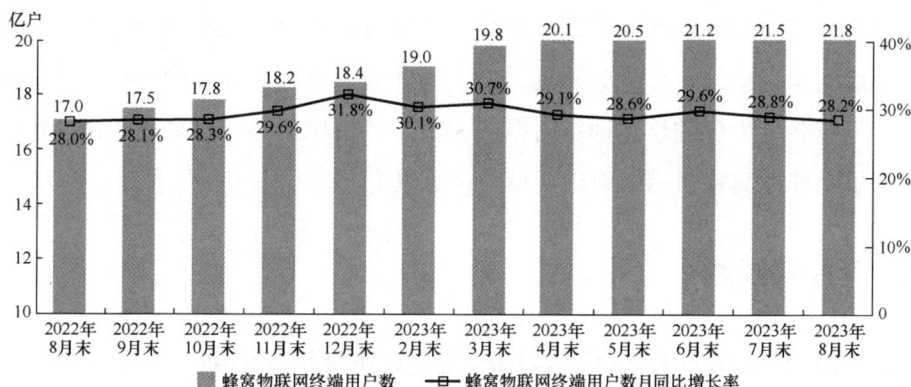

图 3-11 蜂窝物联网终端用户数和用户数月同比增长率

（数据来源：工业和信息化部）

2. 公共服务和智慧零售快速增长，国产蜂窝模组竞争优势明显

据工业和信息化部 2023 年 9 月发布的数据，截至 2023 年 8 月底，我国 3 家基础电信企业发展蜂窝物联网终端用户共 21.77 亿户，比上年末净增 3.32 亿户，在移动网络终端连接数中所占的比重达 55.9%。其中应用于公共服务、车联网、智慧零售、智慧家居的蜂窝物联网终端规模已分别达 7.00 亿户、4.40 亿户、3.20 亿户、2.40 亿户，共计 17 亿户，在蜂窝物联网终端总数中所占的比重为 78.1%，比 2022 年末提高 6.9%。相比 2022 年年底，应用于公共服务和智慧零售的蜂窝物联网终端规模增速最快，分别为 41.1%、28.0%，如图 3-12 所示。

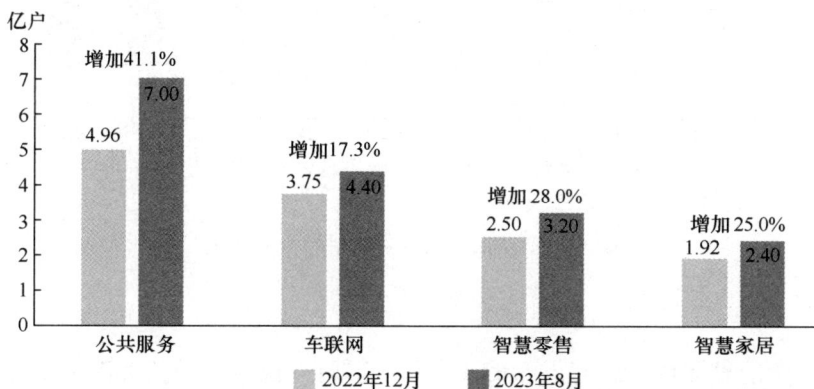

图 3-12 应用于公共服务、车联网、智慧零售、智慧家居的蜂窝物联网终端规模和增速

（数据来源：工业和信息化部）

国产蜂窝模组竞争优势明显。2022 年全球蜂窝物联网模组出货量排名前 5 位的供应商均来自中国，分别为移远通信、广和通、日海智能、中国移动、美格智能，其中排名第 1 位的移远通信占据了 38.5% 的市场份额。排名前 3 位的中国公司占据了全球蜂窝物联网模组出货量的一半以上。

（四）无线局域网

1. Wi-Fi 7 产业发展逐步加速，我国标准提案跻身世界前列

IDC Research 报告显示，2023 年 Wi-Fi 设备出货量达到 38 亿台，Wi-Fi 设备累计出货量达到 420 亿台，物联网需求的增长进一步推动了 Wi-Fi 市场的发展。

最新一代的 Wi-Fi 7 芯片、路由设备、手机 / PC 终端在 2023 年全面发售，款型已超 300 种。据 TSR 报告预测，Wi-Fi 7 设备将在 2024 年开始批量出货，2025 年 Wi-Fi 7 设备的出货量将明显增加并超过 Wi-Fi 6E 的出货量，如图 3-13 所示。

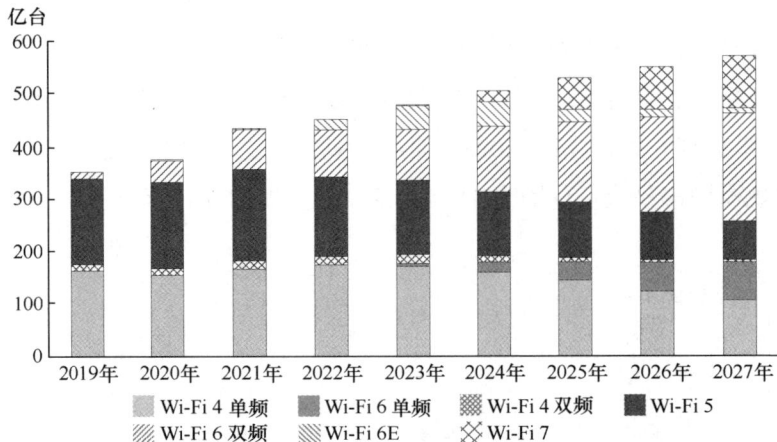

图 3-13　2019—2027 年 Wi-Fi 市场预测

（数据来源：TSR）

据中国信息通信研究院发布的《全球 Wi-Fi 6 技术创新与标准必要专利分析报告（2022 年）》显示，中国企业从 Wi-Fi 4 标准开始发力，至 Wi-Fi 6 标准时代已表现突出，在 Wi-Fi 6 标准必要性的 3546 件有效专利 / 专利申请中，中国企业

以 14.9% 的占比排名第 2 位。NGB 报告显示，在 Wi-Fi 7 标准提案中，华为贡献了 482 件 Wi-Fi 7 标准专利申请，占比为 22.90%，排名第 1 位，是第 2 名高通的 Wi-Fi 7 标准专利贡献量的 1.5 倍左右（占比为 15.20%），如图 3-14 所示。

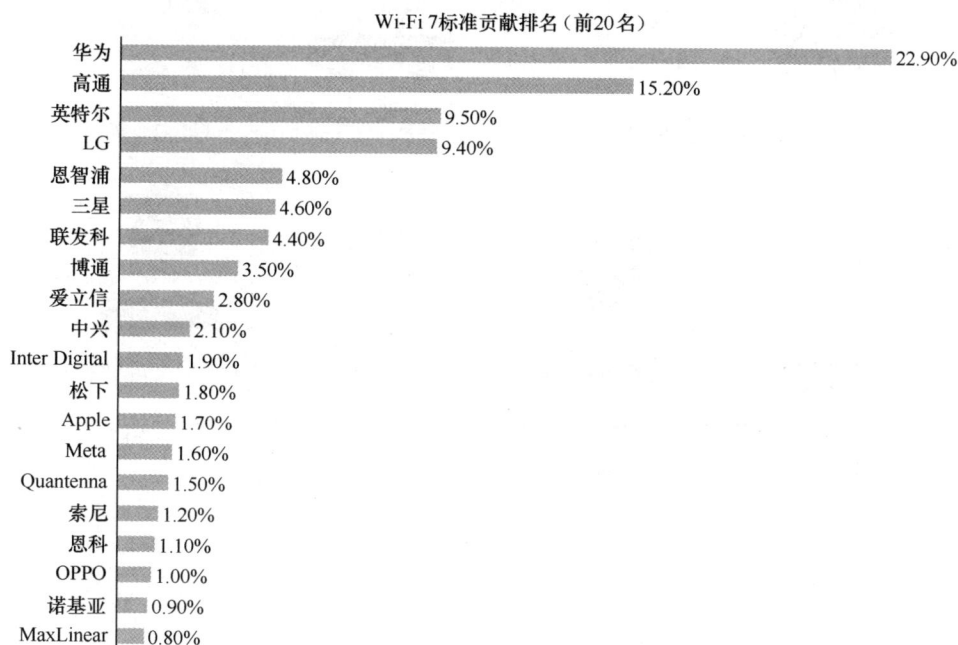

Wi-Fi 7标准贡献排名（前20名）

公司	占比
华为	22.90%
高通	15.20%
英特尔	9.50%
LG	9.40%
恩智浦	4.80%
三星	4.60%
联发科	4.40%
博通	3.50%
爱立信	2.80%
中兴	2.10%
Inter Digital	1.90%
松下	1.80%
Apple	1.70%
Meta	1.60%
Quantenna	1.50%
索尼	1.20%
恩科	1.10%
OPPO	1.00%
诺基亚	0.90%
MaxLinear	0.80%

图 3-14　Wi-Fi 7 标准专利贡献量排名（前 20 名）

（数据来源：NGB）

2. 新型应用场景推动 Wi-Fi 技术发展

无线局域网技术更适用于覆盖室内场景，与 5G 通信形成完美互补。视频流量将成为许多无线局域网部署中的主要流量，到 2030 年，视频流量将以 29% 的年复合增长率增长。Wi-Fi 7 通过 PHY（物理层）和 MAC（介质访问控制）层技术为超高清视频、交互性强的游戏、沉浸式体验等提供最高 30Gbit/s 的速率和 5ms 以下的时延。Wi-Fi 7 应用场景如图 3-15 所示。

全球 Wi-Fi 7 市场规模预计从 2023 年的 10 亿美元增长到 2030 年的 242 亿美元，年复合增长率为 57.2%。Wi-Fi 网络设备、高端智能手机和 PC 将是 Wi-Fi 7 的主要产品形态。Wi-Fi Alliance 推出的 Wi-Fi CERTIFIED 7 互操作性认证测试平台已于 2023 年年底正式发布，中国信息通信研究院泰尔实验室作为授权测试实验室，在国内率先推出 Wi-Fi 7 测试服务。

流式超高清视频	多用户AR/VR/XR	自动驾驶	混合办公和远程呈现
沉浸式VR现实游戏	应急备用通信服务	工业物联网	沉浸式三维训练

流量密集型应用场景对传输速率和时延提出了更高的要求

图 3-15　Wi-Fi 7 应用场景

二、2023 年无线移动领域热点分析

（一）5G 聚焦高价值应用，开启"出海"新征程

1. 5G 成为数字经济牵引力，构建运营商新增长引擎

5G 行业融合应用的实施效果显著。自 2018 年起，工业和信息化部已连续举办 6 届"绽放杯"5G 应用征集大赛，成为我国信息通信领域颇具影响力的品牌活动，在行业内产生了显著的影响，对促进 5G 应用探索、助力 5G 产业发展、激发创业创新热情发挥了重要作用。第六届"绽放杯"5G 应用征集大赛共征集到来自全国 31 个省、自治区、直辖市和香港特别行政区、澳门特别行政区的 16000 余家企业、科研院所、行业协会、政府机构等单位参与申报的 45728 个项目，如图 3-16 所示。第六届"绽放杯"5G 应用征集大赛的征集项目总数、覆盖地域范围、参与主体数量和进入可复制阶段的项目数量再创新高，其中 6300 余个项目实现了"解决方案可复制"，与 2022 年的近 4000 个进入可复制阶段的项目相比增长近 60%。

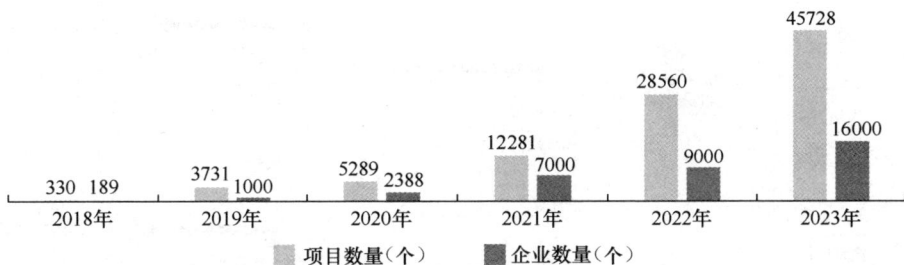

图 3-16　第一届～第六届"绽放杯"5G 应用征集大赛统计数据

5G 应用"扬帆"3 年成绩斐然。2021 年 7 月，工业和信息化部联合 9 部门印发《5G 应用"扬帆"行动计划（2021—2023 年）》。2021—2023 年，我国 5G 应用创新不断走"深"向"实"，5G 基站从 71.8 万个增加到 328.2 万个，提升超 4 倍；我国每万人拥有 5G 基站数从不足 6 个提升至 23.3 个；建成超 2.9 万个 5G

行业虚拟专网；5G 应用已融入 71 个国民经济大类，5G 应用案例累计达 9.4 万个。

5G 牵引数字化转型收入，构建运营商收入增长的"第二增长曲线"。 三大运营商的数字化转型收入在总收入中的占比不断提升，收入增长的'第二增长曲线'价值贡献进一步凸显，数字化转型收入成为 2023 年运营商收入重点。5G 成为运营商向行业拓展的"名片"，驱动数字化转型收入迅猛增长。根据运营商 2023 年上半年的半年报统计数据，中国电信 5G 行业商业项目累计签约 2.05 万个，新签约 5G 定制网项目超 6000 个，新增签约项目收入增长超 92%；中国移动 5G 行业商业项目累计签约超 2.5 万个，带动 DICT 项目签约金额达到 209 亿元，增长28%；中国联通 5G 行业商业项目累计超过 2 万个，5G 虚拟专网累计服务超过5800 位客户，5G 行业签约金额达 62 亿元。

2. 5G 本体技术与关联技术交替促进，关联技术成为融合领域的关键

随着 5G 融合应用技术产业体系的初步建立，产业各界开展技术预研和探索，显现出"双技术交替促进，迭代升级"的特点，5G 融合应用的典型阶段如图 3-17 所示。

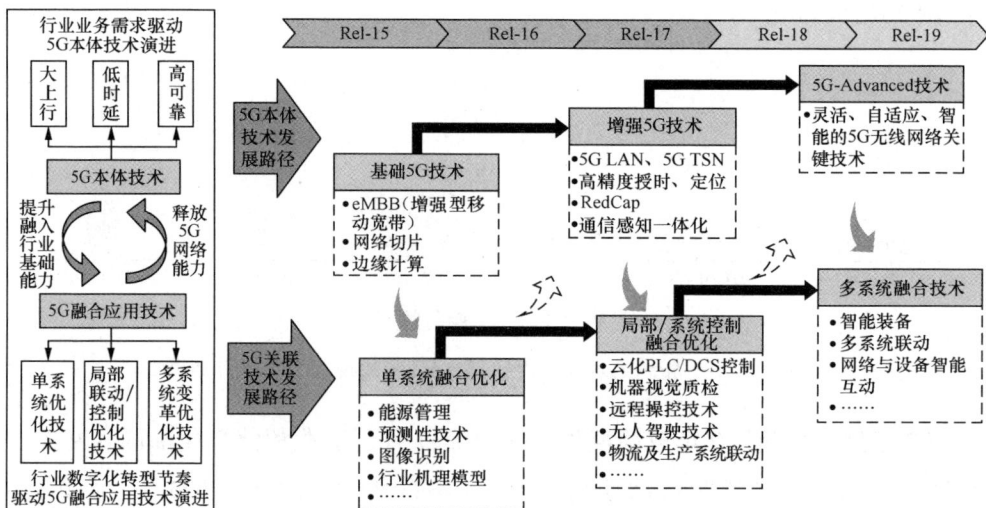

图 3-17　5G 融合应用的典型阶段

5G 本体技术演进，满足行业需求。 5G 本体技术是基于 3GPP 等技术标准的

技术体系，行业融合业务对网络指标的需求推动 5G 本体技术演进，丰富大上行、低时延、高可靠、广连接等场景的内容，提升 5G 融入行业的基础能力，为行业提供更强的业务支撑能力。

5G 关联技术不断融合，释放 5G 网络能力。 基于行业数字化转型节奏，5G 向行业信息化系统渗透并实现融合。面向行业，5G 网络的增强能力助力融合业务既有技术的升级，通过能源管理、预测性技术实现单系统融合，通过云化 PLC/DCS 控制、远程操控等技术加速局部系统优化或融合，通过智能装备、系统互联等技术促进 5G 与多系统融合，支撑行业数字化转型的近期、中远期目标。

3. 5G RedCap 成为 5G 应用规模化推广的新动力

5G RedCap 产业生态初具规模。 3GPP R17 标准的冻结标志着 5G RedCap 正式进入产业化阶段，紫光展锐、联发科技、翱捷科技、必博科技等芯片厂商基于 5G RedCap 测试终端或原型验证平台完成了关键技术功能验证，中国联通、移远通信、美格智能、广和通、鼎桥通信、中国移动、中国电信等企业的 5G RedCap 模组陆续问世，浙江大华、南瑞、利尔达、宏电、四信、中微普业等终端企业相继推出 20 余款 5G RedCap 终端，我国 5G RedCap 产业生态初具规模。国内四大运营商携手华为、中兴及终端合作伙伴，围绕电力、工业、港口、视频监控等重点领域，建立多种 5G RedCap 商用试点城市、示范区和示范之城，打造 30 余个 5G RedCap 行业示范标杆。

纲领性文件出台，明确产业发展目标。 2023 年 10 月，工业和信息化部办公厅发布《关于推进 5G 轻量化（RedCap）技术演进和应用创新发展的通知》，从技术产业、应用规模、产业生态 3 个方面明确了 5G RedCap 产业发展目标及主要任务。在技术产业方面，提出要持续推进 5G RedCap 标准演进，推动 5G RedCap 芯片、模组、终端等产业关键环节成本持续下降。在应用规模方面，提出全国县级以上城市实现 5G RedCap 规模覆盖，5G RedCap 连接数实现千万级增长。在产业生态方面，提出要建设面向 5G RedCap 产业发展的技术和应用创新平台、公共服务平台，培育一批创新型中小企业。

构建 5G Inside 创新生态，提供 RedCap 高质量供给。 5G 行业终端在规模化落地过程中面临研发成本高、行业标准缺乏、产品质量参差不齐、市场供需对接难、产品检测不互认等难题。为解决以上产业难题，5G 应用产业方阵（5G AIA）联合产业界各方构建 5G Inside 创新生态，发起"行业终端 5G 升级（5G Inside）共同倡议"。一是面向电力、安防等重点行业领域，组织 5G Inside 训练营，搭建行业供需对接平台。二是启动 5G RedCap 雏鹰行动，制定跨行业 5G 融合应用标准，并搭建标准验证测试床，提升 5G RedCap 终端与行业的适配性。三是构建5G Inside 品牌生态，通过搭建联合实验室 / 公共服务平台、发布 5G Inside 终端名录等形式，向行业终端企业提供产业孵化及供需对接环境，培育 5G RedCap 产业生态。

4. 5G 融合应用产业生态初步形成，5G 增强技术实现应用落地

我国 5G 融合应用产业初步形成，现状为 5G 融合应用共性产业和 5G 融合应用个性产业并存。在 5G 融合应用共性产业方面，通过聚焦轻量化核心网及 UPF、定制化基站、5G RedCap 芯片、巡检仪、网关 /CPE、能源管理系统等重点方向，构建 5G 本体技术产业体系和 5G 融合应用技术产业体系，以承载各垂直行业共性需求，同时通过构建共享研发、供需对接服务平台，以降低研发测试成本，提升行业创新积极性。在 5G 融合应用个性产业方面，基于行业特色化、个性化需求，梯次导入个性产业供给体系，如工业、电力、矿山等行业发展迅速，位列个性产业发展第一梯队；城市发展、教育、文旅等行业发展略缓，位列个性产业发展第二梯队；农业、水利、建筑等行业刚性需求仍待进一步挖掘，位列个性产业发展第三梯队。基于行业融合终端与业务的适配需求，聚焦重点行业装备系统，分类施策推动 5G 与行业终端侧的融合创新。

5G 增强技术实现落地，满足行业差异化需求。以 5G LAN、5G 定位、5G 授时为代表的 5G 增强技术已实现试点应用，满足行业大上行、高精度定位、精准授时等定制化需求。其中，5G LAN 技术提供了二层网络通信及群组通信能力，已在工业、港口等行业的多个场景中实现试点应用，如重庆长安汽车已试点验证了 5G LAN 技术的可行性，并将 5G LAN 技术应用于机器视觉质检、PLC 远程控制等场景。

5. 5G应用不断走"深"向"实"，商业标品化成为追求目标

5G应用走向核心、全流程、整体化应用。一是5G应用从外围辅助逐渐向核心生产环节拓展，以工业领域为例，5G应用从视频监控、移动巡检等工业生产制造外围环节，向机器视觉质量检测、现场辅助装配等场景拓展。二是5G应用从单环节向全流程拓展，以电力领域为例，5G应用从"输电"环节逐步延伸到"发电、输电、变电、配电、用电"各个环节。三是5G应用从点状部署向片状部署扩展，以格力工厂为例，2021年，格力工厂以5G应用点状部署试点为主，落地"5G+机器视觉""5G+AGV""5G+VR远程指导"等应用场景；2023年，格力工厂的5G应用贯穿家电生产全流程，覆盖原料质检、原料上线、成品组装、成品质检、成品仓储、园区管理六大家电生产体系核心工序、25个应用场景。

5G应用解决方案场景化、标品化，成熟度评估体系破解选择难题。为解决5G应用解决方案研发投入成本高的问题，5G应用产业方阵联合产业界各方共同开展《十大5G应用解决方案部署指南》研究，梳理应用价值高、具备规模化复制推广条件的5G应用解决方案，助力供给侧集中研发力量，降低研发投入成本，同时为需求侧提供5G应用解决方案部署参考，进一步挖掘5G应用潜力。为解决5G应用解决方案成熟度评估难的问题，5G应用产业方阵推出5G应用解决方案成熟度评估体系，开展5G应用解决方案成熟度试评估工作，为用户选择5G应用解决方案提供客观、真实、可靠的选择依据，助力成熟5G应用解决方案的规模化复制推广。

6. 开启5G应用"出海"新征程，实现中国经验"走出去"

结合地域特色形成海外国家5G发展顶层支撑。基于中国5G网络建设、5G应用推广等经验，我国与阿联酋、柬埔寨、孟加拉国、马来西亚等国政府合作，共同开展5G发展研究，实现中国5G经验交流及"出海"。中国信息通信研究院联合阿联酋电信和数字政府监管局（TDRA）、哈利法大学、阿联酋信息通信技术创新中心共同编写《阿联酋5G助力垂直行业数字化转型白皮书》，向阿联酋分享我国5G应用推进经验，推动阿联酋数字化转型。另外，针对东南亚的柬埔寨、孟加拉国等国在5G发展过程中面临的问题，中国信息通信研究院与其共同

开展 5G 应用调研及交流，帮助其提升信息通信技术能力，实现"中国 5G 经验"走向世界。

5G 应用解决方案在海外实现复制推广。我国 5G 应用解决方案商基于国内 5G 应用落地经验，实现向海外市场的复制推广。"绽放杯" 5G 应用征集大赛连续两年开通国际赛道，第六届"绽放杯" 5G 应用征集大赛国际专题邀请赛共收到来自南非、法国、俄罗斯、印度尼西亚、沙特阿拉伯、新加坡、日本、柬埔寨和澳大利亚等 23 个国家和地区的共计 126 个参赛项目，成功推动"中国 5G 经验"走向世界。此外，中国的 5G 应用解决方案商也在积极拓展海外市场。将中国联通的"5G+ 智能矿山"解决方案应用到诺永达拉果露天矿区中，基于 5G 网络实现露天矿生产的智能化监测，打造少人化、无人化开采；中国移动为宁德时代德国工厂打造 OneCyber 5G 专网运营平台，该平台下沉部署至宁德时代在德国图林根州的工厂中，助力宁德时代实现国际 5G 专网运营管理。

（二）手机直连卫星产业应用加快布局

1. 全球卫星互联网发展速度加快，我国积极开展卫星互联网建设

全球卫星互联网保持快速发展。在"Starlink（星链）"计划方面，截至 2023 年 11 月 30 日，"星链"计划已累计发射超过 5500 颗通信卫星，已为 60 多个国家和地区提供宽带服务，服务用户超过 200 万。平均下行速率超过 100Mbit/s。2023 年 11 月，马斯克在 Twitter（现已改名为"X"）上宣称，"星链"计划已实现收支平衡。在 OneWeb 方面，已发射 618 颗卫星，具备全球覆盖能力。在"Kuiper"计划方面，拟发射 3236 颗卫星，总投资达 100 亿美元，已获得美国 FCC 批准，于 2023 年 10 月发射 2 颗原型卫星。

我国加速卫星互联网建设。2023 年 7 月，我国卫星互联网技术试验卫星成功发射。此外，民营企业积极参与卫星互联网建设，2020 年，银河航天成功发射我国首颗通信能力达到 24Gbit/s 的低轨宽带通信卫星；2022 年 3 月，我国成功发射 7 颗宽带批产卫星，单星容量达 40Gbit/s；2023 年 7 月，银河航天成功发射灵犀 03 星。

2. 手机直连卫星成为发展热点

手机直连卫星是指以消费类智能手机的形态出现，同时支持地面移动通信和卫星通信，不经过任何信号中转设备，实现手机与卫星间直接收发信号。手机直连卫星推动卫星互联网应用由专业领域向大众领域快速延伸普及，将成为卫星互联网的重要发展方向和主要商业形态。

据 2023 年"美国"小卫星研讨会提供的调研数据，约 70% 的用户愿意为直连卫星的短信息、语音业务付费。据 GSMA 预测，到 2030 年全球将有数十亿部智能手机具备直连卫星能力。

手机直连卫星存在 3 种主要技术路线。第 1 种是采用专用通信协议，基于已在轨的卫星，不对卫星进行硬件上的修改，但手机的射频模块、天线等需要定制。使用已在轨的卫星，可大幅降低业务开通的前期费用并缩短开发周期，但手机需要定制开发，协议私有化导致无法迅速壮大生态链。第 2 种是采用改进的 LTE 协议，不对手机进行任何改动，技术难度全部体现在卫星处理上，存量手机可以直连卫星，美国 Lynk 公司、AST 公司、二代"星链"计划均布局此技术路线，对卫星产业要求较高。第 3 种是采用 3GPP NTN（非地面网络）协议，手机、卫星（含信关站）根据 NTN 协议开发，星地构成一个整体，为用户提供"无感"的一致服务。基于我国国情和产业基础，采用 3GPP NTN 协议是发展手机直连卫星的主攻方向。

3. 领军企业入局手机直连卫星领域

SpaceX 于 2022 年 12 月获得了 FCC 对其二代"星链"计划的部分许可（可在太空中追加 7500 颗卫星），SpaceX 随即向 FCC 提出申请，在其中 2016 颗卫星上放置有效载荷，用于与 T-Mobile 合作的手机直连卫星服务。SpaceX 表示其与 T-Mobile 的合作，能够以 3Mbit/s 或 7.2Mbit/s 的理论上传速度峰值提供语音、消息传递和基本网络浏览服务，下行速度为 4.4Mbit/s 或 18.3Mbit/s。2023 年 10 月，SpaceX 官网宣布推出手机直连卫星服务，预计于 2024 年实现短信发送功能，于 2025 年实现语音通话和上网服务。

在手机直连卫星应用场景下，卫星运营商与地面运营商间的关系由竞争转向合作，SpaceX 已与 T-Mobile、Salt、One NZ、Rogers、KDDI 等地面运营商达成手机直连卫星业务合作；AST 与 AT&T、Vodafone、NOKIA 等地面运营商达成手机直连卫星业务合作；Lynk 与全球地面运营商签订了 30 多项商业协议，并在全球 40 多个国家（地区）进行了成功演示。

4. 我国加快推进手机直连卫星发展和应用

自 2022 年 9 月以来，华为发布了 Mate 50、Mate X3、P60、Mate 60 等型号的手机，支持基于北斗短报文的手机直连卫星服务，提供卫星短消息服务。2023 年 8 月，华为发布 Mate 60 Pro 手机，支持基于天通卫星的手机直连卫星服务，率先实现卫星通话服务。

在 3GPP NTN 方面，我国在芯片、终端、运营服务等领域已开展产业实践。在芯片领域，2023 年，紫光展锐推出首颗 5G IoT-NTN 卫星通信 SoC 芯片 V8821，完成了基于 5G NTN 的数据传输、短消息、通话、位置共享等测试。在终端领域，vivo 在 2023 年上海世界移动通信大会（MWC）期间展示了基于 5G NTN 实现手机直连卫星的手机样机，使用天通卫星；OPPO 完成 NTN 手机样机研发，使用海事卫星。在运营服务领域，2023 年 5 月，中国移动完成 5G NTN 手机直连卫星测试验证；2023 年 5 月，中国电信完成 5G NTN 手机直连卫星外场验证；2023 年 11 月，中国联通研究院联合中兴通讯等完成 NR NTN 低轨卫星语音和可视电话实验室模拟验证。

5. 天地融合是手机直连卫星的重要发展方向

基于 3GPP 5G NR NTN 的卫星通信体制进展迅速。3GPP R17 重点研究 5G NR NTN 增强方案，开展了手机直连卫星通信的系统架构和空口接入技术研究。3GPP R18 将对 NTN 覆盖能力增强、移动性提升、物联网增强、UE 位置服务规范进行进一步讨论。

2023 年 4 月，IMT-2020（5G）推进组成立 NTN 工作组。研究 3GPP NTN 和手机直连卫星无线空口、网络及星地融合等关键技术，已吸纳 40 余家优势单位，覆盖产业链上、中、下游。

（三）6G：从愿景需求到技术架构

1. 全球的 6G 发展处于概念形成和关键技术储备的关键阶段

根据移动通信技术产业发展规律，6G 的发展周期通常分为 6G 的概念形成与技术突破阶段、6G 国际标准化阶段和 6G 产业研发阶段。2020—2025 年是全球 6G 的概念形成阶段，这一阶段将形成 6G 愿景需求及概念，关键核心技术实现突破，为 6G 国际标准的研制奠定技术基础；2025—2029 年是 6G 国际标准化阶段，本阶段重点开展 6G 国际标准研制，形成全球统一的 6G 国际标准；2026—2030 年是 6G 产业研发阶段，本阶段全面推进 6G 产业研发，构建完整的 6G 产业生态，加快推进 6G 产业成熟，支撑 6G 规模化商用。

2. 国际电信联盟确定 6G 典型应用场景和关键能力指标

2023 年 6 月 12 日至 6 月 22 日，国际电信联盟无线电通信部门 5D 工作组（ITU-R WP5D）召开第 44 次会议，完成并发布了《IMT 面向 2030 及未来发展的框架和总体目标建议书》（以下简称《建议书》），明确 6G 发展目标、典型应用场景、关键能力指标等框架性内容，标志着全球 6G 发展迈入新阶段，6G 国际标准研制工作逐渐提上日程。从典型应用场景来看，6G 在 5G 三大应用场景的基础上进行扩展和提升，包含沉浸式通信、超大规模连接、极高可靠低时延、人工智能与通信的融合、感知与通信的融合、泛在连接六大应用场景。从关键能力指标来看，6G 将有 15 个关键能力指标，包括峰值速率、用户体验速率、频谱效率、区域流量密度、连接数密度、移动性、时延、可靠性、安全性 / 隐私性 / 韧性、覆盖范围、定位精度、感知相关指标、人工智能相关指标、可持续性、互操作性。

3. 6G 系统的潜在技术群

当前，6G 关键技术尚未确定，但业界已经提出很多 6G 潜在关键技术方向，在无线技术领域，主要包括新型多载波技术、新型多址技术、超大规模 MIMO（多输入多输出）技术、全双工技术等空口物理层技术，智能超表面技术、智能全息无线电技术等新物理维度技术，太赫兹通信、可见光通信等新型频谱技术，以及通信感知一体化、通信与人工智能融合等融合技术；在网络技术领域，主要包括新型网络架构，以及确定性网络、分布式自治网络、算力网络等网络关键技术。除单点关键技术外，在架构协议层面，除传统的数据面、控制面外，还需要考虑数据、计算、智能、安全、感知等 6G 新能力的引入对架构和协议带来的影响。

4. 中国 6G 研发取得的阶段性成果

中国高度重视 6G 发展，早在 2019 年中国工业和信息化部便组织产业界成立了 IMT-2030（6G）推进组，全面布局 6G 愿景需求研究、关键技术研发、促进国际合作等各项工作，目前已取得阶段性成果。**在 6G 愿景需求研究方面**，深入开展 6G 典型应用场景和关键能力研究，并将核心成果输入 ITU，支撑 ITU 完成《IMT 面向 2030 及未来发展的框架和总体目标建议书》，我国提出的五大典型场景和 14 项关键能力指标被 ITU 采纳，有力主导了 6G 概念形成全球共识。**在关键技术研发方面**，IMT-2030（6G）推进组开展 6G 基础理论技术、无线关键技术、网络关键技术、系统架构等 6G 潜在关键技术研究，持续发布 19 份关键技术研究报告，有力推动形成 6G 技术发展共识；同时，针对 6G 技术创新难度大、更新速度快等挑战，面向全球高等院校、科研院所、科技企业、推进组织等开展 6G 潜在关键技术征集，评估关键技术方案，形成丰富的 6G 技术储备；此外，我国启动 6G 技术试验，针对太赫兹通信、通信感知一体化、智能超表面、通信与人工智能融合等无线技术，以及算力网络、分布式自治网络、数据服务等网络技术开展测试验证，推动 6G 关键技术原型样机研发，促进 6G 关键技术的迭代优化与成熟。**在促进国际合作方面**，中国加强与全球主要国家 6G 推进组织及核心企业间的交流合作，IMT-2030（6G）推进组与韩国 6G 论坛、欧洲 6G 智慧网络和业务产业协会（6G-IA）等产业组织签署了 6G 合作备忘录，中国信息通信研究院与爱立信、日本 NTT 都科摩等签署了 6G 合作备忘录，在 6G 愿景、频谱、关键技术研究等领域开展交流合作。

三、2024 年无线移动领域发展趋势展望

（一）移动通信网：用户数平稳增长，2025 年预计我国 5G 移动用户渗透率超 50%

预计全球移动用户将在 2025 年超过 91 亿户，全球 4G 移动用户数从 2024 年开始下降，预计 2025 年全球 5G 移动用户数将突破 25 亿，在全球移动用户数中的占比接近 3 成，如图 3-18 所示。

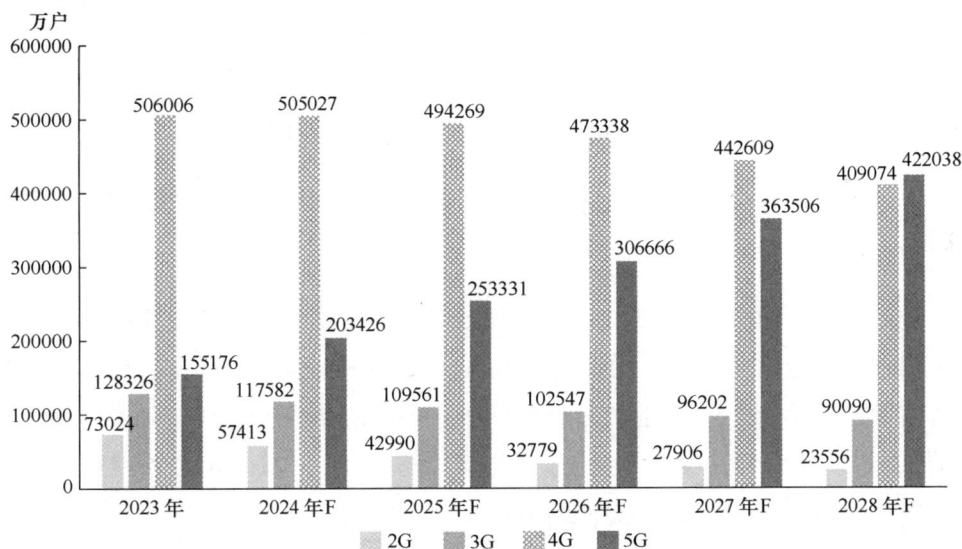

图 3-18　2023—2028 年全球移动用户数预测

（数据来源：GSMA）

预计我国 5G 移动用户数将在 2025 年年初超过 4G 移动用户数，2025 年我国 5G 移动用户数将超过 9.3 亿，5G 移动用户渗透率超 50%，如图 3-19 所示。

万户

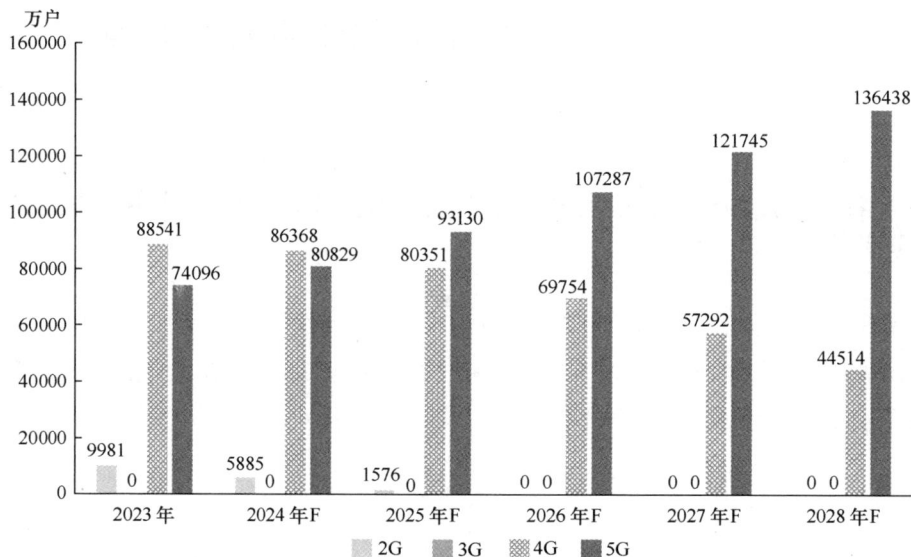

图 3-19　2023—2028 年我国移动用户数预测

（二）移动互联网：流量保持稳定增长态势，2025 年 DOU 有望突破 20GB

随着 5G 应用的不断探索，新型终端、内容逐渐成熟，创新应用的涌现将推动流量保持稳定增长态势。视频类应用结合 5G 现网性能，在帧率、码率、分辨率等方面提升性能指标。同时，现有存量应用不断优化用户体验，随着运营商逐步降低 5G 套餐资费，移动数据流量增速将缓步回升。预计 DOU 将继续保持增长态势，2025 年 DOU 有望突破 20GB，如图 3-20 所示。

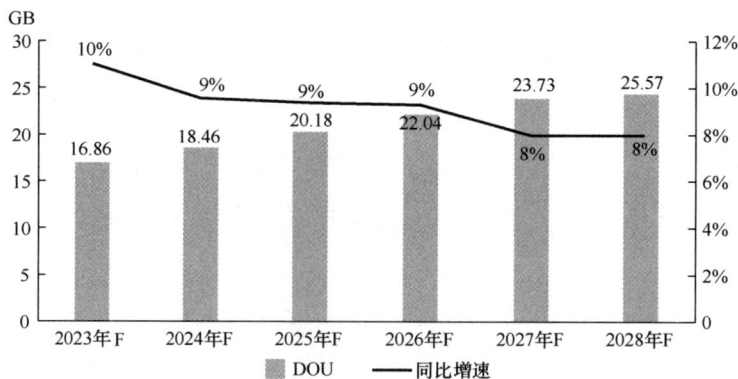

图 3-20　2023—2028 年国内 DOU 及增速预测

（三）移动物联网：持续演进，助力数字经济创新发展

移动物联网技术持续演进，支持高中低速率应用场景，助力数字经济创新发展。短期来看，5G NR 支持高速率应用场景，5G RedCap 具备高可靠、低时延、大系统容量等 5G 内生优势，逐渐在电力行业、视频监控、工业制造、车联网、智能穿戴设备等中高速率市场中展开应用。中期来看，5G RedCap 所占中高速率市场份额逐渐增加，5G R18 RedCap 逐步进入中速率市场。长期来看，5G NR 和 5G RedCap 可满足除低速率外的物联网应用需求。蜂窝物联网演进路线如图 3-21 所示。

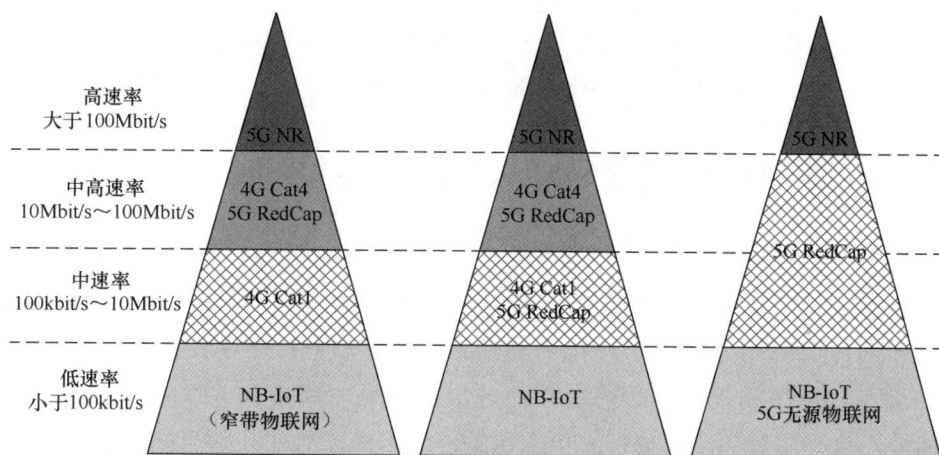

图 3-21　蜂窝物联网演进路线

蜂窝物联网持续发展，ABI Research 预计到 2027 年蜂窝物联网模组全球出货量将达到 8.65 亿，如图 3-22 所示。

Counterpoint Research 预测到 2030 年，蜂窝物联网模组全球出货量将超过 12 亿，年复合增长率达 12%。预计到 2028 年，5G 模组出货量将超过 4G 模组出货量，5G 将成为全球蜂窝物联网模组市场的领先技术。智能电表、工业、路由器 / CPE、汽车和 POS 机将成为 2030 年出货量排名前 5 位的应用。

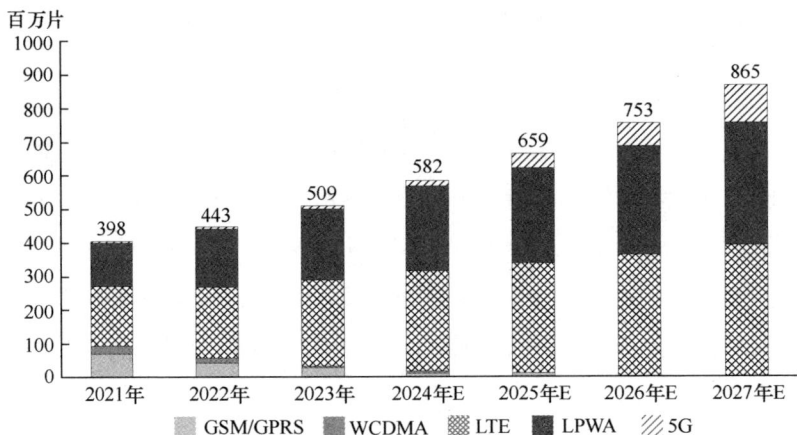

图 3-22　蜂窝物联网模组全球出货量统计及预测（按通信制式）

（数据来源：ABI Research）

（四）5G 通信能力持续提升，加速通信向感知拓展

5G-A 核心能力提升，向行业核心控制领域渗透。 5G-A 持续提升关键性能指标，实现了对下行速率提升技术、物联拓展技术和确定性网络技术的不断改进，打造面向行业应用升级的信息化基础设施。其中，下行速率提升技术实现了从 2D 视频到 3D 移动视频的传输能力的进步，为用户带来更高质量、更逼真的业务体验；物联拓展技术从低成本中高速物联演进到无源物联，为低成本、大规模物联应用提供了技术底座；确定性网络技术从远程控制向核心生产控制演进，满足了工业核心控制的业务需求，为 5G 在工业生产核心环节中的应用开辟了技术路径。

5G-A 拓展网络感知能力，牵引进入感知世界。 5G-A 基于通感一体化、无源物联等技术，从连接能力向感知能力拓展，实现"一网多能"。5G 网络通过将通信回波用于感知性能提升，拓展物联感知能力，实现与雷达、无线电探测等感知能力的融合，在智慧交通、智慧低空、边疆防护、气象监测等领域形成了一定的应用前景；同时，5G 网络集成无源标签的识别和信息采集能力，拓展无源物联能力，潜在应用场景包括仓储物流监测、电力监测、交通监管、农业环境监测等。未来，5G-A 有望依据新型技术特性，实现行业应用领域的持续拓展。

（五）WRC-23 就 6GHz 频段划分形成新决议，WRC-27 周期将开启 6G 新频段研究

2023 年世界无线电通信大会（WRC-23）于 2023 年 11 月 20 日—12 月 15 日在阿联酋迪拜召开，来自国际电信联盟 163 个成员国主管部门、6 个区域电信组织相关国际组织及相关企业的近 4000 名代表参加会议。在会议上，各国代表就 6GHz 频段划分用于国际移动通信系统达成全球标识，形成了新决议，在未来 6G 候选频段研究等方面取得重大进展。WRC-23 在 ITU 划分的 3 个区域，1 区整体标识了 6425 ～ 7125MHz 全频段（700MHz）；2 区有两个国家标识，分别是墨西哥和巴西；3 区整体标识了 6GHz 频段上端的 7025 ～ 7125MHz 频段（100MHz）；同时，3 区的 3 个国家标识了 6425 ～ 7025MHz（600MHz），分别是柬埔寨、老挝和马尔代夫。据此，全球范围内大多数国家均标识了 6GHz 频段作为 IMT 频段，其标识范围覆盖了全球 60% 以上的人口。WRC-27 设立 IMT 新议题（WRC-27 1.7 议题），为支撑未来 6G 移动通信系统发展，寻找新的候选 6G 频段，议题候选 6G 频段包括 4400 ～ 4800MHz、7125 ～ 8400 MHz 和 14.8 ～ 15.35 GHz。

信息网络篇

导　　读

2023 年，我国的信息网络继续保持高质量发展，构成了数字经济和信息社会发展的基础支撑。千兆光网加速普及，已形成覆盖超过 5 亿户家庭的能力；400G 光传输开始规模部署，算力需求驱动全光互联技术发展；2023 年 2 月，移动网络 IPv6 流量占比首次超 50%，移动互联网进入 IPv6 主导的新阶段。我国的信息基础设施能力日益增强，数据网的网络布局不断优化，网间互通能力持续增强，数据中心建设稳步推进，CDN 产业保持稳定发展，工业互联网网络技术体系不断升级。我国持续推进国际通信能力建设，宽带网络性能整体较优，业务感知保持稳定。

2023 年，我国信息网络的发展聚焦三大热点。一是**算力基础设施**加速建设，算网融合逐步推进。国家进一步加大政策部署，持续优化算力整体布局。运营商、云服务商等各方加速建设算力基础设施，算网融合逐步推进。跨主体算力互通需求增长，新型互联网交换中心促进资源对接。二是 **SD-WAN**（软件定义广域网）持续演进升级，助力行业数字化转型。SD-WAN 融合多种技术能力，打造信息网络创新模式，成为支撑垂直行业实现数字化转型的重要手段。SD-WAN 技术与产业发展水平不断提升，持续赋能信息网络的未来发展。三是**千兆光网应用**加速发展，新技术赋能体验升级。千兆光网加速发展，10Gbit/s PON 覆盖不断加深。千兆行业和千兆家庭双轮驱动千兆光网发展应用。在工业领域，千兆光网深度赋能工业行业数字化转型升级。

随着数字经济时代的全面开启，算力、智能、通信等技术正以一种新的生产力形式，为各行各业的数字化转型注入新动能，成为经济社会发展的重要驱动力。智能和算力驱动网络演进和协同创新，高速传输从 400G 到 800G 再到 1.6T，不断提升，新型光纤技术、高速光模块等进一步助力核心算力基础设施的高速互联。IPv6 应用感知技术（APN6）的潜力不断显现，有望成为发展热点。确定性技术从单域走向多域，支撑新兴业务发展。同时，网络数字孪生和网络 AI 技术将加快网络的智能化步伐。

本篇作者：

党梅梅　苏　嘉　程　强　王一雯　穆域博　朱鹏飞　徐云斌　翟茂升
高　巍　李少晖　赵俊峰　唐子南　张恒升　汤　瑞　柴瑶琳　刘　阳
李　曼　钟平声　韩淑君

一、2023 年信息网络领域发展情况综述

2023 年，我国在信息网络基础设施方面取得了显著进展。千兆光网加速普及，光纤到房间（FTTR）技术快速发展，这意味着光纤将进一步延伸至家庭或办公室内部的每个房间，提供无处不在的高速连接。400Gbit/s 高速传输技术开始在干线网络中得到部署，实现了单根光纤容量的成倍增长，满足了不断增长的数据传输需求。移动网络中 IPv6 的流量占比超过 50%，标志着移动互联网正式进入以 IPv6 为主导的新阶段。"IPv6+"技术在多个行业得到落地应用，为下一代互联网提供了更大的地址空间和更高的安全性。我国的数据中心布局不断优化，网间互通能力得到加强，为数据的高效传输和处理提供了坚实的基础。数据中心建设和内容分发网络（CDN）产业保持稳定发展，提升了数据处理能力，提高了内容分发效率。工业互联网网络技术体系不断升级，"新网络、新工控"成为新型工业化基础设施的发展方向。我国持续推进国际通信能力建设，并积极开展网络基础设施建设方面的国际合作，提升了国际互联互通水平。宽带网络性能整体较优，用户业务感知保持稳定，反映了国内网络基础设施的质量和效率。这些进展不仅展示了我国在信息通信技术领域的快速发展，也为数字经济的增长和社会信息化水平的提升奠定了坚实的基础。

（一）千兆光网加速普及，FTTR 快速发展

在国家政策的大力推动和通信行业的共同努力下，我国的千兆光网加速普及，FTTR 快速发展，行业赋能不断深化扩展。

在网络能力方面，努力实现千兆光网全面覆盖。截至 2023 年 10 月，具备千兆网络服务能力的 10Gbit/s PON 端口数达到 2216 万个。千兆光网形成覆盖超过 5 亿户家庭的能力，已实现"市市通千兆"，千兆光网的网络规模和覆盖水平全球第一[4]。

---

4 数据来源：2023 年 10 月工业和信息化部公开的通信行业统计数据。

在用户发展水平方面，千兆宽带用户量快速增加。截至 2023 年 10 月，我国光纤宽带接入用户在全部宽带接入用户中的占比达到 95.3%。1000Mbit/s 及以上接入速率的固定宽带用户达 1.497 亿户，比 2022 年年末净增 5797 万户，占固定宽带总用户数的 23.7%；100Mbit/s 及以上接入速率的固定宽带用户达 5.97 亿户，占固定宽带总用户数的 94.3%。

在新技术应用方面，FTTR 快速发展。我国的 FTTR 技术发展迅速，已由试点部署走向用户规模推广阶段，极大地减少了用户接入最后"十米"的带宽瓶颈影响，提升了用户体验。同时，面向中小微企业的 FTTR 应用不断深入，为推动中小企业的数字化转型发展提供了强大的助力。

在行业应用方面，千兆光网应用渗透千行百业，赋能持续深入。千兆光网应用加速渗透千行百业，赋能经济社会数字化转型。信息消费规模快速扩大，行业应用水平不断提升。初步统计，千兆光网的典型应用场景已辐射了我国国民经济行业分类中的 87 个大类。

（二）400G 开始规模部署，算力需求驱动全光底座能力升级

400G 开始干线部署，单纤容量实现倍增。2023 年，中国移动完成了 400G 干线超长距光传输网实验，同时开展了 400G 传输系统的集采测试，中国电信和中国联通也密集开展了省内的试点验证，基于 130GBaud、QPSK 调整方式的单波 400G 系统已成熟，即将开启规模商用。面向 400Gbit/s 及更高速率的光传输需求，具有更低非线性效应和低衰减系数的 G.654.E 超低损耗光纤进入规模部署阶段，2023 年，G.654.E 超低损耗光纤部署超过 3 万皮长公里。为支撑 400G 容量的继续倍增，波分系统的频谱范围也由原来的 C 波段向 C+L 波段扩展，当前的产业生态已基本具备支持 400G 容量继续倍增的能力，预计 400Gbit/s 及其以上速率的长距离传输系统的商用将逐步实现。2023 年，中国移动开展了 400G QPSK C 波段的 4.8T 现网试点和 L 波段的 4.8T 现网试点，中国联通建设了 PCS-16QAM C 波段 4.8T+L 波段 4.8T 的实验网。C 波段 6THz EDFA 已经商用，L 波段 EDFA 基本满足商用要求。C 波段和 L 波段 ITLA（集成可调激光器模块）/AWG（阵列波导光栅）/WSS（波长选择开关）/OSC（有源晶体振荡器）/OPM（光功率计）等

器件已经无技术障碍。

算力应用推动全光互联技术发展。为降低算力的互联时延，运营商积极构建面向算网服务的全光底座，中国电信加快推进全光网 2.0 的建设，构建面向全国数据中心互联的骨干网，并通过算网"大脑"实现算网协同控制；中国移动发布《"九州"算力光网目标架构白皮书》，实现骨干层面的全光互联、城域层面的全光汇聚和边缘全光接入；中国联通打造全光算力网络，提升全光底座的基础承载能力，通过全光智能推进能力开放和服务敏捷。作为核心关键器件，全光矩阵开关实现完全无阻塞的光路交换，矩阵最大规模可达 576×576 光纤端口，通过"全光一跳直达＋光缆路由优化"实现超低时延，多省市运营商面向算力承载打造 1-3-5ms 时延圈。在高速光模块方面，流量增长和算力需求增加的叠加，拉动光模块数量、速率和传输容量的大幅提升，业界纷纷开展 800Gbit/s 以上速率产品的研发。数据中心以太网的光模块需求如图 4-1 所示。

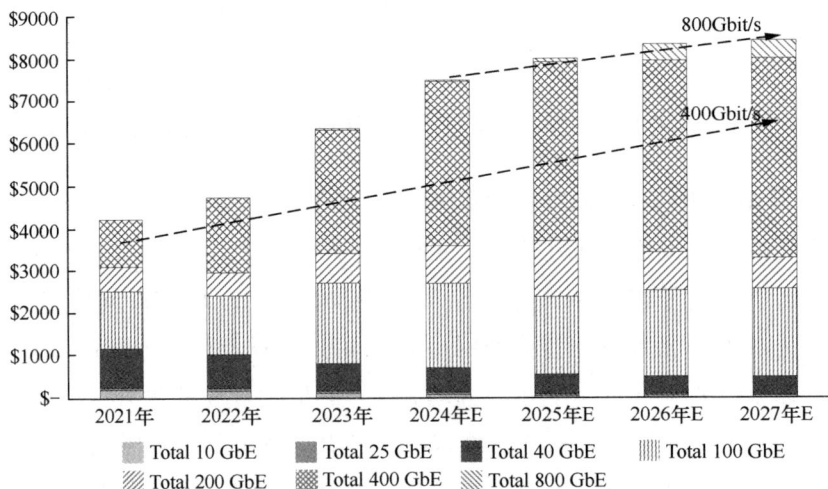

图 4-1　数据中心以太网的光模块需求

（三）移动网络 IPv6 流量占比超 50%，"IPv6+"行业应用开拓新局面

我国的移动网络 IPv6 流量占比已超 50%。2017 年 11 月，中共中央办公厅、国务院办公厅联合印发《推动互联网协议第六版（IPv6）规模部署行动计划》，旨在推动我国 IPv6 的规模部署。经过几年来各方的不懈努力，我国的 IPv6 整体

发展在 2023 年进入新阶段。2023 年 2 月，我国移动网络 IPv6 流量占比首次超过 50%，这是 IPv6 规模部署和应用工作中的一个里程碑事件，标志着我国的移动互联网进入 IPv6 主导的新时代。截至 2023 年 11 月，我国移动网络 IPv6 流量占比已经达到 59.95%，城域网 IPv6 流量占比达到 18.02%，与 2019 年相比分别增长 40 倍和 50 倍。截至 2023 年 9 月，我国的 IPv6 地址资源总量达到 6.74 万块（/32），排名世界第二，美国以 7.34 万块（/32）的 IPv6 地址资源总量排名第一。2019—2023 年中国的 IPv6 流量占比变化如图 4-2 所示。

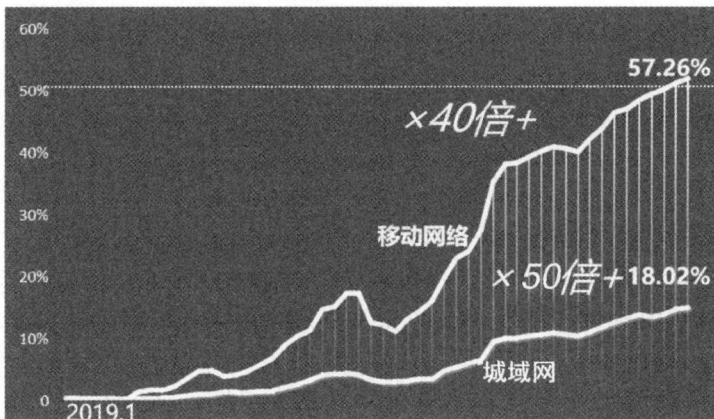

图 4-2　2019—2023 年中国的 IPv6 流量占比变化

我国 IPv6 应用不断深入，规模不断扩大。 根据中国信息通信研究院的监测，国内网民常用的 200 款 App 均支持 IPv6 接入，95 个国务院部委和省级政府网站的 IPv6 支持率达到 98.9%。电信运营商已经开展了 IPv6 单栈演进的技术试验，中国电信在四川和江苏开展了 5G SA（5G 独立组网）的 IPv6 单栈验证。

全球主要国家和地区纷纷出台政策措施加速 IPv6 部署。 在政策的驱动下，全球 IPv6 整体部署呈现提速态势。2023 年 4 月，法国电子通信与邮政监管局（ARCEP）发布了 2022 年度 IPv6 过渡指标报告，报告显示，2022 年法国终端用户的 IPv6 使用率上升了 15%，达到 62%。根据全球内容分发服务主要提供商 Akamai 2023 年 5 月的统计数据，在美国主要电信运营商 T-Mobile 对 Akamai 服务的访问中，IPv6 访问占比为 92.2%，印度电信企业 Reliance Jio Infocomm Limited 的 IPv6 访问在所有访问中的占比达到 91.7%，此外，Vodafone India、KDDI 等运营商的 IPv6

访问占比也超过了 80%。谷歌、脸书等主要互联网巨头支持并推进 IPv6 部署，在谷歌的访问流量中，IPv6 流量占比超过 45%，脸书数据中心之间 99% 的流量为 IPv6 流量。

"IPv6+"技术在多个行业开始应用。 为了进一步激发 IPv6 的创新活力，推进"IPv6+"技术在各行业中的落地应用，2023 年 4 月，工业和信息化部、中央网络安全和信息化委员会办公室、国家发展和改革委员会等 8 部门联合印发了《关于推进 IPv6 技术演进和应用创新发展的实施意见》，对"IPv6+"技术创新和行业应用提出了具体目标并进行了任务部署。在政策引领和行业实践的双重推动下，"IPv6+"技术在我国各行业开始快速应用。在 2023 年首届"IPv6 技术应用创新大赛"征集的 1498 个申报案例中，"IPv6+"相关案例达到 280 个，并涌现出"'IPv6+'智慧冬奥网络""基于'IPv6+'技术的东风汽车集团有限公司工业互联网改造""基于'IPv6+'技术的广西电子政务外网第二平面网络"等优秀的实践案例。

（四）数据网网络布局和智能化水平双提升，网间互通能力持续增强

运营商网络架构不断优化，智能化调度能力不断提升。 一方面，运营商骨干网、云网 / 算网融合布局不断优化，围绕云计算基础设施和算力枢纽节点建设，协同调整骨干网架构布局，实现云、算力业务的高效互通。中国电信围绕 IDC 建设和全国一体化大数据中心构建，调整布局、优化架构，163 网络 80% 的省间流量实现"一跳直达"；CN2（中国电信下一代承载网）接入 114 个云资源池，覆盖全国 300 余个城市。中国移动匹配国家算力枢纽节点建设，优化云专网布局，实现全国算力资源池的互联互通，云专网覆盖超 300 个地市。中国联通升级建设算力承载网络，结合八大算力网络国家枢纽节点进行数据中心（DC）布局，在 169 网络和 CUII（中国联通产业互联网）中分别部署算力核心节点和算力 PE 节点，实现算力有效连接。**另一方面，** 运营商的智能化调度能力不断提升。中国电信的新型城域网部署 SRv6+EVPN 技术，实现端到端业务差异化承载，助力算力网络落地。中国移动结合"东数西算"工程和自身算力网络的业务发展需求，在云专网规模部署 SRv6 Policy，实现集中智能管控和差异化 SLA 保障。中国联通结合"IPv6+"、AI 等技术，构建算力网络智能协同管控体系，完成 169

网络、CUII 和智能城域网设备升级，提升差异化服务水平。

我国的网间互通能力进一步提升，国家级互联网骨干直联点和新型互联网交换中心建设稳步推进。截至 2023 年年底，我国共设立 28 个国家级互联网骨干直联点，实际开通 25 个，国家级互联网骨干直联点开通网间互联带宽超过 50Tbit/s，有效覆盖国内各大区域，基本构建形成了相互支撑、均衡协调、互为备份的全国骨干互联互通顶层架构。在新型互联网交换中心方面，杭州、深圳、中卫、上海 4 个新型互联网交换中心试点稳步推进，接入企业不断增加，且接入总带宽不断提升，流量汇聚能力显著提高，截至 2023 年 12 月，已有 403 家头部互联网企业、IDC 企业、制造业企业等接入新型互联网交换中心，接入总带宽超过 40Tbit/s，峰值交换流量达到 7.6Tbit/s，有效提升了企业的通信效率、促进了区域数字经济发展。

（五）数据中心建设稳步推进，CDN 产业保持高速发展态势

数据中心建设规模稳步攀升，算力总规模位列全球第二。中国信息通信研究院数据显示，截至 2023 年 6 月，我国的算力总规模达到 197EFLOPS，位居全球第二，其中通用算力规模占比为 74%、智能算力规模占比为 25%、超算算力规模占比为 1%。数据中心规模稳步提升，截至 2023 年 6 月，全国在用数据中心机架总规模超过 760 万标准机架，平均上架率达 58%，如图 4-3 所示。智能计算中心加快布局，截至 2023 年 6 月，全国已投运的人工智能计算中心达 25 个，在建的人工智能计算中心超 20 个。超算的商业化进程提速，根据 2023 年 11 月中国计算机学会发布的中国高性能计算机性能 Top100 排行榜，前 10 名中有 7 台高性能计算机是由服务器供应商研制的，6 台是提供商业化算力服务的超级计算机。

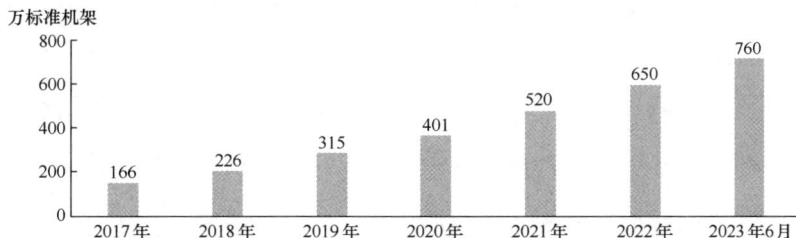

图 4-3　2017 年至 2023 年 6 月全国在用数据中心机架规模

（数据来源：中国信息通信研究院）

CDN 产业保持稳定发展态势。2022 年，工业和信息化部、国家发展和改革委员会联合印发《关于促进云网融合 加快中小城市信息基础设施建设的通知》，提出 CDN 作为应用基础设施向中小城市下沉部署，带动 CDN 边缘服务节点向中小城市延伸。截至 2023 年 6 月，国内获得 CDN 经营许可的企业达到 4536 家，同比增长超过 25%。

域名根镜像布局持续优化。截至 2023 年 6 月，我国共引入 24 个根镜像服务器，访问境内已部署根镜像服务器的 IPv4 和 IPv6 平均解析时延分别为 60.7ms、61.8ms，与访问国外根服务器相比，解析性能分别提升 43%、52%。我国用户访问的域名主要集中在领先的顶级域和省份，截至 2023 年 6 月，我国用户访问的域名总量为 4010.6 万个，集中在".COM"".CN"".NET"顶级域上，占比达 83.3%。在地理分布上，用户访问域名数排名前 5 位的省市为湖南、山东、福建、江苏和上海，合计访问域名数的全国占比达 69.6%。

（六）工业互联网网络技术体系升级，基础设施能力不断完善

新型工业网络技术带动企业内网、外网应用部署创新。当前，新型工业化发展需求推动企业内网基础设施逐步进入升级换代期。5G 工厂成为打造新型工业互联网基础设施的重要内容，截至 2023 年年底，全国"5G+ 工业互联网"项目已超 8000 个，培育 5G 全连接工厂"种子"项目超 2100 个，300 家 5G 工厂入选《2023 年 5G 工厂名录》。工业以太网、工业光网等新技术持续扩大在行业中的应用部署范围。

"新网络、新工控"成为新型工业化基础设施的发展方向。2023 年，工业互联网产业联盟发布《工业网络 3.0 白皮书》，提出新型工业网络发展的四大愿景——泛在互联、确定承载、智能极简、高效低碳。"网络化、智能化、开放化、协同化"的新型工业控制系统成为构建企业内网新型基础设施的重要方向。

新型工业网络和工业算力构建基础底座。新型工业网络以工业新模式、新业态为驱动，支撑人、机、平台协同创新应用，实现技术高融合、部署高灵活、服务可度量、接口可编程。工业算力将分布各处的计算资源互联，使其能够被工业

应用按需、实时调用，优化工业计算资源分配。开放自动化成为关键，软硬件解耦的自动化组件构成可互操作、内生信息安全的分布式工业自动化控制系统及其上层的信息采集、监视、管理系统，优化控制能力。

企业外网发展重点由建设转变到应用。 大型企业基于运营商网络构建自有的"统一规划、统一架构、统一标准、统一运营"企业"一张网"成为外网应用的新方向，如图 4-4 所示。

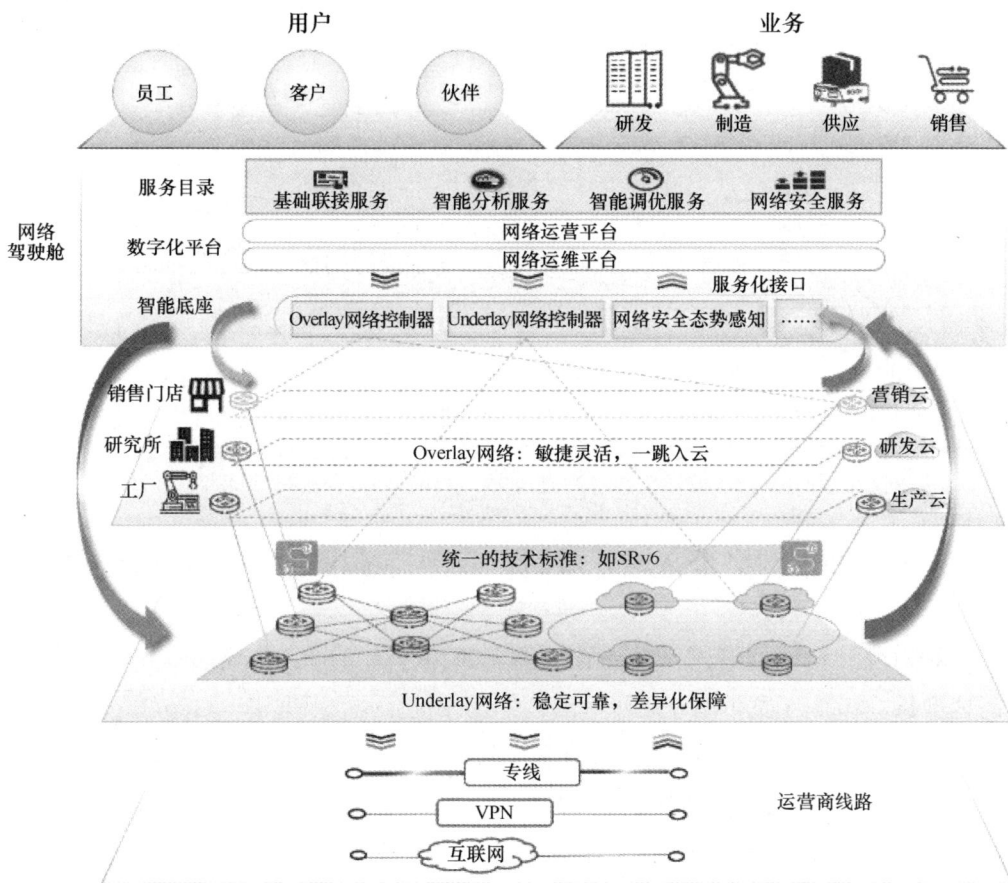

图 4-4　大型企业"一张网"目标架构

我国的工业互联网标识解析体系基础设施初具规模。 截至 2023 年 10 月 10 日，国家顶级节点已全面建成，形成覆盖全国的标识数据节点网络，接入国家顶级节点的二级节点达 318 个，覆盖 31 个省（自治区、直辖市），涵盖 43 个国民经济行业大类，服务企业超过 30 万家，累计标识注册总量达 4046 亿，主动标识载体累计部署 2576 万枚，有效服务多个万亿级产业集群，赋能工业互联网全要素、全产业链、全价值链的全面连接，成为产业升级的重要支撑和新的增长引擎，如图 4-5 所示。

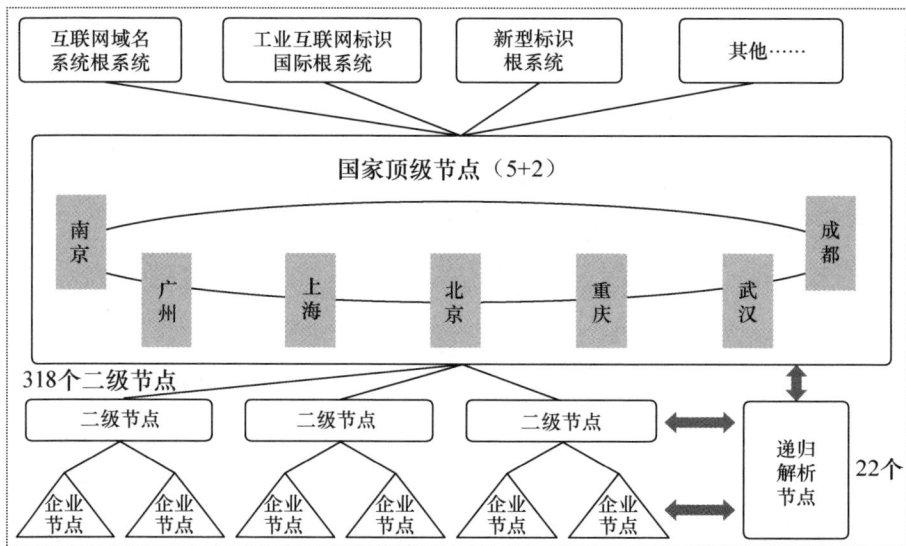

图 4-5　工业互联网节点

（七）国际通信网络带宽增速放缓，我国持续推进国际通信能力建设

2023 年，国际互联网带宽增速放缓。2020—2022 年，全球国际互联网带宽高速增长，2023 年宽带增速逐步回落，如图 4-6 所示。根据 TeleGeography 发布的报告，截至 2023 年 6 月，全球国际互联网带宽达到 1217Tbit/s，较 2022 年 6 月增长 225.88Tbit/s，年增速达到 23%，较 2022 年增速下降 5%。全球各地区的国际互联网带宽增速差异显著，非洲再次成为国际互联网带宽增长最迅速的地区，增速达到 41%。拉丁美洲紧随其后，增速为 34%。此外，欧洲地区、中东地区、亚太地区、北美地区的带宽增速普遍为 20% ～ 25%。

欧洲、亚洲内部国家间的互联带宽快速增长。大型互联网内容服务商在亚欧大陆布局数据中心，拉动欧洲、亚洲内部国家间的互联带宽快速增长，2022—2023 年，欧洲、亚洲内部国际带宽增幅达到洲际带宽增幅的 1.6 倍左右。其他区域的洲际带宽增长速度明显快于洲内国际带宽增长。

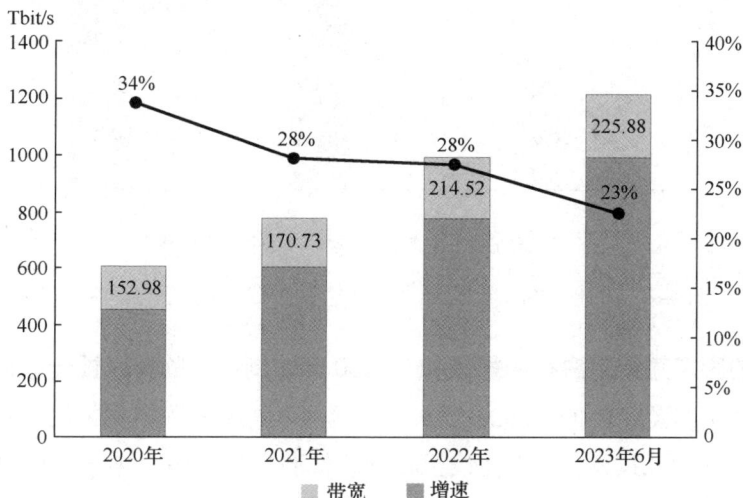

图 4-6　2020 年至 2023 年 6 月全球国际互联网带宽和增速

我国基础电信企业持续推动国际网络互联互通能力建设。截至 2023 年 10 月，我国的国际互联网出口带宽增长至 15.5Tbit/s。我国基础电信企业的自治域网络与国际自治域网络之间的互联数量增长 29.4%，互联带宽增长 8.3%。在"一带一路"合作倡议下，我国积极推进网络基础设施建设的国际合作。2023 年启动柬埔寨西港与中国香港地区之间的海底光缆项目，进一步增强中国与东盟地区间的互联互通能力。同时，产业链龙头企业进军南美市场，中天科技参与巴西亚马逊河河底光缆项目，长飞集团巴西通信光缆生产基地顺利投产。

（八）宽带网络性能整体较优，业务感知保持稳定

我国的固定宽带速率稳步提升。根据 Ookla 公司发布的监测数据，2023 年 10 月我国的固定宽带平均下载速率为 230.39Mbit/s，同比提高 51.66Mbit/s，在被监测的全球 181 个国家中，排名第 5 位。根据工业和信息化部提供的数据，2023 年 10 月我国固定宽带接入速率达 400Mbit/s，同比提升 33%，如图 4-7 所示。

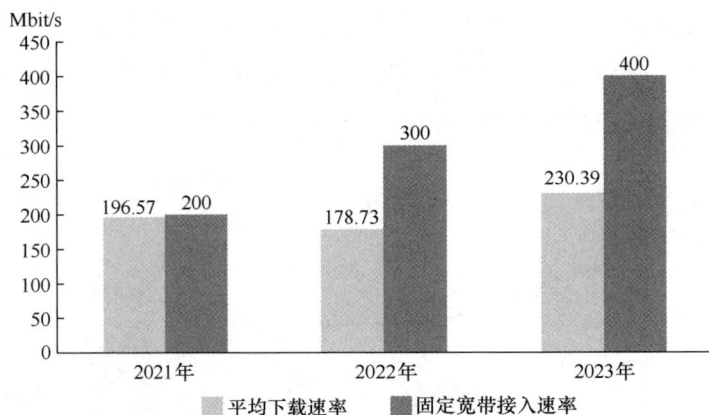

图 4-7　2021—2023 年我国的固定宽带接入速率和平均下载速率

我国的固定宽带用户在线视频和 Top50 网站浏览体验持续提升。根据中国信息通信研究院的监测数据，2023 年 9 月我国互联网家庭固定宽带用户在线观看视频平均卡顿率为 0.10%，用户在线视频观看体验良好。国内 Top50 网站（访问量排名前 50 的网站）的首包时延为 76.27ms，同比优化 70%，用户浏览网站体验提升明显，如图 4-8 所示。

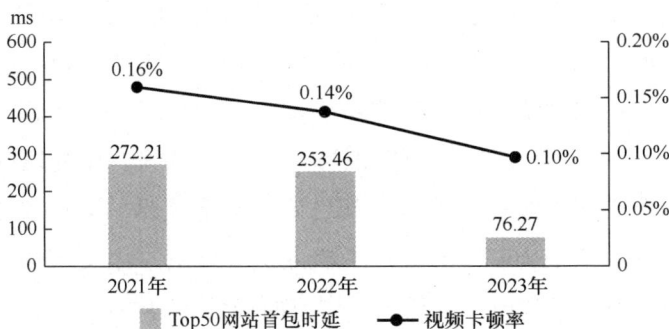

图 4-8　家庭固定宽带用户在线视频和 Top50 网站访问性能

我国骨干网网内性能持续提升，趋近或优于国际平均水平。根据国外运营商公布的数据，对比中国信息通信研究院的监测数据，我国 IPv4 骨干网平均时延优于 AT&T、Verizon、Sprint、Cogent 和 NTT 等国际运营商 IPv4 骨干网的网络性能，分组丢失率趋近国际平均水平，如图 4-9 所示。

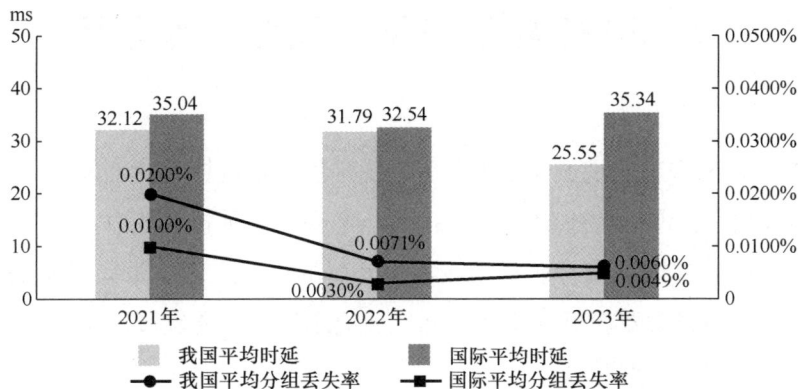

图 4-9　2021—2023 年我国 IPv4 骨干网网内时延和分组丢失率

我国的算力枢纽网络性能整体较优。我国加快实施"东数西算"工程，各基础电信运营企业持续优化全国至八大算力枢纽的网络性能。中国信息通信研究院监测的数据显示，2023 年，31 个省（自治区、直辖市）到八大算力枢纽的平均网络单向时延低于 15ms，其中全国到京津冀枢纽的平均网络时延最小，网络性能最优，如图 4-10 所示。

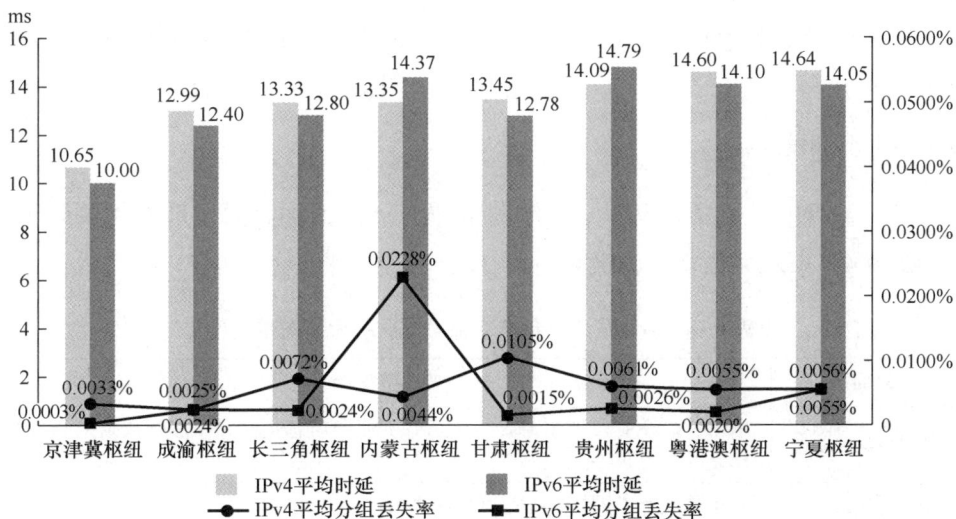

图 4-10　2023 年我国 31 个省（自治区、直辖市）到八大算力枢纽的平均时延和平均分组丢失率

二、2023 年信息网络领域热点分析

2023 年，国家进一步加大政策部署，我国加速建设算力基础设施，算力整体布局不断优化，算网融合逐步推进。SD-WAN 融合多种技术能力，打造信息网络创新模式，成为支撑垂直行业实现数字化转型的重要手段。千兆光网加速发展，千兆行业和千兆家庭双轮驱动千兆光网发展应用，在工业领域，千兆光网深度赋能工业行业数字化转型升级。

（一）算力基础设施加速建设，算网融合逐步推进

1.国家加大政策部署，持续优化算力整体布局

2023 年 2 月，中共中央、国务院印发《数字中国建设整体布局规划》，提出系统优化算力基础设施布局，促进东、西部算力高效互补和协同联动，引导通用数据中心、超算中心、智能计算中心、边缘数据中心等合理梯次布局。2023 年 10 月，工业和信息化部等 6 部门联合印发《算力基础设施高质量发展行动计划》，明确了到 2025 年在计算力、运载力和存储力方面的目标，将打造一批重点领域的应用示范标杆。

广东、四川、宁夏、上海、天津等地政府出台推动算力发展的相关政策文件，如表 4-1 所示，取得了积极效果。

表 4-1　多地政府出台推动算力发展的相关政策文件

时间	政策文件
2023 年 1 月	广东《广东省发展改革委　广东省工业和信息化厅关于加强数据中心布局建设的意见》
2023 年 1 月	四川《成都市围绕超算智算加快算力产业发展的政策措施》
2023 年 3 月	宁夏《全国一体化算力网络国家枢纽节点宁夏枢纽建设 2023 年工作要点》
2023 年 4 月	上海《上海市推进算力资源统一调度指导意见》
2023 年 5 月	天津《关于做好算力网络建设发展工作的指导意见》

续表

时间	政策文件
2023 年 11 月	贵州《关于促进全国一体化算力网络国家（贵州）枢纽节点建设的若干激励政策》
2023 年 11 月	安徽《安徽省智能算力基础设施建设方案（2023—2025 年）》
2023 年 12 月	深圳《深圳市算力基础设施高质量发展行动计划（2024—2025）》

截至 2023 年 2 月，全国签约落地，启动或开工，封顶，竣工、投产或试运营的数据中心项目超 160 个。其中有七成项目落地在八大国家算力枢纽中，如图 4-11 所示。截至 2023 年 8 月，全国在用数据中心机架总规模超过 760 万标准机架，算力总规模达到 197EFLOPS，位居全球第二。同时，算力结构不断优化，算力枢纽间的传输性能大幅提升。

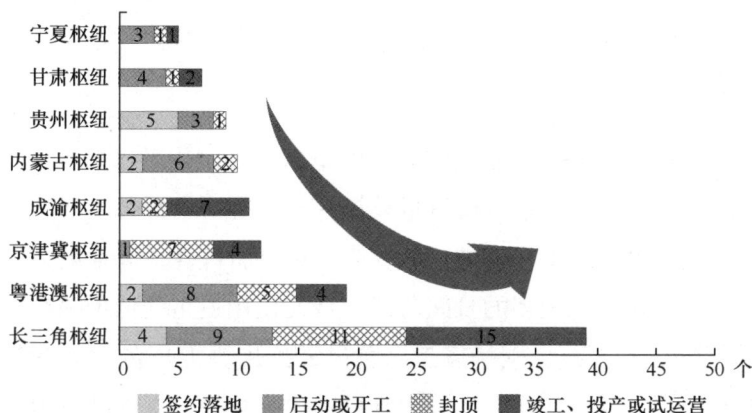

图 4-11　八大国家算力枢纽项目统计（截至 2023 年 2 月）

2. 适应业务需求，行业各方加速建设算力基础设施

数字时代，机器视觉、知识图谱等 AI 单点技术加速向行业渗透，智能化场景在行业中纵深发展。ICT 行业各方正在加速算力基础设施的建设，以支撑各类业务场景需求。

运营商加速算力网络落地部署。中国电信发布《云网融合 2030 技术白皮书》，提出"云网融合 2030"战略，集中力量建设算力网络，在京津冀、长三角、内蒙古自治区、贵州等区域拥有 40 万个数据中心机架。中国移动启动"算力网络试验示范网（CFITI）"，以北方基地信息港为枢纽节点，形成"1+9+9"多节点互联的创新基础设施。中国联通以 CUBE-Net 3.0 为发展目标，在京津冀、长三角、粤港澳大湾区、成渝、蒙贵甘宁地区初步规划了 14 个数据中心集群，数据中心机架数量超过 31 万。

多项算力网络建设计划逐步启动。2023 年 4 月，科技部启动"国家超算互联网"部署工作，以互联网的思维运营超算中心，目标是到 2025 年底，形成技术先进、模式创新、服务优质、生态完善的国家超算互联网总体布局。鹏城实验室提出中国算力网（C2NET）推进计划，一期规划时间为 2022 年 7 月至 2025 年 12 月，目前正在推进和实施中。中国算力网粤港澳大湾区调度中心于 2023 年 9 月完成主体系统的集成与指挥中心建设，实现 5 家超算、智算、云计算中心的资源接入，并进入试运行阶段。中国信息通信研究院提出算力互联网的概念，正在开展国家算力互联互通体系建设一期工程，实现通算、智算、超算资源互联和跨地域、跨架构、跨主体业务互通。

算力产品质量及服务水平不断提升。阿里云开展国内首次跨区域"算力 - 电力"优化调度验证实验，通过调度海量计算任务和算力资源，实现对数据中心用电负荷时空分布的灵活调整。例如，数据中心可以将计算任务从电力供需紧张的晚间时段转移到光伏发电较多的日间时段，从而使用更多的低价绿色电力，降低数据中心的能耗成本，减少碳排放量。腾讯云推出算力平台，支持异构算力调度，为机器学习、大数据、科学计算等领域提供大规模、高弹性算力供给。中科曙光以自主研发的高性能服务器和存储设备为基础，推出"东数西算一体化算力服务平台"，实现合作算力中心的算力灵活调度。

3. 算网融合逐步推进，有力支撑"东数西算"工程

算网融合是以通信网络设施和计算设施的融合发展为基础，通过计算、存储及网络资源的统一编排管控，满足业务对网络和算力灵活泛在、弹性敏捷服务、智能随需应用需求的一种新型业务模式。

我国的电信运营商、云服务商、设备厂商等加快算网融合技术研究和产业实践，有力支撑了"东数西算"工程。算网融合支持各类算力资源链接和感知，打

破"算力孤岛"，为算力的编排调度奠定基础。利用算力度量、感知、编排、路由、交易等关键技术为用户提供服务，能够快速对用户需求进行分析，按照用户需求组织编排相应的算网资源，提高算网资源的供给效率，加速各类应用场景落地。算网融合可以促进数据高效安全流通，提高数据的流通效率，支持安全策略更新和按需配置。算网融合的发展进一步提高了算力服务能力，有效解决了东西部节点协同不足、数据流通不顺畅等问题，支撑了"东数西算"工程的落地。

当前，算力并网、算力调度和算力运营是算网融合的三大热点技术。在资源层，算力并网技术实现跨区域算力资源的连接和整合，即对分布在不同地区的算力资源进行连接和整合，以提供统一的算力服务。在平台层，算力调度技术是将算力资源分配给用户使用的过程，是支撑算力供需对接的关键。在运维层，算力运营技术对算力资源进行高效的管理和运营，通过多样的运营模式为用户提供智能随需的算力服务。

4. 跨主体算力互通需求增长，新型互联网交换中心促进算力资源对接

算力业务的发展带动了多云和云边等跨主体的算力互通需求，新型互联网交换中心作为国家级信息基础设施，起到了网间互联互通的枢纽作用，并已实现广泛的算力资源对接。

四地交换中心实现广泛算力资源对接，推动企业算力使用"降本增效"。目前，杭州、深圳、中卫、上海交换中心对接本地的各类算力主体，包括运营商、主流云服务商、本地数据中心、智算中心、超算中心等，汇聚算力资源规模超过2000PFLOPS。通过众多算力资源汇聚，企业只要"一线接入"即可实现"多算访问"，一方面能促进性能提升，通过交换中心可与算力中心实现低时延、大带宽的高质量对接；另一方面可降低使用各类算力的成本，企业通过新型互联网交换中心上云，可以降低20%～40%的使用算力成本。

四地交换中心陆续发布算网调度平台，实现跨主体算力灵活调度。2023年，上海、杭州、深圳交换中心陆续发布本地算力调度和交易平台，为客户提供算力感知、调度、编排、交易、运维、安全等一体化算力服务，已形成多个典型案例，如杭州新型互联网交换中心打造了"元宇宙社区""文旅数字孪生"等跨主体算力调度应用。2023 年，4 家交换中心联合中国信息通信研究院共同发布《国家新型互联网交换中心算网融合发展白皮书》，提出了新型互联网交换中心面向算网融合演进的架构和关键技术，为下一步融合发展提供可借鉴的经验。

（二）SD-WAN 持续演进升级，助力行业数字化转型

1. SD-WAN 融合多种技术能力，打造信息网络创新模式

以业务与服务为导向，SD-WAN 将 SDN（软件定义网络）、NFV（网络功能虚拟化）、网络编排等多种网络技术与 WAN 场景深度融合，能够满足企业多分支互联、虚拟专用网可视化、数据中心互联、多云互联等部署需求。SD-WAN 支持网络弹性部署，能够有效替代传统专网，降低企业的网络运维成本。SD-WAN 基本架构如图 4-12 所示。

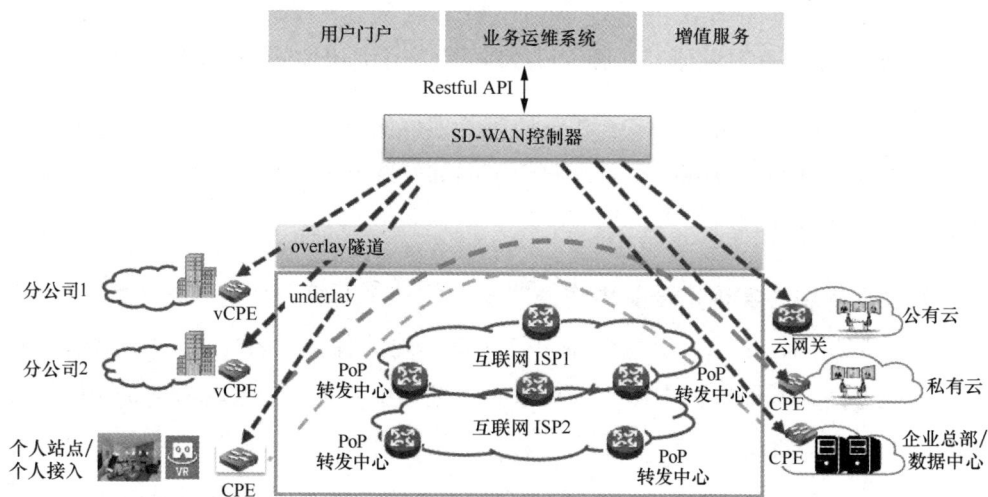

图 4-12　SD-WAN 基本架构

SD-WAN 不断融合 "IPv6+"、SASE、云原生等 ICT 创新技术，构建了数字化的网络底座。"SD-WAN+" 能够承载云网协同 / 算网融合应用，提供一栈式的算网服务，实现网络灵活部署、极简网络智能运维、SLA（服务等级协定）保障等服务保障需要。

2. SD-WAN 成为支撑垂直行业实现数字化转型的重要手段

在金融行业，SD-WAN 内生多种自动化管控工具，在银行、保险、证券等金融机构中获得全面应用。当前，金融行业面临以下 3 个方面的挑战：一是金融网点专线获取时间长，设备开局配置流程复杂，网络部署周期长；二是金融骨干网流量集中管控流程复杂，网络流量路径不可视，交互性不足；三是办公终端分散，网络边界无限延伸，原有安全防护策略受到挑战。通过应用 SD-WAN，银行、保险、证券等金融机构能够实现全场景极简组网，以及金融网点的网络自动化部署和金融业务加速上线。在骨干网管控方面，通过控制面与数据面分离进行骨干网集中管控，并根据金融业务的不同属性灵活定义流量策略，实现拓扑可视化和流量智能调度。在安全保障方面，SASE 解决方案可提供多种安全防护功能，包括零信任网络访问（ETNA）等，持续保障金融业务的动态安全。金融行业 SD-WAN 组网架构如图 4-13 所示。

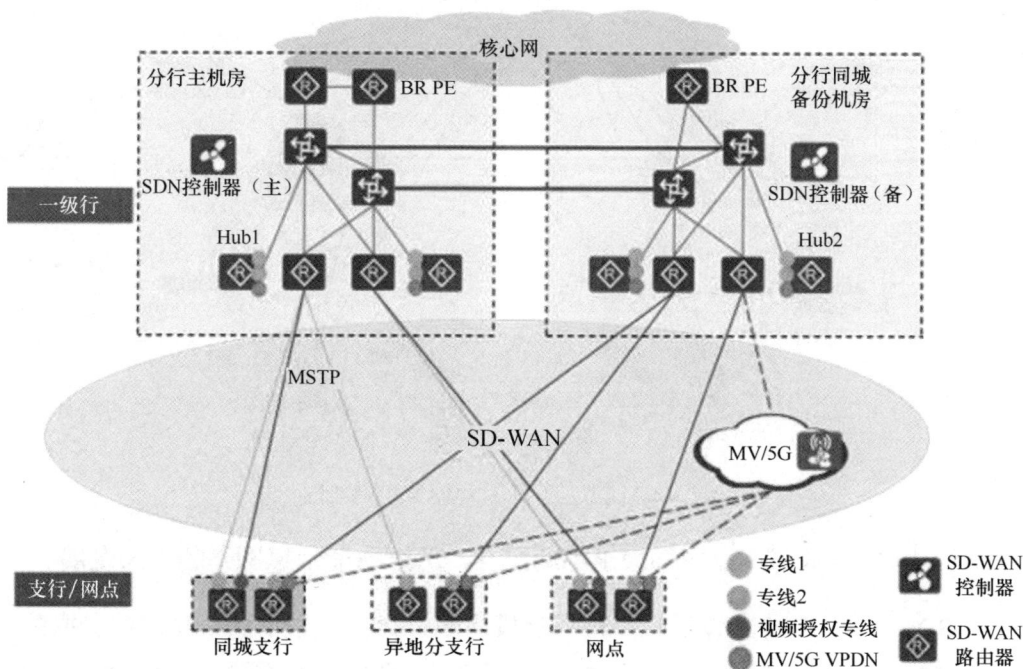

图 4-13 金融行业的 SD-WAN 组网架构（以银行为例）

在能源行业，SD-WAN 积极应对能源专网的痛点问题，聚焦多分支部署特征，提供一体化的解决方案。当前，加油站多点接入、油气田跨省数据回传、工程建设工地现场数据回传等重要应用场景面临一些亟待解决的问题。一是加油站多点接入，存在流量高峰期、重大事件及活动等流量突增的状况。二是油气田跨省区块数据回传点数少，数据量大，关键应用的 QoS（服务质量）要求高。三是工程建设、工地现场数据回传，重要数据（如油井勘探数据）需要和数据中心进行安全交互。通过应用 SD-WAN 进行组网，能够完成加油站等多点网络上联，满足当前和未来业务稳定性及连续性需求。同时，分散油田网络实现快速灵活部署，对各类型的流量进行区分，对重点业务进行流量带宽保障。安全策略统一配置下发，能够确保工程建设现场、工地数据回传安全。能源行业的 SD-WAN 组网架构如图 4-14 所示。

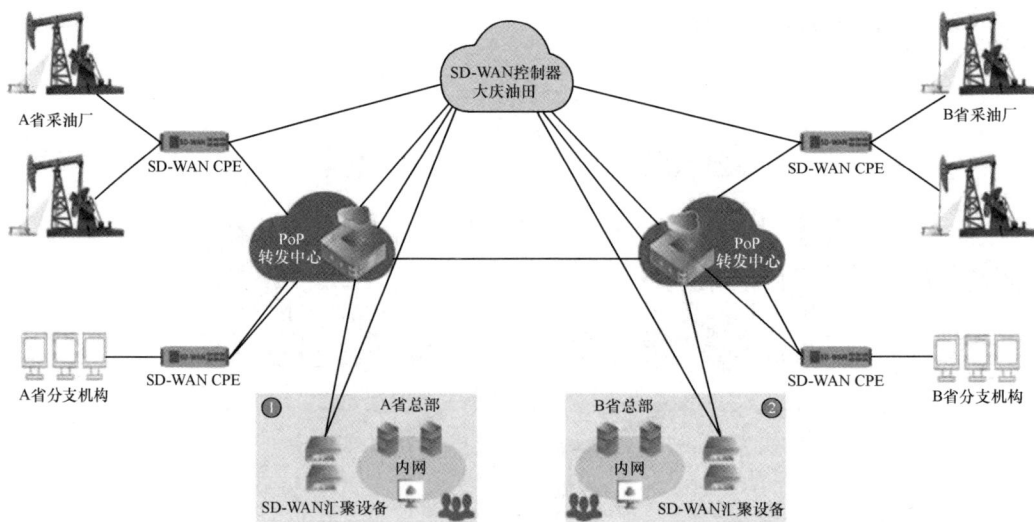

图 4-14　能源行业的 SD-WAN 组网架构

3. SD-WAN 技术与产业发展水平不断提升，持续赋能信息网络的未来发展

SD-WAN 产业主体活跃，市场规模不断扩大。根据中国信息通信研究院于 2023 年 10 月发布的《SD-WAN 产业图谱》，截至 2023 年 9 月，国内活跃的 SD-WAN 厂商已超过 70 家。SD-WAN 设备商、服务商、方案商整体分布均衡，在全部 SD-WAN 厂商中，占比分别为 43%、28%、29%；行业应用部署广泛，

目前已应用于政务、教育、医疗、金融、电信、能源、制造、交通、零售等多个垂直行业中。当前，SD-WAN 市场规模保持强劲的增长态势，"SD-WAN+"市场发展前景广阔。预计到 2027 年，全球"SD-WAN+"市场的总收入将超过1100 亿美元，如图 4-15 所示。

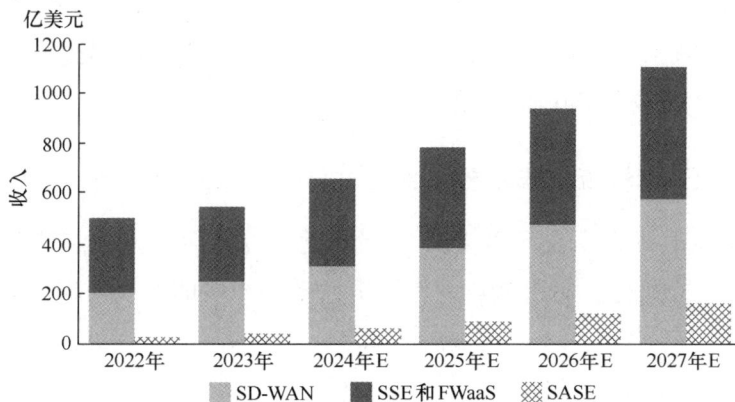

图 4-15　2022—2027 年全球"SD-WAN+"市场规模

（数据来源：Analysys Mason）

SD-WAN 产业模式不断创新。近年来，"SD-WAN+ 安全""SD-WAN+AI"等成为 SD-WAN 产业发展新模式。"SD-WAN+ 安全"的发展趋势主要包括原生集成安全功能和引入 SASE 架构，"SD-WAN+AI"的发展趋势表现为通过应用 AI增强 SD-WAN 分析和自动化能力。

SD-WAN 正朝算力承载、安全融合的方向演进。SD-WAN 全面承载算力，打造高可靠底座。SD-WAN 广泛连接公有云、算力资源池、数据中心等各类算力资源，并为用户进行算力资源的按需调度，成为当前提供算力服务的重要方式。SD-WAN 融合零信任网络访问、云原生网络、网络安全即服务等多种技术能力，向 SASE 架构不断演化。SASE 统一调度"算、网、安"各类资源，实现算网安一体化服务，成为当前一站式安全服务供给的重要方式。

（三）千兆光网应用加速发展，新技术赋能体验升级

千兆光网在政策与产业的双重驱动下，应用赋能加速发展，新一代光接入与

光传输技术赋能体验不断升级。在政策驱动方面，国家持续出台支持千兆光网发展的政策，为产业提供了广阔的发展空间和更多的机遇。在产业驱动方面，千兆行业与千兆家庭双轮驱动，不仅推动了千兆光网技术的不断革新，也促进了各种应用场景加速涌现，如智慧城市、4K/8K 超高清视频、VR/AR 等。同时，千兆光网在支撑工业数字化转型升级方面发挥了重要作用，通过高速率、低时延、大带宽的稳定传输，实现工厂内设备、生产线、物流等各环节数据的实时传输与处理，协助提升生产效率和产品质量。

1. 多层次、全方位推进千兆光网加速发展

2023 年，千兆光网在政策支持和应用创新等方面全方位加速深化行业应用。在政策支持及行业应用创新的作用下，千兆光网的发展与应用取得了显著成效。

在政策支持方面，从中央到地方深化普及千兆光网，进行 10Gbit/s PON 设备规模部署，扩大覆盖范围，积极发展 FTTR，鼓励全光小微企业 / 工厂部署和"千兆 +"发展，推进 50Gbit/s PON 部署试点，深入推进千兆光网应用创新发展。中央层面，2022—2023 年接连出台相关政策支持千兆光网建设发展，《"十四五"数字经济发展规划》《数字中国整体建设布局规划》均提出要加快千兆光网和 5G 网络协同建设。地方层面，北京、上海、重庆、浙江等省市先行示范，推动千兆光网的发展迈上新台阶。如北京提出打造"光网之都、万兆之城"[发布《"光网之都，万兆之城"行动计划（2023—2025 年）》]，到 2025 年底，千兆光网典型行业应用案例将超过 2000 个。浙江省通信管理局印发了《浙江省千兆光网应用加速发展"光富浙里"行动计划（2023—2025 年）》，提出到 2025 年将实现千兆光网典型案例超过 800 个。

在行业应用创新方面，从最具影响力的千兆光网行业赛事"光华杯"来看，当前千兆光网创新应用的地域覆盖更广、行业影响更深、技术协同更强。第二届"光华杯"征集案例超过 1.7 万个，覆盖我国 31 个省（自治区、直辖市）的 330 个城市和地区，在全国范围内掀起了千兆光网应用创新的热潮，推动千兆光网优秀应用案例示范落地。初步统计，两届"光华杯"征集案例辐射国民经济行业的

87个大类，技术协同能力不断加强，在所征集案例中，千兆光网与算力协同应用案例占比超过70%。

2. 千兆行业和千兆家庭双轮驱动千兆光网发展应用

千兆光网作为数字经济发展的关键承载底座，在促进消费端与商业端数字化升级方面发挥着关键作用。伴随着千兆光网的快速建设部署与业务发展，千兆光网已经在各行各业中得到应用，助推整体社会向数字化、智能化迈进；家庭宽带业务向大带宽、精品业务发展。从行业影响来看，千兆光网以其独特的GRE（保证可靠体验）特性，提供高质量的网络服务，能够达到接近0的丢包率、毫秒级时延和抖动以及99.999%的可用率，可以满足企业极致的业务需求，全面支撑金融、政务、制造、医疗、教育、交通、城市等产业升级。从家庭场景来看，千兆光网以其低时延、高稳定性、超大带宽的特点助力智慧家庭构建智能联动的屋内家电体系，支持沉浸式的文娱体验，包括实时直播、超高清视频及VR/AR体验等，助力家庭体验升级。

在千兆行业应用方面，千兆光网在各行业场景中得到了深入应用。随着新型网络技术的出现和数字化浪潮的到来，工业制造企业迫切希望通过数字化转型来提高企业的综合竞争力，实现降本增效。作为建设企业数字化能力的基础，网络建设需要先行，为企业提供高性能、高可靠性和高性价比的信息承载能力。当前，千兆光网建设围绕企业的数字化转型的各类应用场景，借助千兆光网的先进能力，构建面向生产全流程的底层网络，以此作为企业决策数据的载体，衔接企业数字化转型过程中的各类生产信息系统。特别是在制造业中，千兆光网支撑制造业数字化转型升级，应用覆盖制造业门类中的30个大类。业务场景更加丰富，逐步应用到生产制造现场，为推动我国的新型工业化提供有力支撑。同时，千兆光网正逐步向关系国民经济命脉的重大行业不断渗透，如工业光网支撑石油管网、电力、铁路等行业的关键信息监测及控制数据安全、高效、稳定传输。

在千兆家庭应用方面，逐步形成真正面向用户终端的千兆接入能力，支撑家庭服务生态持续升级。随着10Gbit/s PON的快速部署和50Gbit/s PON技术趋于成熟，以及FTTR、Wi-Fi 6/Wi-Fi 7等关键技术的融合，家庭网络在带宽、确定性和连接数等方面都有显著提升。一方面，加速视频类应用向更高分辨率、更高帧率和更多视点的方向发展，从 4K/8K 高清平面视频向 XR/ 裸眼 3D/ 全息视频等方向演进，进而更好地还原真实世界，使用户能获得身临其境的沉浸式体验；另一方面，更多的网络交互操作可以在更短的时间内完成，满足用户"即点即看、即点即存"的极致体验要求；同时，即使是在大量终端并发的情况下，也能有效保证实时性业务的硬性指标要求，确保业务体验的流畅，如云游戏、多机位观看赛事直播、自由视角直播回传等。

3. 千兆光网不断深化工业应用支撑，赋能工业行业数字化转型升级

工业 PON、工业光总线与工业 OTN（光传送网）结合建立起千兆光网在工业行业应用的技术体系，以大带宽、低时延、确定性传输、高可靠性、灵活可定制等特性，在流程生产、离散制造等应用场景中获得应用。具体而言，OTN 设备可以部署于工业园区网络的工业园区骨干网中，用于连接园区云基础设施、园区公共服务网络和企业生产网络，此外还可通过部署 OTN 实现不同园区的互联互通以及园区与公有云 / 公共客户间的网络连接。工业 PON 部署于企业内网中，通过"一张网"覆盖企业的信息管理网络与生产网络。工业光总线定位现场控制网络，采用主站 PLC 内置光头端模组，从站伺服、I/O（输入 / 输出）设备、工业相机等内置光终端模组的方式，组建星形光网络。

千兆光网当前在制造业生产网络中率先落地应用的是数据采集类业务及现场控制类业务。典型的数据采集类业务是工业超高清自动光学质检数据回传，4 组工业相机以 30fps 的速度进行 4K 分辨率的不间断拍摄，单条产线的上行带宽达到 1200Mbit/s。通过在接入侧采用工业 ONU（光网络单元）接入工业相机，针对需要重点保障的视觉质检业务数据，采取 Type-C 双上行方式提供业务的冗余保护。对于超高清图像回传，可以提供 Gbit/s 级的上行带宽传输能力，支持小于10ms 的传输时延以及低于 0.02% 的丢包率。典型的现场控制类业务如工业 PLC、I/O 的运动控制，对固定周期性上行数据的时延、抖动要求极高（要求端到端抖动小于 1ms）。将工业 PLC 接入工业 ONU，通过确定性带宽分配机制保证超低时延与抖动，从而满足工业控制现场的数据传输需求。

三、2024 年信息网络领域发展趋势展望

随着数字经济时代的全面开启，算力、智能、通信等技术正以一种新的生产力形式，为各行各业的数字化转型注入新动能，成为经济社会高质量发展的重要驱动力。信息通信网络也从单一提供通信网络功能，逐渐向综合的信息通信基础设施转变。在传输层，400Gbit/s、800Gbit/s 高速传输技术，以及新型光纤技术等助力核心算力设施的高速互联；在 IP 层，采用 IPv6 APN 技术或通过建立算力专网服务提供算力感知的业务承载；在业务层，通过网络端到端的确定性技术，服务算力数据的调度和传输。同时，网内的算力和智能能力也在不断增强，通过网络数字孪生和网络 AI 技术的赋能，实现网络的智能预测和优化、全网状态的实时可视等，进一步提升网络的高质量服务能力。

（一）网络迈向高速全光，协同与智能助力发展

单纤容量有望进一步提升。业界正在积极探索更高的单波速率，预计 2025 年城域 800Gbit/s 标准将编制完成，开启短距传输试点应用。同时，1.6Tbit/s 的单波速率已开启应用场景和技术标准预研，预计 2025 年将完成光收发芯片等相关产品的研发。在频谱扩展方面，C 波段和 L 波段的扩展为当前的技术发展主流方向，长期来看，光传输系统的工作波长范围还将进一步拓展至 S 波段 /U 波段 /O 波段甚至全波段，但需要相关光模块、无源器件、光放大器、算法、芯片等的技术突破。空分复用（SDM）光纤、空芯光纤等新型光纤及其应用前景引发业界关注，将成为突破 Pbit/s 级别容量的可期路径，多芯少模光纤预计于 2025 年开启标准编制和试点，空芯光纤的技术成熟度提升，预计于 2025 年开启实用化验证。

光模块器件持续向高速率、集成化和低能耗方向发展。业界纷纷开展 800Gbit/s 及以上速率产品的研发，国内领先企业正逐步完成 400Gbit/s 短距传输和中长距传输的光模块用核心光电芯片的攻关突破。高速光模块相关标准加速编制，预计在 2025 年之前完成 800Gbit/s 强度调制光模块及相干收发光组件标准的编制，以及 1.6Tbit/s 强度调制光模块和相干光模块技术研究。CPO（光电合封）与 LPO（线

性驱动可插拔）均为数据中心光模块的高能效比方案，二者竞争发展，预计于 2025 年完成相关技术研究，在各自适用的应用场景中开启规模应用。

算网协同及智能化管控成为标准化热点。面向算力应用的传送网能力开放成为研究热点，数据搬运、光算协同等新的应用模式推动数据中心内部网络和传送网在协议、管控等多层面实现互通和协同，面向算网一体化调度的传送网能力开放接口标准化工作预计将于 2025 年完成。在智能化管控方面，面向智能化分析的接口标准化工作正在开展，数字孪生在传送网中的应用需求基本明确，相关功能实现方案的标准化工作持续推进中，网络运维管理大模型标准化工作启动，预计 2025 年向传送网延伸。

（二）APN6 成为"IPv6+"技术发展热点，IPv6 专网助力行业数字化转型

应用感知型 IPv6 网络（APN6）技术发展潜力和应用场景不断显现，将成为"IPv6+"技术发展热点。APN6 利用 IPv6 扩展地址报头嵌入用户 ID 和应用对网络的需求信息，有针对性地为网络提供满足 QoS 要求的信道指示，还可以包含更多的应用信息，如区分服务、分层 QoS、网络切片、确定性网络、业务功能链等。

从应用场景来看，APN6 不仅可以实现网络对应用的感知、识别，进而为不同的应用提供质量保障，同时还可通过嵌入数据流分类标志，支撑企业、行业的数据管理需求，从网络层区分企业敏感数据和一般数据，或者将 APN 标签作为数据中心反映算力要求的标志，如区分 I/O 密集型、计算密集型等应用。这些新的应用场景使得 APN6 成为标准化的潜在热点，IETF 对 APN 技术的研究涉及差异、问题、应用场景、架构、数据面、控制面等方面；中国通信标准化协会（CCSA）也已立项了 APN6 相关的 4 项研究课题，包括 APN6 基本原理、架构和业务场景等。

IPv6 专网将成为各行业重要的网络建设模式，助力行业数字化转型。IPv6 专网是基于 IPv6 基础网络，利用"IPv6+"的技术优势，为行业或大中型企业提供的专用网络基础设施，具有可靠连接、质量保证、灵活切片、智能运维和安全可

靠的特点。

基于"IPv6+"技术体系架构建设的 IPv6 行业专网,采用 SRv6 提供业务快速开通能力,通过网络切片提供"一网多平面",承载不同行业的不同业务,实现低成本、安全隔离和高质量业务差异化服务保障能力,并通过随流检测和网络数字孪生提供网络分层视图、智能定位定界和低运营成本运维能力。IPv6 专网可面向行业需求建设和开通,深度满足行业需求,为智慧政务、远程医疗、在线教育、智慧城市和金融证券等行业提供差异化服务。

IPv6 专网可以由行业或企业自行建设,也可以由基础电信企业建设,再通过提供服务的方式供行业或企业使用。后者因为是基础电信企业负责为行业或企业提供代建代维服务,能够更好地为行业或企业解决自建难和运维难的问题。IPv6 专网可以满足政务、教育、医疗、交通、金融、电力和矿山等行业数字化进程中对行业专网提出的高安全、业务隔离、应用感知、差异化服务和网络服务化等需求。

部分行业已经出现了一些 IPv6 专网建设案例,如上海电信助力浦东新区打造智慧 IPv6 教育专网,由电信运营商建设,教育行业客户可租用,在无须教育行业投资自建网络并进行长期运维的前提下,实现了末端机构网络带宽的提升,如"千兆到校,百兆到班",解决了中小学的网络质量问题;同时,在 IPv6 教育专网内实现云资源共享,保证了不同区域学校学生的教育公平性;网络新业务可以自主随需快速开通,并与外部网络实现数据安全隔离。未来 IPv6 专网将在政务、教育、医疗、铁路等领域获得广泛应用。

(三)确定性技术从单域走向多域,支撑新兴业务高质量发展

数字经济时代,产业互联网加快发展,驱动确定性需求渐增。确定性应用也从园区逐步走向广域,并提出了端到端的能力需求。端到端确定性网络涉及局域、城域/广域、有线和无线等多种技术的深度融合与组合应用。

基于不同的技术实现机制,确定性网络技术可分为分组融合类技术和 TDM

（时分多路复用）类技术，如图 4-16 所示；遵循协议分层架构涉及 L0 ～ L3 网络技术。TDM 类技术主要包括工作在 L0 的 WDM（波分多路复用）、ROADM（可重构光分插复用器）和 OXC（光交叉连接）技术、工作在 L1 的 OTN 技术、L2 的 MTN（城域传送网）和 FlexE（灵活以太网）接口技术；分组融合类技术是在原有的分组转发机制中引入 TDM 机制，实现确定性能力。最典型的技术包括工作在 L2 的 TSN（时间敏感网络）技术。同时，L3 的 IP 网络也融合或借鉴了 TSN 来开展技术创新和应用扩展，已涌现出 DetNet（确定性网络）、确定性 IP 和增强型确定性网络（EDN）等技术。L0 ～ L3 的技术协同发展构建了多层多域确定性承载技术体系。分组融合类技术和 TDM 类技术相互借鉴且不断融合，寻求资源利用率与网络性能间的平衡。

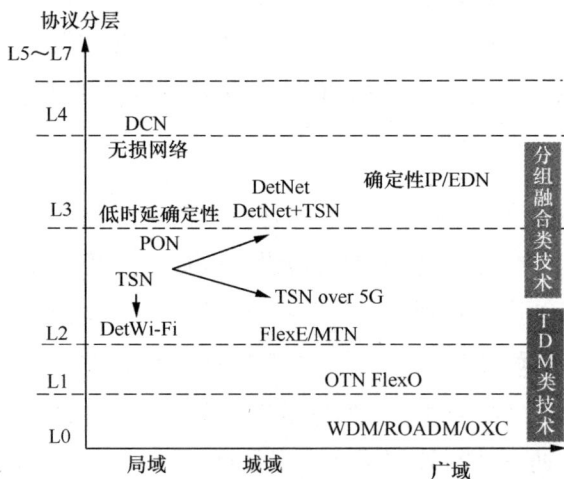

图 4-16　确定性网络技术图谱
（数据来源：中国信息通信研究院）

在产业应用方面，国家"东数西算"工程的实施和算力网络的深化应用将催生更多确定性的应用场景。通过局域、城域和广域的确定性网络技术构建端到端的带宽保障、低时延、低抖动和高可靠的确定性服务能力，提升不同行业的差异化确定性服务体验，支撑我国数字经济高质量发展。确定性网络整体也将按照重点业务确定性、单域网络确定性、大规模广域网络确定性 3 个阶段发展，如图 4-17 所示。

重点业务确定性	单域网络确定性	大规模广域网络确定性

互联网	消费互联网	消费互联网+ 工业互联网+算网协同	消费互联网升级+ 工业互联网升级+算网融合
移动网	4G	5G	5G-Advanced
	之前	当前	后续
带宽/时延 确定性	目标：带宽保障，尽力而为 关键技术：QoS、TE	目标：10ms级的时延、100μs级的 抖动 关键技术：小颗粒、离线网络演 算、周期队列优化、算网协同	目标：毫秒级的时延/几十微秒级 的抖动 关键技术：智能路径计算周期编排、 资源按需动态分配、算网融合
同步确定性 （时间）	目标：10μs级时间同步 关键技术：PTP(精确网络时间 协议)（IEEE 1588v2.1)、高精 度时钟源	目标：1μs级的时间同步 关键技术：确定性同步网、高精 度时钟源	目标：数百纳秒级的时间同步 关键技术：超高精度时钟源、 卫星共视、PTP增强
业务/网络 确定性	带宽确定性保障	带宽+同步+时延+抖动+可靠性 的确定性保障	带宽+同步+时延+抖动+可靠性+ 算力的确定性保障

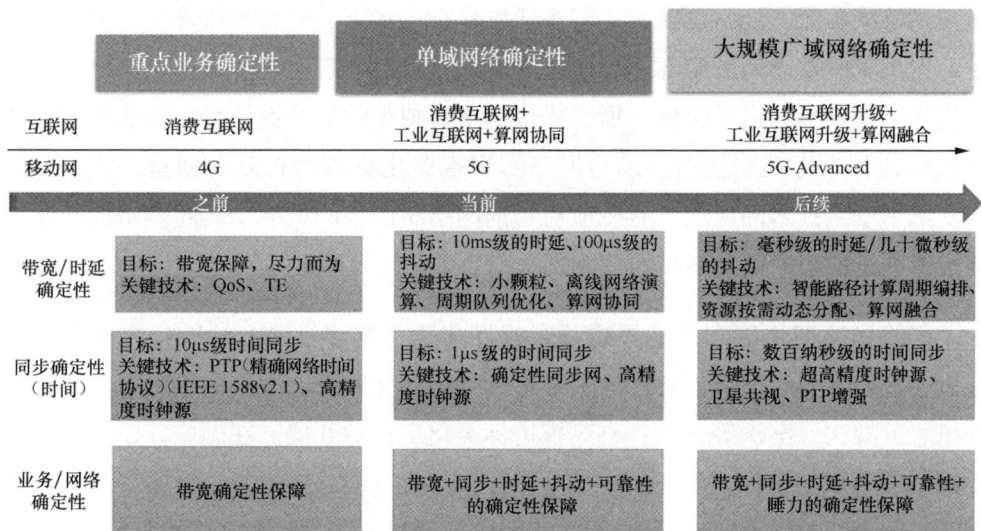

图 4-17　确定性网络阶段性发展预判

（数据来源：中国信息通信研究院）

阶段一：以 4G 和消费互联网业务为代表，网络采用尽力而为的 SLA（服务水平协议）保障机制，仅能通过 QoS 和 TE（流量工程）实现对重点业务的带宽保障，不涉及时延、抖动和可靠性的确定性保障。

阶段二：以"5G+ 垂直行业"为代表的融合应用不断涌现，确定性网络技术成为业界的关注重点。以 FlexE/MTN、TSN、DetNet、DIP/EDN 等为代表的单域网络确定性技术逐步演进发展。在确定性能力方面可提供 10ms 级的时延、100μs 级的抖动、硬隔离、可靠性的 SLA 保障。

阶段三：随着行业数字化转型的深度推进，大规模广域确定性技术将逐步实现技术和产业突破。云网融合、算力网络也将满足算力确定性的新需求。5G-Advanced 标准和技术的研究将进一步推进网络在 L2 ～ L3 的确定性融合发展。

（四）网络数字孪生从概念验证走向标准化，将加快网络智能化步伐

网络面临多重运营挑战，网络数字孪生技术提供了新的解决方案。随着 5G、物联网和云计算技术的发展以及层出不穷的网络新业务，网络负载不断增加，网

络规模持续扩大，网络发展面临管理运维复杂、优化成本高和风险大、灵活性不足、新技术研发周期长及部署难度大的难题。将数字孪生技术应用于网络中，可以构建物理网络的实时镜像，增强物理网络所缺少的系统性仿真、性能优化、完整性验证和运行控制能力，助力网络实现智能化决策和高效率创新、低成本试错。数字孪生技术的应用，有望应对当前网络所面临的挑战，提高网络的智能化运维能力，推动网络向更高的智能化水平迈进。

网络数字孪生受到产业界重视，标准化工作有序推进。标准化方面，在国际上，ITU-T、IETF、ETSI、3GPP 等国际标准化组织主要聚焦于网络数字孪生的概念、架构、案例等方面，有序推进标准化工作的开展。在国内，CCSA 已启动网络数字孪生的标准化工作。技术研究和产业方面，运营商、设备商、互联网企业、高等院校研究探索面向 5G-Advanced/6G 通信、光网络、移动通信、无线通信等领域的数字孪生技术，发布相关白皮书，构建通用数字孪生平台、网络数字孪生系统、网络仿真建模软件等。目前网络数字孪生产业链尚未成熟，产业界对网络数字孪生的探索仍多以研究类型的工作为主，处于单一领域、单一功能的Demo 验证阶段，现阶段落地难度较大；同时，由于研发成本较高，研发原动力有待加强，与其他领域相比，网络数字孪生产业链上下游推动产品化的进程相对缓慢。

网络数字孪生将加快网络的智能化步伐，成为未来网络演进的重要方向。结合网络数字孪生技术的发展现状与趋势，对其演进过程进行研判，将其分为概念验证期、标准成熟期、小规模试点应用期、深度开发和大规模应用期 4 个阶段。

概念验证期（2019—2023 年）：ITU-T、IETF、ETSI、3GPP 等国际标准化组织及国内的 CCSA 主要聚焦于网络数字孪生的概念、架构、案例等方面，有序推进标准化工作的开展。

标准成熟期（2023—2025 年）：网络数字孪生技术标准化工作将集中在关键技术、专业领域架构、应用场景、成熟度评估等方面，标准体系逐步完善，产业对数字孪生技术的发展路径趋向一致。

小规模试点应用期（2025—2028 年）：网络数字孪生技术产业链将逐渐成熟；

推进技术成熟落地，推动小规模试点应用开展，并根据标准进行产品研制与能力评测工作。

深度开发和大规模应用期（2028 年后）：网络数字孪生技术将实现产业链上下游的全部打通，协同推动未来网络全面实现数字化、智能化。运营商推动网络数字孪生在现网大规模落地，赋能各行各业。

先进计算篇

导　读

受全球经济持续低迷、消费需求降温的影响，2023 年全球先进计算相关市场仍处于结构性调整的过程中，2023 年智能手机、平板电脑和 PC 的出货量均有不同程度的下滑，半导体市场规模也出现了 4 年来的首次下降。与此同时，人工智能的驱动作用强劲，全球智能算力规模，以及人工智能加速服务器、人工智能芯片等相关产业环节产量均实现了快速增长。智能化不仅成了先进计算技术体系的创新主线，也深刻影响着产业竞争格局，产业供应链的多元化成为重要演进方向。

2023 年，先进计算领域亮点频现，本篇选取智能计算、虚拟现实、量子计算 3 个热点，分别聚焦于现阶段产业竞争的焦点、未来产业的重要构成及面向长期发展的前沿领域进行重点阐述。

在智能计算方面，5 年来全球算力结构已发生革命性变化，智能算力占比增长至 60% 以上，年均增速超 100%。大模型时代的开启进一步加速了智能计算的发展，大模型发展需要的巨量参数、海量数据等，驱动着智能计算芯片架构、互联网、开发框架和软件栈加速技术突破和迭代升级。国内外企业紧抓发展机遇，以端到端体系化布局的方式，积极推进智能计算生态的不断完善和发展壮大。

在虚拟现实方面，伴随新应用场景加速渗透生产生活各维度，基础设施、政策支持等要素相继就绪，业界持续推进大众消费级 XR 终端产品和 3D 内容生产全链条的创新突破，虚拟现实产业步入新发展阶段。经过近几年的探索和尝试，虚拟现实行业应用已逐步由展厅级、小众性向产业级、规模化升级，在赋能大众消费、行业生产、公共服务数字化发展中发挥着日益重要的作用。

在量子计算方面，全球科研攻关仍在加速，主要技术路线竞争激烈，量子比特数和量子体积等关键指标持续提升。当前量子计算的硬件性能水平距离实现大规模可容错通用量子计算还有很大差距，量子计算应用也处于原理性与可行性验证的探索阶段。整体来看，业界对量子计算发展的长期性已基本达成共识，正积极推动量子计算关键技术创新和在多行业中的应用实践，以实现技术产业稳步发展。

展望未来，先进计算领域拥有巨大的发展潜力，受经济复苏、人工智能发展带动，预计 2024—2026 年，PC、平板电脑、智能手机等市场均将逐渐恢复增长，VR/AR 等新型消费终端需求潜力开始释放，智能算力占比的持续提升也将带动人工智能服务器、基础软件和应用软件市场规模的快速增长。在此背景下，智能计算、存算一体、量子计算、光计算等计算技术的创新步伐不断加快，高速互联、存储、传感、显示、软件等迎来新一轮创新，共同推动先进计算技术产业的迭代升级。

本篇作者：

黄　伟　周　兰　王骏成　丛瑛瑛　张　乾　黄　璜　王　敬　赖俊森
王翰华　邸绍岩　王　琼　向　潇

一、2023 年先进计算领域发展情况综述

（一）先进计算市场呈现结构性调整格局

整体来看，市场处于新一轮结构性调整周期。一是随着全球经济持续低迷，终端消费需求继续降温。 在传统终端方面，受疫情防控期间 PC 需求提前释放、之后需求骤降、产品同质化、创新力不足及性能过剩等多重因素的影响，2023 年全球 PC 和平板电脑市场规模合计达 2347.9 亿美元，同比下滑 13.8%。智能手机则受市场饱和、产品创新乏力、经济下行、换机周期长等多重因素的影响，2023 年全球智能手机市场规模为 4515 亿美元，同比下滑 3.6%。在新型终端方面，2023 年全球 VR/AR 设备市场规模为 35 亿美元，同比下滑 3%，革命性产品尚未出现、应用生态不完备、消费意愿降低等是主要影响因素。**二是智能计算需求持续提升，带动人工智能服务器产业规模快速增长。** 受人工智能大模型崛起的影响，智能计算需求激增带动人工智能加速服务器、软件市场规模的增长，2023 年全球人工智能加速服务器市场规模约为 329 亿美元，增长 23.9%；2023 年全球基础软件市场规模约为 4571 亿美元，增长 14%；2023 年应用软件市场规模约为 3363 亿美元，增长 12%。人工智能大模型的崛起直接拉动了智算中心等算力基础设施的发展，间接促进了光通信设备市场和数据通信设备市场规模的增长。2023 年全球光通信设备市场规模为 172 亿美元，增长 4.5%；全球数据通信设备市场规模为 146 亿美元，增长 4%。**三是受下游需求不振及全球经济低迷、投资降温的影响，全球半导体市场规模 4 年来首次出现下降。** 终端市场的消费电子需求疲软正从消费者蔓延到企业，芯片供过于求，芯片价格不断下降，这也加速了 2023 年半导体市场规模的下滑，全球半导体市场规模约为 5259 亿美元，下降 12.3%。半导体投资随之降温，半导体设备和半导体材料市场规模同比下滑，2023 年全球半导体材料市场规模为 703 亿元，同比下滑 9.4%；全球半导体设备市场规模为 874 亿元，同比下滑 18.6%。随着新能源汽车的发展和汽车智能化水平的提

升，车载显示屏出货量的迅猛增长拉动新型显示市场规模的增长，2023 年全球新型显示市场规模为 1578 亿美元，增长 9.4%，如图 5-1 所示。

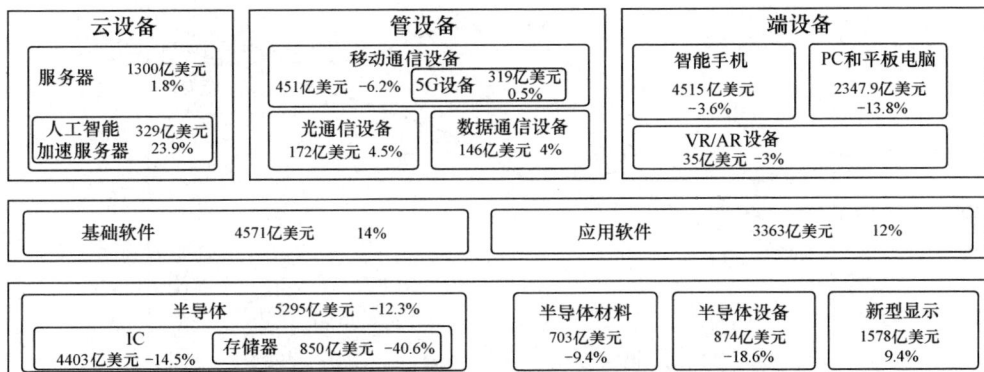

云设备	管设备	端设备
服务器 1300亿美元 1.8%	移动通信设备	智能手机 4515亿美元 -3.6%
	451亿美元 -6.2% 5G设备 319亿美元 0.5%	PC和平板电脑 2347.9亿美元 -13.8%
人工智能 329亿美元 加速服务器 23.9%	光通信设备 172亿美元 4.5% 数据通信设备 146亿美元 4%	VR/AR设备 35亿美元 -3%

基础软件 4571亿美元 14%	应用软件 3363亿美元 12%

半导体 5295亿美元 -12.3%	半导体材料 703亿美元 -9.4%	半导体设备 874亿美元 -18.6%	新型显示 1578亿美元 9.4%
IC 4403亿美元 -14.5% 存储器 850亿美元 -40.6%			

图 5-1　2023 年全球计算产业市场规模视图

（数据来源：Gartner，IDC，TechInsights，SEMI，WSTS，Omdia，Dell′Oro，Statista，Counterpoint Research，中国信息通信研究院）

（二）算力规模快速增长，智能算力占比突破 60%

全球算力规模保持高速稳定增长态势。以 AIGC（生成式人工智能）为代表的人工智能应用、大模型训练等新业务、新需求的崛起，深刻影响着全球经济社会发展，推动全球算力规模快速增长。经中国信息通信研究院测算，按计算设备出货量口径统计，2023 年全球计算设备算力规模[5] 达到 1369EFLOPS，我国计算设备算力规模为 450EFLOPS，全球占比达 1/3，增速与全球同期水平持平。预计未来 5 年全球计算设备算力规模将以超过 50% 的速度增长，到 2025 年全球计算设备算力规模将超过 3ZFLOPS，至 2030 年将超过 20ZFLOPS。全球及我国计算设备算力规模发展情况如图 5-2 所示。

5　算力规模统计为统一计算设备算力，统一换算为 FP32，包括基础算力、智能算力和超算算力，其中基础算力基于近 6 年服务器总出货量测算，智能算力基于近 6 年 AI 服务器总出货量测算，超算算力基于 Top500 超级计算机的计算能力测算。

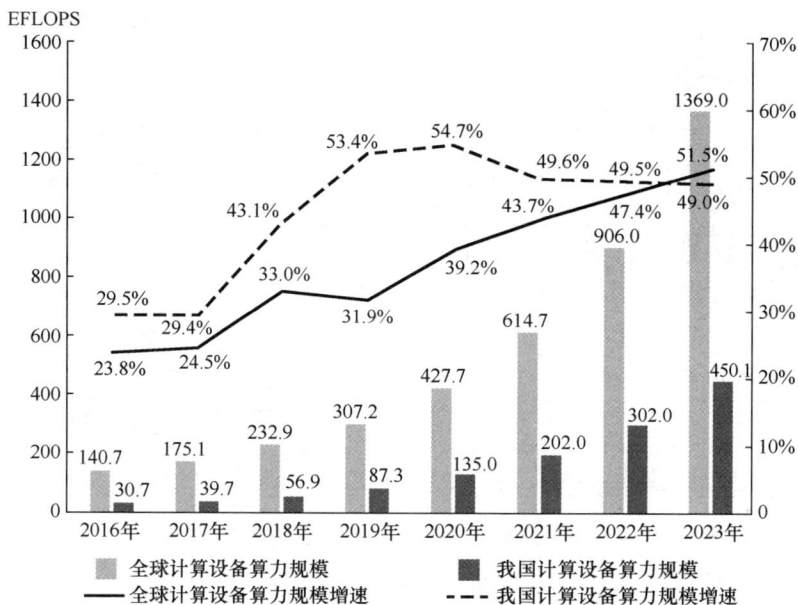

图 5-2 全球及我国计算设备算力规模发展情况

　　5 年来，全球算力结构发生革命性变化，智能算力占比由 10% 左右增长至 60% 以上，年均增速超 100%。2023 年，全球基础算力、智能算力、超算算力在总算力中的占比分别为 37%、62% 和 1%，其中智能算力占比由 2018 年的 7% 增长至 2023 年的 62%，过去 5 年平均增速达 123%，成为全球算力增长的重要驱动力。2023 年，我国基础算力、智能算力、超算算力在我国总算力中的占比分别为 34%、65% 和 1%，智能算力占比由 11% 增长至 65%，过去 5 年平均增速达 117%。近年新推出的大模型所使用的数据量和参数规模呈现指数级增长，相应所需的智能算力也保持着爆炸式增长的态势。以 GPT 大模型为例，GPT-3 大模型参数超千亿个，GPT-4 大模型参数则扩大到万亿个，训练算力需求也上升到 GPT-3 训练算力需求的数十倍，大模型在上万个英伟达 A100 芯片上也需训练近百天。

（三）智能化成为计算技术体系创新的主线

　　随着大模型的不断创新和落地应用，智能计算在加速端到端多要素体系化创新的同时，也深刻影响着通用计算和非经典计算的发展，重点体现在以下 3 个方面。

一是智能计算加速端到端多要素体系化创新。在芯片方面，人工智能芯片持续引入专用计算单元以满足多样化的人工智能计算处理需求。英伟达针对现阶段大模型 Transformer 算法对计算的需求，在英伟达 H100 芯片中通过构建专用的 Transformer 引擎，实现根据输出值的值域动态调整浮点精度，并通过支持可同时实现训练和推理计算的 FP8 数据类型，无须进行数据类型的转换即可获得与 INT8 模型推理相同的性能，进一步提升大模型的训练和推理效能。与此同时，人工智能芯片企业持续不断深化与通用计算的协同发展，英伟达推出 GH200 Grace Hopper Superchip 芯片，实现了 CPU 和 GPU 的一体化；苹果也基于先进封装技术，在 M2 Ultra 芯片中实现了 CPU 和 GPU 的内存共享。在系统方面，基于高速网络的大规模智算集群成为重点演进方向。龙头企业争相发布可实现多卡互联的高算力服务器，英伟达推出 DGX GH200 人工智能超级计算机，通过 NVLink Switch System，可实现 256 个 GH200 Grace Hopper Superchip 芯片的高速互联和大小为 144TB 的内存共享。主要云服务企业也不断提升智能算力集群的建设规模，目前已由千卡集群快速扩张到万卡集群，规模扩张速度为通用计算集群规模扩张速度的 10 余倍。

二是通用计算面向智能化发展加速创新。一方面，工艺、存储、封装等均围绕高算力应用需求持续升级。极紫外光（EUV）光刻机应用持续深入，台积电和三星相继实现 3nm 芯片量产，三星更引入了全环绕栅极（GAA）晶体管结构，现阶段台积电高性能计算代工业务的营收在总营收中的占比达 40%，三星也计划在未来 5 年内将高性能计算代工业务的营收在总营收中的占比由目前的 19% 提升至 32%。与此同时，CPU、GPU、存储 3D 共封等先进封装技术得到快速应用，如 AMD 推出的 MI300 加速芯片即通过 CPU 和 GPU 的共封实现 HBM（高带宽存储器）的统一共享。另一方面，通用计算领域相关企业积极拥抱智能化发展趋势，在通用计算技术体系中不断升级智能化处理能力。2023 年英特尔宣布 40 年来处理器架构的最大革新，通过引入 NPU（神经网络处理单元），全面拥抱 AI PC 发展浪潮；高通第三代骁龙 8（骁龙 8 Gen3）也集成了 Hexagon NPU，并通过配备独立的供电电路、增加 Hexagon NPU 矢量单元与内存间的直连通道等，全面推动智能处理效率的提升。

三是智能化成为非经典计算应用探索的方向。 在量子计算方面，量子 - 经典计算混合架构成为重要应用路径。2023 年英伟达与 Quantum Machines 合作打造了基于 GPU 加速的量子计算系统 "NVIDIA DGX Quantum"，通过英伟达 Grace Hopper 芯片、CUDA Quantum 开源编程模型、量子控制平台 OPX 的集成应用，可支持构建量子计算、经典计算相结合的应用，推动校准、控制、量子纠错和混合算法等的集成式发展。**在光计算方面**，光互连成为光电混合计算研究新热点，实现光计算模块与电芯片的有效协同，在单节点内提高算力的同时，跨机柜光网络支持高效的光网络资源池化，使得大型分布式计算系统变得前所未有的高效、灵活和节能。合封是光互连计算芯片落地应用的重点方向，台积电携手博通、英伟达等厂商共同开发硅光子技术、CPO 等，芯片制程技术从 45nm 升级到 7nm，有望在未来 3 年内实现量产。**在类脑计算方面**，向单神经元性能的提升和多神经元规模扩张的演进，以及加强对大脑运行机制的研究是类脑计算的重要发展路径。国内外正在加快类脑计算机的研发，2023 年 10 月，中科南京智能技术研究院发布自主研发的 "问天 I" 类脑计算机，该计算机模拟大脑神经网络运行，是国内目前规模最大的类脑计算机，已实现 5 亿神经元、2500 亿突触智能规模。

（四）计算芯片产业竞争加剧，供应链多元化趋势渐显

智能计算需求的爆发式增长使人工智能芯片成为产业核心关注点。为应对英伟达、英特尔、台积电等企业在人工智能芯片产业相关领域的垄断地位，产业链上下游企业积极布局打造多元化供应链体系，人工智能芯片产品的多元化和人工智能芯片产品代工的多元化成为探索的重点。

重点应用企业在加快自研人工智能芯片的同时，积极引入多厂商芯片产品。 一方面，应用企业自研人工智能芯片的步伐在加快。微软、亚马逊、谷歌等企业积极推动已有自研人工智能芯片产品的升级迭代。其中谷歌自研 TPU 芯片已历经 5 代架构升级迭代，目前已批量应用于谷歌自研 Gemma 大模型产品的训练中；微软发布了智能计算芯片 Maia 100 和通用计算芯片 Cobalt 100，助力 Azure 云基础设施的能力提升；亚马逊推出处理器芯片 Graviton 3E、支撑虚拟化的定制芯片

Nitro5、机器学习加速推理芯片 Inferentia2，基于 Inferentia2 的 Inf2 实例相较于上代 Inf1 实例而言，针对为大型 Transformer 模型分布式推理建立的实例，每瓦性能提升 45%，吞吐量提升 4 倍。与此同时，OpenAI、Meta 等企业也积极开展人工智能芯片自研。另一方面，除英伟达外，重点应用企业加快推动多厂商人工智能芯片产品的部署应用。整体来看，英伟达仍是云服务厂商保证产品高性能算力稳定、可靠供给的重要选择。但随着全球供应链博弈格局的日益复杂，主要企业也纷纷引入其他企业的芯片产品，以提升自身业务的稳健性。微软云计算服务率先采用 AMD Instinct MI300X 加速芯片，配合第 4 代 AMD EPYC 处理器，打造全新 Azure 云计算虚拟设备，在云计算和生成式人工智能领域提供更高的性能和更强的计算能力。亚马逊和 Meta 也在考虑对 AMD 推出的相应人工智能计算芯片的应用。伴随着更多企业推出的相应产品的不断成熟，智能计算体系未来的发展方向将更为多元。

人工智能芯片企业积极与多家代工企业开展合作。长期以来，台积电在人工智能芯片生产制造领域占据着领先地位，其凭借先进的工艺和封装技术成为英伟达、AMD 等众多龙头企业的首要且唯一的选择。随着对产能及生产多样性的要求，芯片设计企业积极构建多元化生产制造体系，芯片制造企业也不在断提升工艺和封装能力。英伟达与三星开展 3nm GAA 工艺和 2.5D 先进封装验证，预计 2025 年实现落地量产；AMD 计划下一代服务器的芯片将采用"双代 2 模式"，即同时采用三星的 4nm 工艺制程和台积电的 3nm 工艺制程；除台积电外，亚马逊探索采用英特尔的先进封装代工服务；英特尔计划于 2024 年和 2026 年推出的第二代 GPU 产品 Battlemage 和第三代 GPU 产品 Celestial 由台积电代工生产，分别采用台积电的 4nm 和 3nm 工艺制程。

二、2023 年先进计算领域热点分析

（一）智能计算需求强劲，产业竞争格局加速重构

1. 智能算力需求激增，千卡算力集群成为大模型训练标配

大模型时代已开启，巨量参数、海量数据成为人工智能大模型研发的基础。 以 ChatGPT 为代表的多模态人工智能大模型成为人工智能迈向通用智能的里程碑技术，2018—2023 年，OpenAI 公司先后发布 GPT-1、GPT-2、GPT-3、GPT-3.5、GPT-4 等大模型，每次迭代参数规模提升 10 倍以上，参数量实现了从亿级到万亿级的突破，模型训练数据量从 GB 级别增长到 TB 级别。同时，大模型计算能力从最初仅支持文本或图片等单一模态任务，逐渐发展为可同时支持文本、图片、语音、视频等多模态任务，目前可达到百亿参数规模、训练数据量在 TB 级别以上，已成为大部分大模型显现"涌现"能力的重要前提。

大模型算力需求增速远超摩尔定律 18 ～ 24 个月翻番的速度，芯片性能提高难以匹配算力发展需求。 2003—2023 年，智能算力需求增长百亿倍，远远超过摩尔定律提升速度。在 2012 年前，以神经概率语言模型（NPLM）为代表的模型算法的算力需求增速与摩尔定律相当，约 18 ～ 24 个月翻番，算法主要运行在 CPU 平台上；自 2012 年以来，以 AlexNet 为代表的深度学习算法不断创新，人工智能模型训练所需算力呈指数级增长，计算机视觉、自然语言处理和语音识别领域的模型训练计算量 5 ～ 7 个月翻番，在这一阶段，GPU 成为主要算力供给来源；而在 2018 年后，Transformer 大模型训练计算量"引爆"智能算力需求，以 GPT 为代表的人工智能大模型训练所需算力 4 ～ 5 个月翻番。现阶段，算力增长量与单一芯片性能间的差距逐年拉大，业界通过算力堆叠、软硬件协同技术创新等方式满足激增的大模型智能算力要求，千卡算力芯片构建的集群成为千亿参数大模型的训练标配。模型算法算力需求演进如图 5-3 所示。

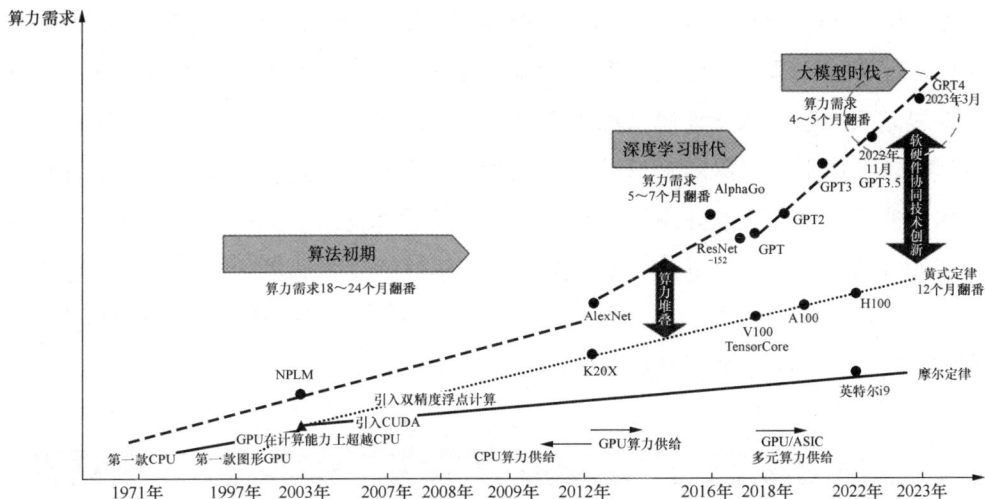

图 5-3　模型算法算力需求演进

2. 围绕芯片、软件、互联三大核心的系统化创新加速

　　大模型算法创新驱动芯片架构、互联网络、开发框架和软件栈加速实现技术突破。在芯片架构方面，支持 Transformer 算法、具备混合精度运算能力、配置大容量高带宽内存已成为人工智能芯片架构的核心发展方向，如英伟达 H100 芯片的 FP16 精度算力较 2017 年发布的英伟达 V100 芯片提升 10 余倍。在互联网络方面，强化芯片间 / 卡间、服务器间、集群间的高速互联、无损网络能力建设，以满足千卡、万卡智能算力集群的计算需求。其中芯片企业是芯片卡间互联创新的主要推动力量，如英伟达 NVLink 4 高带宽互联技术支持 GPU 间、GPU 与 Grace CPU 间的直连，带宽提升至 900GB/s；国内企业持续推进芯片卡间互联技术创新，通过多卡直连方式实现模型算法训练和分布式推理任务的效率提升。与此同时，IEEE 等国际标准组织联合芯片企业、服务器企业等积极推进 800Gbit/s 以太网技术应用，为服务器间的大规模数据传输提供可能，以满足大模型训练推理时代的大带宽通信需求。在开发框架方面，提供分布式调度、访存优化、模型并行、数据并行等能力，支持分布式大模型的高性能训练与推理已成为框架高效应用的关键。PyTorch 采用类 Python 语法降低使用门槛，动态计算图的设计思路便于其灵活调试，加快模型的训练和优化进度。开源社区 HuggingFace 数据显示，约 85% 的大模型算法使用 PyTorch 实现，是当前算法应用开发的主力产品。国内

华为昇思（MindSpore）、百度飞桨（PaddlePaddle）等开发框架针对大模型压缩、推理、部署等环节优化框架、提升性能，并提升开发者开发和精度调优效率。在软件栈方面，重点强化大模型加速库的建设，通过向用户提供易用、高效的芯片编程接口，推出针对深度学习计算、优化模型推理、加速科学计算与图形计算的专用加速库，提高开发效率，满足多样化智能计算需求。面向未来，高算力、大内存的计算芯片，支持超大规模 AI 训练的软件系统，芯粒间、芯片间、节点间的体系化高速互联，软硬件高效协同适配将成为提升智能计算整体效能的关键。芯片、软件、互联技术演进趋势如图 5-4 所示。

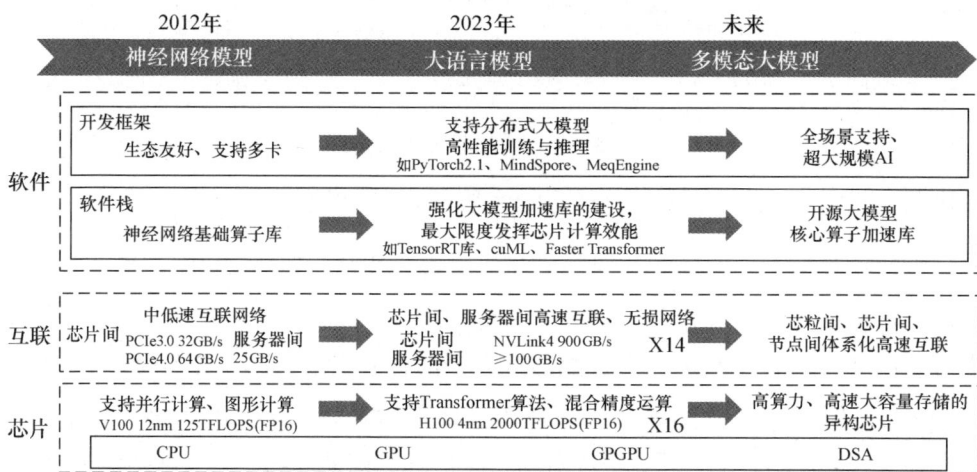

图 5-4　芯片、软件、互联技术演进趋势

3. 巨头蜂拥智能计算赛道，呈现寡头垄断与多体系并存的格局

计算芯片企业加快智能计算产品端到端体系化布局，抢占产业生态主导权。目前多家企业已初步形成"CPU+GPU+xPU"多元芯片储备及面向应用的算力解决方案，试图构建完整的产业链闭环，构筑生态壁垒。英伟达垄断地位优势明显，产品布局从产业链上游 GPU 芯片向 CPU、GPU 加速连接器、服务器整机、云平台、大模型等中下游渗透。2022 年 9 月量产的基于 Hopper GPU 架构的 H100 芯片采用台积电的 4nm 工艺制程和 Chiplet 封装技术，通过升级 Tensor Core、引入 Transformer 引擎、支持 PCIe5.0、扩增 DPX 指令等方式实现较上一代 A100 芯片运算性能 6 倍提升。英伟达凭借 Hopper 架构的多项技术创新和企业拥有的

先进制造工艺，进一步巩固了在人工智能芯片领域的领先地位。此外，英伟达依托 H100 芯片、GH200 Grace Hopper 芯片和基于 DGX SuperPOD 架构的计算集群等的硬件优势，开辟人工智能云计算服务 DGX Cloud，用户可通过云资源高效使用 AIGC 应用和大模型训练推理所需的基础算力设施和软件。英特尔和 AMD 围绕通用计算领域的既有优势，逐步向 GPU 芯片、ASIC 芯片等人工智能产品布局，结合存储互联、芯片制造和封装测试等推动产品性能的端到端优化。近年来，我国也涌现出华为、寒武纪、摩尔线程、壁仞科技等多家人工智能芯片企业，在大模型的训练、推理等多场景及多行业领域实现了产品应用，并不断提高与国内 CPU 企业、整机企业等的协同发展水平，构建体系化发展新格局。

云平台及 AI 应用企业加速向底层芯片渗透，但仅有少量自研芯片实现实际部署应用。谷歌、微软、亚马逊、百度等依托云计算优势向底层芯片渗透。微软 2023 年发布了 Maia 100 人工智能芯片和云计算 Cobalt 100 芯片，并在 Bing、Office AI、Microsoft Teams 等产品上实现探索应用，暂时未向合作伙伴和客户开放供应。国内企业也在积极推进自研芯片的研发和部署应用，如阿里云自研的用于图像处理的人工智能芯片含光 800，百度推出的用于图形类核心算法场景的昆仑芯 2（昆仑芯 2 代人工智能芯片）。但从实际应用来看，现阶段云服务企业等人工智能应用企业多数仅在有限的特定算法场景中使用自研芯片，企业对外提供的稳定、可靠的高性能智能算力服务仍以使用英伟达芯片为主。全球核心先进计算企业产品布局如图 5-5 所示。

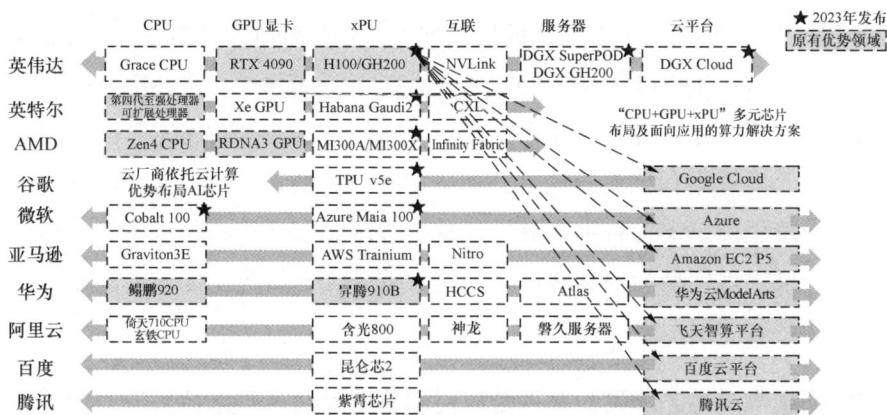

图 5-5　全球核心先进计算企业产品布局

4. 智能计算生态软硬深度绑定发展

英伟达 CUDA 生态壁垒深筑，软件工具全、应用探索深入、生态布局覆盖面广。 英伟达凭借多年来对自己推出的通用并行计算平台 CUDA（统一计算设备架构）的研发投入上百亿美元和深厚实践经验的积累，使得其在软件工具成熟度、生态布局覆盖面、应用探索布局等方面均具备优势。在软件工具层面，CUDA 作为通用并行计算平台和编程模型，自 2006 年发布至今，累计发布了 12 个大版本。CUDA 算子库的种类全面，涵盖通用计算、AI 计算等领域，其中，CUFFT（CUDA 快速傅里叶变换库）和 CUBLAS（CUBA 基本线性代数运算库）是大规模并行计算算子库的核心，开发人员在其基础上可以快速、方便地建立自己的计算应用。在生态布局层面，CUDA 的全球开发者超 400 万人，相关应用企业达 4 万家，CUDA 软件下载量超 4000 万次。在应用探索层面，全球人工智能研究论文中的英伟达芯片的使用率是其余人工智能芯片的使用率总和的 100 倍以上，主导人工智能模型、算法的创新发展；同时英伟达核心参与人工智能领域基准测试标准 MLPlerf 的训练测试，引领评测标准及工具发展。

人工智能芯片企业均构建了与自研芯片相对应的端到端软件栈。 主要企业目前基本完成了包括驱动、编译器、加速库、工具链等在内的端到端软件栈的构建，在发展思路上存在兼容英伟达 CUDA 生态和自研软件栈两大类。一方面，英特尔、AMD、沐曦、天数智芯、壁仞科技、摩尔线程等企业通过兼容 CUDA 生态，降低芯片应用门槛。如天数智芯开发的包括驱动、编译器、加速库（函数库、算子库等）、性能分析工具、设备管理工具等软件栈，兼容主流 CUDA 生态和 OpenCL 生态；沐曦自研兼容 CUDA 生态的工具链和编译器 MXMACA。另一方面，华为、寒武纪、燧原科技等企业自研的软件栈，针对特定算法应用进行优化，以实现处理效率和性能的提升。如燧原科技自研的"驭算 TopsRider"软件栈通过开放编程接口支持自定义算子开发，实现模型迁移；阿里平头哥提供的软件开发包，可实现模型的前端转换、量化、编译和运行等功能，提高模型的部署速度。

国内持续推进生态建设，跨平台应用部署仍有诸多难题待解决。 国内面向应用需求持续推动生态建设，相关芯片企业均实现了自研软件栈，重点面向部分 AI

算法自建算子库，应用开发者合计已达百万人，应用企业突破千家。现阶段，"框架＋软件栈＋硬件"端到端紧耦合、接口互不兼容的发展模式，是致使上层智能计算应用与特定系统锁定，形成国内生态"竖井式"发展格局的重要因素。因不同开发框架的编程接口、编程语言不统一，各厂家自研的 AI 芯片软件栈种类多样，使得同一算法应用需要针对特定的开发框架和芯片软件栈定制化开发，进一步提高了应用跨平台迁移的复杂度，增加了应用开发人员的开发成本，也成为业界使用异构算力面临的主要瓶颈问题。

（二）XR 终端、内容双升级，拓展 3D 虚实交互新空间

1. XR 产业迈入新一轮提速期

虚拟现实产业迎来新一轮起飞发展机遇。虚拟现实的兴起主要源于视听内容和视听体验的不断进阶、终端技术门槛的大幅降低、行业融合应用的需求增长、产业资本与政策集聚等促进因素。2016 年，第一代消费级 VR 终端面世，开启虚拟现实产业发展元年。自 2020 年起，线上娱乐、在线教育、远程协作等新型需求的刺激下，5G、云计算等信息基础设施能力升级，云 VR、5G+VR 等技术路径加速用户体验由"部分沉浸"向"深度沉浸"跃进。当前，虚拟现实产业正迎来由终端升级和 3D 内容双要素驱动的发展新阶段，在终端入口方向，苹果、三星等传统智能硬件企业巨头入局，虚拟现实终端有望迎来主导设计；在内容开发方面，消费级 3D 采集和播放设备有望实现规模化推广，3D 内容生态显现雏形；在融合应用方面，消费级应用正从游戏等传统应用场景向社交、直播、健身等新应用场景拓展，行业级应用也初步形成了一批明确的场景。总体而言，伴随新终端规模化普及渗透、3D 新视听牵引形成强需求、新技术加速渗透至生产生活各维度，基础设施、相关政策等环境要素相继储备就绪，虚拟现实产业迎来前所未有的发展契机。虚拟现实发展演进阶段如图 5-6 所示。

2. 终端里程碑产品有望开辟消费电子新蓝海

适人化终端成为智能硬件发展新航道。伴随虚拟现实终端在近眼显示（NED）、感知交互、渲染处理、网络传输等关键技术方向的演进迭代，持续提升

视听质量、自然交互水平、使用舒适度等体验指标，为用户提供适人化体验已成为虚拟现实终端的新需求和新方向。2022 年 10 月，工业和信息化部、教育部、文化和旅游部、国家广播电视总局、国家体育总局印发《虚拟现实与行业应用融合发展行动计划（2022—2026 年）》，提出发展新一代适人化虚拟现实终端的总体目标。此外，发展新型虚拟现实终端也成为 Meta、苹果、三星、谷歌、高通等智能终端巨头的战略共识。2023 年 6 月，苹果发布首款头戴式显示屏设备 Vision Pro，开创移动计算时代的 iPhone 智能手机，期望 Vision Pro 能引领空间计算时代的探索。这一里程碑产品标志着虚拟现实终端有望迎来主导设计，产业发展将迈入起飞提速的关键时窗。

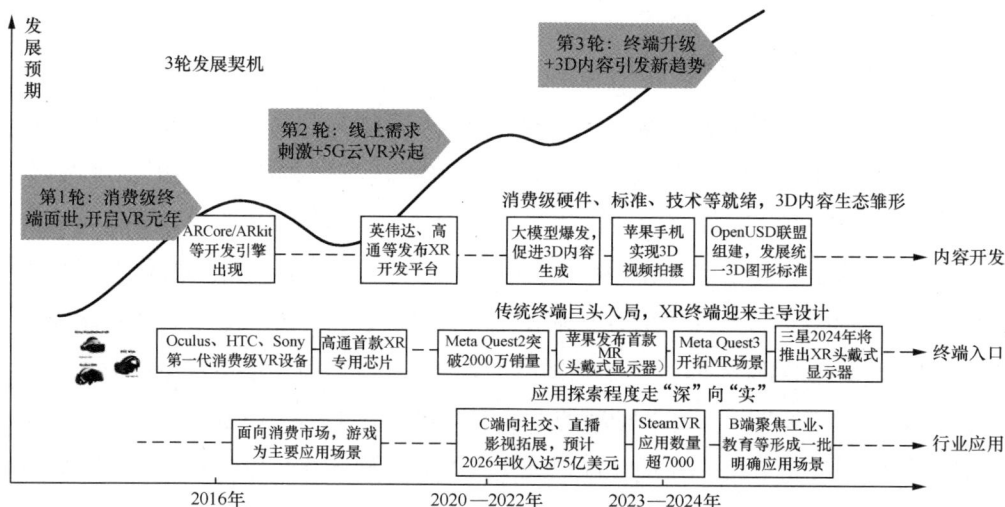

图 5-6　虚拟现实发展演进阶段

苹果引领虚拟现实终端的创新变革。在创新突破上，Vision Pro 运行着第一款集成 3D 空间计算的操作系统 visionOS，它是第一款面向大众的 3D 相机及播放终端，也是第一款无须交互外设的智能终端，实现基于裸手交互、眼追踪动与语音协同的自然交互模式。**在产品配置上**，一方面，Vision Pro 全面提升了虚拟现实终端的使用舒适性与带给用户的沉浸式体验，在近眼显示、感知交互、渲染处理等方面实现了从"能用"到"好用"的体验跨越。例如，在近眼显示模块部分，苹果采用曲面硅基 OLED 微显示屏，实现了单眼分辨率达 4K、高动态范围等画质表现，消除"纱窗效应"。在感知交互模块部分，采用 M2 与 R1 双芯片异构组合，前者承载为用户带来沉浸式视听体验,后者对 12 个摄像头、5 个传感器、6 个麦克风所采集的数据进行实时处理,强化时延控制,进而降低使用 Vision Pro 过程中的眩晕感、提高临场感。在渲染处理模块部分,结合注视点渲染、人工智能渲染等优化技术,显著减小图形计算任务负载。另一方面,从 3D 操作系统与应用开发工具链两个维度布局,强化 ARkit、RealityKit 等既有开发引擎及工具迁移,并拓展 3D 空间视频与照片等新型视听应用,培育新兴 3D 虚拟现实应用的开发者生态。苹果 Vision Pro 的代表性技术方案如图 5-7 所示。

智能终端——注重适人体验,领先现有产品至少一代

细分领域	Vision Pro技术方案	价值意义
近眼显示	曲面硅基OLED微显示屏、单眼分辨率4K、HDR、VST等	消除"纱窗效应"
感知交互	12个摄像头、空间声、眼动追踪、手势追踪等	双芯片新计算架构降低眩晕、提高临场感
渲染处理	注视点渲染、人工智能渲染	主芯片计算负载减小引入3D虚拟化身

配套应用——开拓3D沉浸式内容开发生态

细分领域	Vision Pro技术方案	价值意义
音视频	3D空间视频与照片(3D沉浸式视听)	继模拟到数字、低清晰度到超高清后的第三轮技术变革
应用程序	3D App新的开发环境与工具(SwiftUI/RealityKit/ARkit, Reality Composer Pro)	从 3D 操作系统与开发工具链方面推动既有 App 的存量迁移与培育新兴 3D 虚拟现实应用的开发者生态
操作系统	vision OS增加实时任务管理、多任务应用3D引擎、空间计算、注视点渲染等子系统	移动操作系统由2D向3D升级进化

图 5-7　苹果 Vision Pro 的代表性技术方案

3. 3D 视听有望加速普及

3D 内容产业链加速建设。长期以来,3D 内容的制作受制于专业技术门槛高、制作周期长、实现成本高等现实因素,陷入资源稀缺的发展瓶颈,实现可类比短视频的制作难度是加速 3D 内容规模普及的关键。当前,行业巨头纷纷围绕 3D 产业链环节开展布局。苹果于 2023 年初步展现其 3D 内容制作的解决方案,首次基于大众化消费级设备打通素材采集、播放、编辑、传播等 3D 内容制作链条,成为带动行业发展的风向标,有望引领 3D 视听流行的新趋势。**在播放设备方面**,前文所述的 Vision Pro,基于双目视差、空间音频等技术实现 3D 空间图片和视频的拍摄与播放。**在采集设备方面**,除 Vision Pro 外,苹果发布的 iPhone 15 Pro 系列智能手机,采用主摄像头和超广角摄像头协同记录图片和视频的深度信息,完成 3D 空间图片和视频的录制和分享,实现采集端和播放端的生态互通。**在内容编辑方面**,基于 ARkit 等开发引擎及工具,提供便捷于开发者的空间定位、3D 建模、图形渲染等能力。**在内容传播方面**,3D 空间图片和视频的编码格式可与苹果全系列设备兼容,允许不支持 3D 格式的终端设备以普通格式播放 3D 空间图片和视频,进一

步促进 3D 内容流通。此外，2023 年，苹果、英伟达、皮克斯、Adobe、Autodesk 宣布成立 OpenUSD 联盟（AOUSD），在全球范围内共同推广面向 3D 场景和环境的统一数据格式标准 OpenUSD，旨在提升 3D 工具和不同类型数据的互操作性和可移植性。

人工智能促进 3D 内容的高效生成。 当前，人工智能领军企业积极推进文生图、拟真渲染等人工智能辅助内容技术的创新，促进 3D 内容生成向更高质量、更高效率的方向优化，加速 3D 视听时代的到来。2022 年 9 月，谷歌发布文本 3D 生成模型 DreamFusion，将文生图扩散模型与神经辐射场（NeRF）技术结合，实现基于 2D 数据获取任意角度、光照条件下和任意环境中的 3D 建模，但仍存在分辨率和生成效率等方面的问题。2022 年 11 月，英伟达发布生成式人工智能技术 Magic3D，采用文生图扩散模型和 NeRF 技术实现在 40 分钟内创建具备几何纹理的 3D 网格模型，进一步降低建模门槛。2022 年 12 月，OpenAI 提出高效 3D 建模系统 Point-E，通过文本即可生成三维点云模型，在单块 V100 芯片上只需要几秒至几分钟的时间即可出图，效率高。3D 视听产业主要环节及进展如图 5-8 所示。

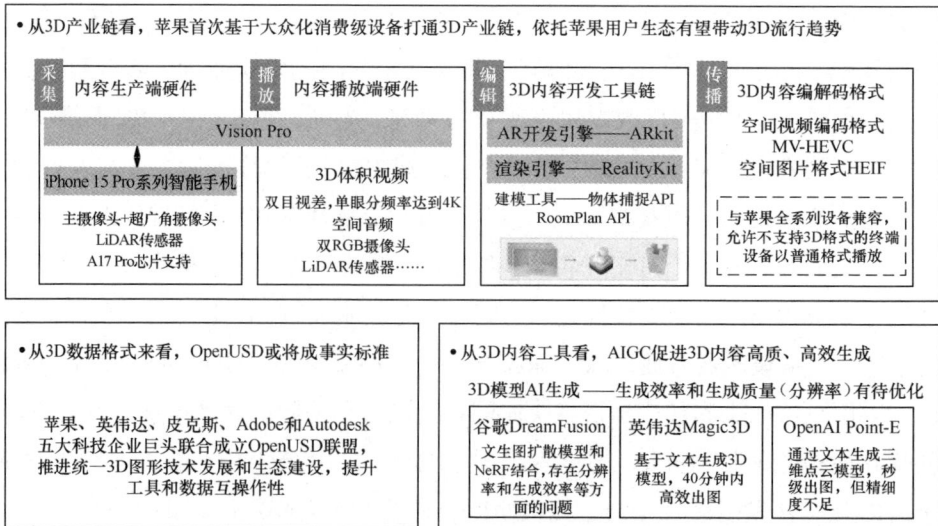

图 5-8　3D 视听产业主要环节及进展

4. 3D 沉浸式体验市场持续拓展

领军企业积极抢抓市场机遇。当前，各企业纷纷围绕 3D 内容、AR 空间计算等方向，构建多元化垂直产品矩阵和平台能力，拓展新市场空间。从重点企业布局来看，Meta 立足社交领域优势，长期布局沉浸式交互设备，于 2023 年 9 月发布新一代 Quest 3 头戴式显示器，集成高通骁龙 XR2 Gen 2 芯片，实现图形处理和计算效率的显著提升；搭载 Pancake 镜头，拓宽视野和提升画面清晰度，减少 40% 的设备厚度，提升沉浸式体验和设备佩戴舒适性；引入视频透视技术，促进数字世界与物理世界间的互动，开拓 MR 应用场景。同时，Meta 提升旗下元宇宙社交平台 Horizon Worlds 内容资源质量，并打通 Quest 3 头戴式显示器生态，持续壮大内容、应用生态。苹果面临手机、PC 等传统终端市场疲软的挑战，积极拓展下一代智能硬件，Vision Pro 作为能够运行 iPad、iPhone 上的现有应用程序，并可拍摄 3D 空间视频、创建逼真虚拟化身等的新型 3D 应用产品，深度挖掘视听娱乐、远程办公等消费场景潜力。英伟达于 2023 年 8 月宣布对旗下 Omniverse 平台进行重要升级，全面增强对 OpenUSD 的技术集成和应用拓展，实现第三方 3D 工具链和应用程序的连接使用，促进可互操作的 3D 软件生态系统的构建；此外，允许开发者利用平台原生 Audio2Face 等 AIGC 工具、Native RTX 等虚拟现实开发套件，提升空间计算等的效率和用户体验。从细分领域来看，在对 3D 沉浸式体验的需求激增的背景下，对基础设施、交互设备、内容开发工具、服务平台等技术链产业链重点环节提出新需求。在基础设施方面，虚拟现实业务面临实时渲染、高度精仿真、智能交互、协同作业所产生的环节，以及终端数据、传感器信息、沉浸式音视频等海量多维数据的运算任务，需要专用高效、灵活扩展的算力和网络基础设施作为支撑，进一步加速新型专用计算平台及"端边云网"的协同创新。在交互设备方面，承载新型人机交互功能的虚拟现实终端逐渐从以信息处理为中心向以提供适人化体验为中心演进，同步增强对空间计算等新型应用场景的支持。在内容开发工具方面，人工智能正成为内容开发工具链的重要组成部分，支持数字人、虚拟物品、虚拟环境等多元化数字内容的高效化、个性化生成，重塑内容开发模式，变革原有生产管线。代表企业的业务布局重点方向如图 5-9 所示。

	Meta	苹果	英伟达	微软	中兴
布局动向	新终端配置升级，重点扩展 MR 布局	里程碑产品，布局 3D+空间计算	推进 OpenUSD 能力和生态建设	围绕办公+云进行市场拓展	持续推进行业融合应用拓展
应用场景	社交、游戏等 2C 领域强调沉浸式体验	娱乐、办公等 2C 领域重视互动	工业元宇宙	工业元宇宙	文旅、商业等 2B 领域
典型产品	数字人、虚拟办公室（微软）等	3D 空间视频、3D 摄影、数字人等	3D 协同设计、数字人等	Mesh for Teams	AR 导览、XR 协作等
服务平台	Horizon Worlds（UGC 模式）	App Store（UGC 模式）	Omniverse 平台	AltspaceVR	XRExplore 平台
内容开发	Presence Platform	ArKit RealityKit Metal	OpenUSD 框架，AIGC	MRTK 工具包	空间计算、云渲染能力引擎
交互设备	Quest 3 头戴式显示器 显示器智能眼镜	Vision Pro		Hololens 眼镜	
基础设施	AI 研究超级集群 RSC（英伟达）	M2+R1 双芯片 visionOS	GPU+AI	Azure 云平台	5G+云网
	社交+沉浸式终端垂直并购整合	消费终端+空间计算软件+硬件+生态协同	算力基础设施 GPU+AI+USD	技术供应商业务收缩	5G+云网+空间计算拓宽行业赛道

图 5-9 代表企业的业务布局重点方向

5. 行业赋能由"虚"向"实"深入探索

虚拟现实行业应用正迈入融合共生的发展新阶段。虚拟现实作为新一代信息技术融合创新的典型领域，行业应用逐步由展厅级、小众性向产业级、规模化升级，切实赋能大众消费、行业生产、公共服务数字化发展。根据 2023 年工业和信息化部等 5 部门的虚拟现实先锋应用案例入选名单，虚拟现实沉浸式技术已广泛渗透到工业生产、文化旅游、融合媒体、教育培训、体育健康、商贸创意、演艺娱乐、安全应急、残障辅助、智慧城市十大行业中，形成了一批覆盖生活生产各领域的各具特色的应用场景和创新实践，为数字中国建设提供有力支撑。其中，教育培训、文化旅游、工业生产成为现阶段虚拟现实融合应用最为活跃的领域，合计占比超过 50%。在教育培训领域，虚拟现实融合应用已经能够覆盖基础教育和职业教育两大类别，提供实验教学、技能实训、校外实践等，释放巨大应用价值。如在基础教育中，学生们可以通过虚拟实验室进行科学实验，探索历史事件的虚拟重现，或在虚拟现实场景中进行角色扮演，这样的互动体验可以激发学生们的学习兴趣和动力，提高知识吸收能力和理解效果。在文化旅游领域，虚拟现实融合应用已经能够覆盖游前规划、游中体验、游后营销服务等全流程，提供 VR 云观景、VR 直播、AR 导游导览、AR 互动、AR 营销、数字藏品等丰富多样的应用，提升文化旅游吸引力，促进文化传播，推动旅游业的创新发展。在工业生产领域，虚拟现实融合应用已经能够覆盖研发设计、生产制造、运行管理、售后服务等全流程，提供协同设计、平台监测、AR 现场巡检、虚拟培训、远程维保、远程验货等高价值的应用场景，促进工业关键流程的数实融合，实现工业生产的提质、增效、降本。三大行业中的元宇宙融合应用典型场景如图 5-10 所示。

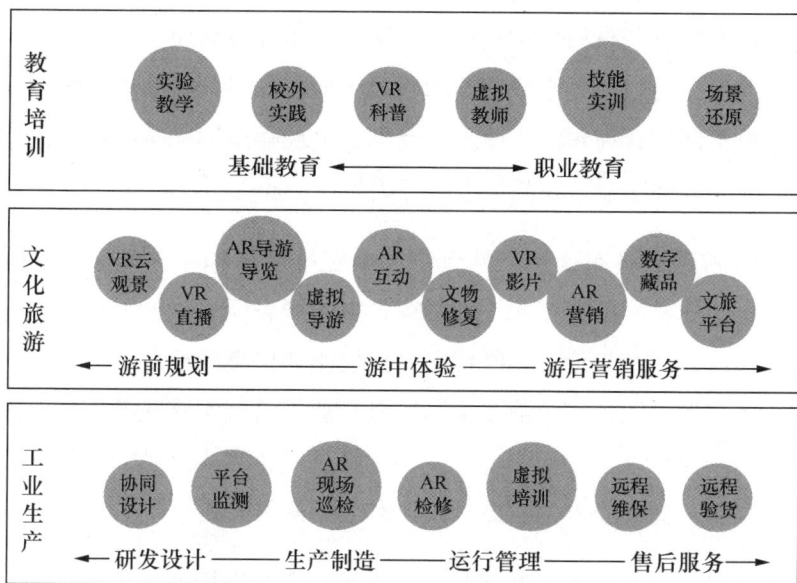

图 5-10　三大行业中的元宇宙融合应用典型场景

（三）量子计算技术创新活跃，积极探索产业应用

1. 样机研发多技术路线并行发展，关键指标不断提升

近年来，全球量子计算科研攻关加速发展，关键指标不断提升，创新成果持续涌现。量子计算硬件目前有多种技术路线，处于并行发展阶段，大致可以分为两大类，一是基于微观结构形成分立能级系统的"人造粒子"技术路线，以超导和硅半导体技术路线为代表，二是直接操控微观粒子的"天然粒子"技术路线，以离子阱、光量子和中性原子技术路线为代表。

超导技术路线具有可扩展、易操控和兼容集成电路工艺等优势，基于约瑟夫森结形成扩展二能级系统，包括电荷量子比特、通量量子比特、相位量子比特等，以及 Transmon、Xmon、Fluxonium 等构型的量子比特，受到众多科研机构、科技企业巨头和初创企业的重视。超导技术路线的比特数量、操控精度和相干时间等关键指标提升迅速且发展较为均衡，是有望率先实现量子纠错和"杀手级"应用的"种子选手"。

硅半导体技术路线具有制造和测控与兼容集成电路工艺等优势，通常利用硅同位素量子点中的电子自旋来构造量子比特，采用硅锗异质结、砷化镓和金属氧化物半导体等衬底材料。硅半导体技术路线主要得到了英特尔等传统半导体制造商的支持，由于同位素材料加工瓶颈和受到介电层噪声影响等限制，比特数量和操控精度等指标进展缓慢，在竞争中难言优势。

离子阱技术路线具有比特天然全同、操控精度高和相干时间长等优势，利用电荷与磁场间所产生的交互作用力约束带电离子，通过激光或微波进行相干操控。近年来，离子阱结构设计不断优化，发展出四极离子杆阱、刀片离子阱、芯片离子阱等新构型，囚禁离子数量不断提升。离子阱技术路线的比特天然全同特性在相干时间和保真度等方面有优势，但比特规模扩展难度大，光学测控系统复杂等技术瓶颈和工程挑战十分明显，在技术路线竞争中能否领先有待观察。

光量子技术路线具有相干时间长、室温运行和测控相对简单等优势，可利用光子的偏振、相位等自由度进行量子比特编码。根据是否支持逻辑门和量子纠错等操作，可进一步分为逻辑门型光量子计算和非逻辑门型光量子计算两类，其中逻辑门型光量子计算是未来实现通用量子计算的发展方向，而非逻辑门型光量子计算，如高斯玻色采样和相干伊辛机（CIM）等，可用于组合优化和图论问题求解等专用计算问题。未来，非逻辑门型光量子计算有望在组合优化等专用计算问题的求解中展示实用化优势，逻辑门型光量子计算则仍需突破光子间的相互作用弱、双比特量子逻辑门构建困难和大规模光子集成等技术瓶颈，才能体现出对比优势。

中性原子技术路线的相干时间和操控精度等特性与离子阱技术路线相似，在规模化扩展方面更具优势，一般利用光镊或光晶格来囚禁原子，激光激发原子里德堡态进行逻辑门操作或量子模拟演化。近年来，中性原子技术路线的研究与实验发展迅速，大有后来居上之势。中性原子技术路线有望在规模扩展和量子模拟应用等方面取得更多突破，已成为在量子计算技术路线竞争中异军突起的一匹"黑马"。

近年来量子计算主要技术路线竞争激烈，量子计算比特数（光子／原子数）和量子体积指标持续提升。超导、中性原子和离子阱技术路线是迈向通用量子计算的有力竞争者，逻辑门型光量子计算和硅半导体技术路线需要取得重大技术和工程突破才能保持竞争力。当前量子计算硬件性能水平距离实现大规模可容错通用量子计算还很远，仍需业界长期艰苦努力攻关。量子计算比特数和量子体积指标发展趋势如图 5-11 所示。

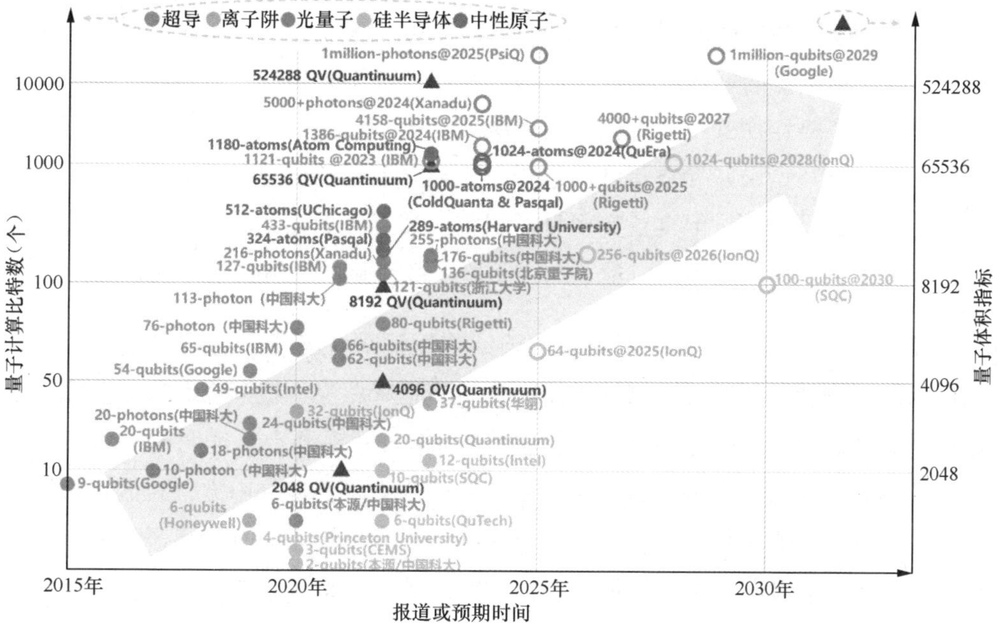

图 5-11　量子计算比特数和量子体积指标发展趋势

2. 突破量子纠错盈亏平衡点，未来需持续攻关

量子纠错是一类保护量子态信息免受环境噪声或退相干影响的技术，是进行高保真量子信息处理的重要环节，也是实现可容错通用量子计算的关键技术之一。量子纠错的原理是通过使用多个物理比特来编码一个逻辑比特，通过增加信

息编码空间的冗余度，使受到环境噪声或退相干影响的量子态可以被识别和区分，并通过量子纠错操作恢复出原始量子态。量子纠错是使量子计算具备理论可行性的底层解决方案，也是支持大规模量子逻辑门操作，实现通用量子计算的必要技术。量子态的不可克隆性、相干性及差错连续性等决定了量子纠错与经典纠错有本质差异，量子比特当前产生的错误率比经典比特产生的错误率更高，错误类型也更加广泛。自量子纠错的概念提出以来，已产生了多类基于不同思想构造的量子纠错编码方案，于 1996 年提出的稳定子码是其中极具代表性的一类，涵盖了表面码、颜色码等多种量子纠错编码方案，表面码是目前研究和实验验证的热点，主要优势在于具有高容错阈值、仅需邻近比特间作用、适用于多种技术路线等，但也存在物理比特编码冗余度较高等局限。

量子纠错的研究和实现仍颇具挑战性。首先，量子比特的操控会引入一定的错误，除非错误率低于某个阈值，否则会导致错误传播和量子纠错越纠越错。其次，量子纠错操作需要在一个周期内多次迭代进行，量子纠错编码执行也有可能产生一定的读写错误并导致错误的累积与扩散。最后，虽然少量量子比特可以验证量子纠错的可行性，但真正实现量子纠错仍需要大量量子比特的支持。由于可能存在上述一系列影响因素，量子纠错实验一度面临"越纠越错"的窘境。

突破量子纠错的盈亏平衡点，实现纠错编码规模与相干时间、错误率等性能指标的正增益，对实现逻辑量子比特具有里程碑意义，近期也取得了多项突破性进展。2023 年，谷歌报道首次越过量子纠错盈亏平衡点，证明提升量子纠错编码规模后可降低错误率，验证了量子纠错的现实可行性。南方科技大学报道以离散变量编码的逻辑量子比特突破了量子纠错盈亏平衡点，延长量子比特寿命约 16%。耶鲁大学报道利用实时量子纠错方案超越突破量子纠错盈亏平衡点，实现逻辑量子比特寿命延长一倍。

虽然突破量子纠错盈亏平衡点的实验具有重要里程碑意义，但现有量子纠错技术方案距离可容错通用量子计算的实用化要求仍有约 10 个数量级的巨大差距。主要体现在量子纠错效率、容错阈值，以及量子计算硬件的量子逻辑门保真度、可相干操控比特数等指标方面，未来基于量子纠错实现逻辑量子比特仍是需要长期研究攻关的目标。量子纠错未来发展的主要方向包括提升逻辑量子比特的可操控性，优化利用高维度量子资源实现逻辑量子比特的量子纠错编码方案；实现对特定噪声免疫的量子态调控方案，研究分布式量子纠错架构；在考虑计算资源的同时探究切合实际的量子纠错性能评价指标，实现带量子纠错的量子计算优越性等。实用化量子纠错已经成为全球量子计算业界关注和攻关突破的重点方向，未来量子纠错的验证和实现仍面临诸多挑战，有待进一步的探索和持续攻关。

3. 多行业领域广泛探索，尚未实现"杀手级"应用

当前，**基于逻辑门型量子计算处理器和各类专用机的应用案例探索在国内外广泛开展**。量子计算应用探索的主要计算问题包括量子组合优化、量子模拟、量子人工智能（QAI）和量子线性代数四大类型。随着量子计算硬件进入数百位量子比特的中等规模含噪量子处理器（NISQ）时代，基于随机线路采样和高斯玻色采样问题完成量子计算优越性的实验验证，业界普遍期待能够在量子计算硬件进入 NISQ 的阶段，实现具有实际社会经济价值的计算难题指数级加速求解和应用，为量子计算技术产业发展带来从量变到质变的飞跃。

量子组合优化使用量子算法在大量可能方案中以更高的效率和准确性找到最佳方案，被认为是当前有可能率先实现应用突破的方向之一。2023 年，Terra Quantum 和 THALES 使用混合量子计算优化卫星任务规划，展示了提升卫星运行效能的潜力。NVIDIA、Rolls-Royce 和 Classiq 合作尝试将量子计算用于喷气发动机流体动力学计算以提升效率。Amerijet International 和 Quantum-South 宣布利用量子计算实现飞机物流装载优化，提高货物装载率和航班收入。中国移动分别与玻色量子科技和本源量子计算科技合作完成基于专用和通用量子计算真机的移动通信网络优化算法实验，验证了算法加速潜力与应用场景可行性。

量子模拟运用人工可控的量子系统模拟另外一个量子系统的性质和演化规律，应用范围涵盖能源、制药、化工和生命科学等多个领域。2023 年，IBM 报道在 127 位 Eagle 超导量子处理器上基于误差缓解技术和量子伊辛模型，在无须量子纠错的情况下实现对磁性材料简化模型的自旋动态和磁化特性模拟。德国尤里希研究中心利用量子计算机解决蛋白质折叠难题，提升寻找最低能量结构的成功率。牛津大学实现基于网格的量子计算机化学模拟，探索基态准备、能量估计

和电离动力学等方面的问题。IBM 和克利夫兰医学中心合作，推出了医疗保健用量子计算机，加速生物医学领域的量子计算应用研究。

量子人工智能将量子计算与人工智能相结合，旨在利用量子计算特性提升解决某些计算难题的效率，有望在机器学习、自动驾驶和机器视觉等应用领域发挥作用。2023 年，谷歌联合团队报道在超分子复合物的动力学模拟中引入量子机器学习算法，揭示复杂物理系统中的原子相互作用，从而加速量子化学的科学研究。J.P.Morgan 和 QC Ware 联合开展使用量子深度学习的对冲金融风险研究，可更有效地训练预测模型。Zapata 等公司发布的共同研究表明混合量子生成人工智能的小分子比经典方案具有更理想的特性。

量子线性代数包含多种量子技术和方法，可用于因式分解和采样搜索等计算难题，应用场景覆盖密码分析、数据挖掘、网络搜索等领域。2023 年，中国科学技术大学报道基于 113 光子 144 模式的"九章二号"光量子计算原型机完成"稠密子图""Max-Haf"两类图论问题的求解，实验证明了高斯玻色采样带来的搜索算法加速。美国纽约大学提出了可大幅减少量子逻辑门数或运行次数的超大规模因式分解量子算法方案，分解 n bit 质因数仅需 $\tilde{O}\left(n^{\frac{3}{2}}\right)$ 个逻辑门和运行次 $\sqrt{n}$ +4 次。

需要说明的是，量子计算尚未在实用化问题中展现出有现实意义的量子计算优越性。虽然近年来各类量子计算应用案例和成果层出不穷，颇有"乱花渐欲迷人眼"之势，但据同行评议的公开发表论文成果来看，大多数论文属于算法原理和应用可行性的验证性研究，部分算法应用取得了一定的加速优势，但与业界期待的指数级加速和算力飞跃相去甚远。究其原因，主要在于 NISQ 平台的相干操控比特数、逻辑门保真度和电路深度等硬件性能仍极为有限，难以支撑有明确加速优势的算法实施。尽管算法和应用的研究可以为量子计算的发展提供指导和动力，但提升硬件能力仍是实现这些应用的前提。

量子计算领域要实现真正的"杀手级"应用，需要同时满足以下 3 项要求，一是可证明超越经典计算的量子计算优越性；二是具备实用性，即实现社会经济价值；三是能在现有 NISQ 处理器上运行。根据现有公开信息可以审慎地认为，量子计算应用仍处于原理性与可行性验证的探索阶段，尚无实质性突破和里程碑式进展，"杀手级"应用尚未实现。以超导路线为例，未来 3 ~ 5 年，在实现数百物理量子比特操控和大于 99.9% 的双比特门保真度的前提下，在量子组合优化、化学模拟等领域的空间维度小、运算精度低的场景中，有望产生具有实用价值的加速优势。量子计算发展演进阶段如图 5-12 所示。

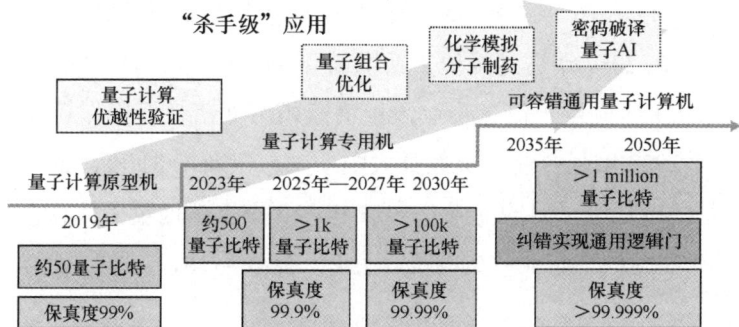

图 5-12　量子计算发展演进阶段

4. 投融资数量、金额均大幅回落，企业增速放缓

量子信息企业数量、分布和投融资情况，是观察量子信息技术产业发展态势的重要视角。针对全球量子信息相关企业数量及投融资情况进行的调研统计分析（依据互联网公开信息）发现，近 10 年来，量子计算企业数量和市场投融资规模经历了一轮爆发式增长。自 2023 年以来，量子计算初创企业获得的投融资数量和金额开始大幅回落，企业数量增速也大幅放缓，如图 5-13 所示。

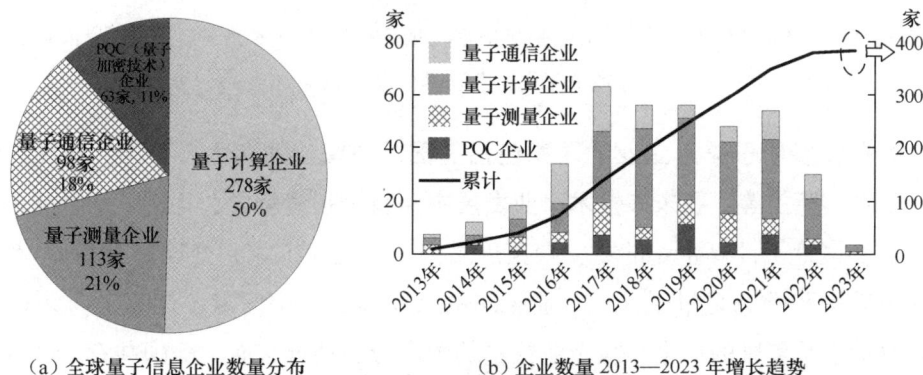

（a）全球量子信息企业数量分布　　　　（b）企业数量 2013—2023 年增长趋势

图 5-13　全球量子信息企业数量分布及企业数量 2013—2023 年增长趋势

（数据来源：互联网公开信息）

2013—2023 年，量子计算初创企业数量已经历了一轮爆发式增长，量子计

算是创新创业热点，近两年来量子计算初创企业数量增长速度明显放缓。截至 2023 年 9 月，全球量子计算、量子通信、量子测量和 PQC 四大领域的相关科技企业、初创企业、供应链企业和行业应用企业等共 552 家，其中量子计算企业共有 278 家，占比超过 50%，量子计算是全球量子信息技术产业竞争的重点领域，如图 5-14 所示。在 2016 年之前，量子信息企业数量呈缓慢增长态势，自 2016 年开始迅速增长，在 2017 年达到峰值，新增 63 家初创企业，其中有 27 家量子计算企业。2018—2021 年，量子信息企业数量增速稍有回落，但仍保持高位，每年新增 50 余家，自 2022 年起企业增长数量大幅减少，仅新增 31 家，量子计算仍然是行业热点，新增 17 家量子计算企业。2023 年前 3 季度新增量子信息企业数量仅为 3 家，虽然对当年新成立企业数量的统计会有一定滞后性，但增长趋势不及往年已基本明确。

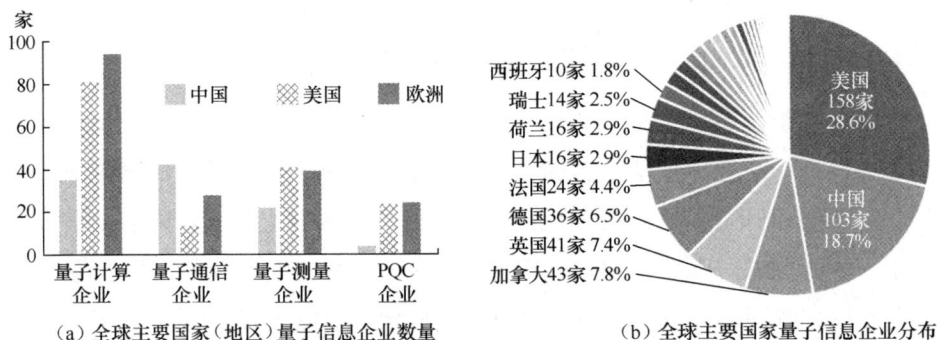

图 5-14　全球主要国家（地区）量子信息企业数量及全球主要国家量子信息企业分布情况
（数据来源：互联网公开信息）

拥有较多量子信息企业的国家包括美国、中国、加拿大、英国、德国、法国、日本、荷兰等，在未来技术产业发展中拥有较强竞争力。从量子信息的不同领域来看，量子计算企业的欧美聚集度最高，共有 175 家，全球占比超过 60%，反映出美国和欧洲是量子计算产业生态的活跃地区，中国量子计算企业共有 35 家，数量不及美国的一半。从企业数量的国家分布情况来看，美国共有 158 家量子信息企业，全球占比超过 1/4。其中，谷歌、IBM、英特尔等科技企业已成为量子计算领域的业界标杆，IonQ、Quantinuum、PsiQ、AOSense 等初创企业创新驱动能力突出，在量子信息技术产业中拥有较为明显的先发优势。中国量子信息企业共有 103 家，但在科技企业资金投入、推动科技创新发展力度，供应链企业支撑保障能力，以及初创企业创新成果等方面与全球领先水平相比还有一定差距。

自 2023 年以来，量子信息初创企业获得的投融资数量和规模开始出现一定程度的回落。从投融资数量看，自 2017 年起，企业投融资数量开始出现明显增长，与企业数量的爆发式增长的时间趋势吻合。大量初创企业获得了政府的赠予投资（Grant）和不同轮次的股权融资等风险投资。美国能源部、美国国家科学基金会和美国国防部等政府部门的合同类赠与投资占比较高，从 2018 年开始，每年都有约 20 笔赠予投资，在全部投融资数量中的占比为 20% 左右。在风险投资中，种子轮和 A 轮占比最高，合计每年约占整体投融资数量的 40%～50%，孵化器（Incubator）数量也在逐渐增加。可以看出，资本市场对量子信息领域的关注度持续提升，但大多数企业仍处于早期投资阶段。从投融资规模看，2019—2023 年资本市场对量子信息领域企业的投资同样经历了一轮爆发式增长，2021 年和 2022 年的投资规模均超过了 20 亿美元量级，超过了过去 10 年的投资规模总和。全球量子信息领域企业投融资数量与规模 2013—2023 年度变化趋势如图 5-15 所示。

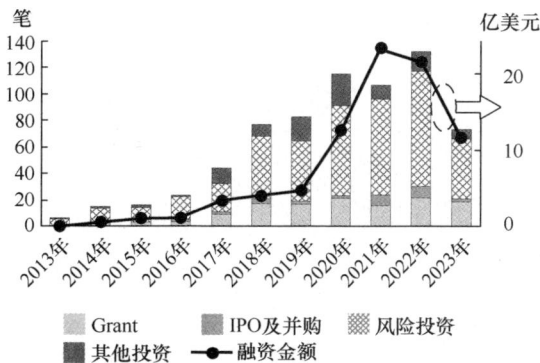

图 5-15　全球量子信息领域企业投融资数量与规模 2013—2023 年度变化趋势
（数据来源：依据互联网公开信息，Grant 为赠与投资，风险投资包含不同轮次融资，其他投资包含战略投资和贷款等）

出现上述发展趋势背后的可能原因主要在于机构的投资热情和投资信心出现了问题。具体体现在以下 4 个方面，一是受通货膨胀、美联储加息和经济衰退阴霾影响，全球范围内资金避险需求增加，VC 市场进入了调整期；二是多家量子计算上市公司在 2022 年均表现不及预期，市场投资回报极大程度地打击了投资机构的信心；三是实用型量子计算机的实现还需要数年时间，较长周期的投资模式压缩了参与机构的范围；四是 2022 年，全球范围内新增量子计算公司数量出现了下滑，没有更多的融资主体出现在市场上。

三、2024 年先进计算领域发展趋势展望

（一）先进计算相关市场规模保持较快增长

受经济复苏、人工智能发展带动，未来 3 年全球先进计算相关市场将恢复快速发展态势。**一是传统消费终端需求逐渐复苏。**2026 年，全球 PC 和平板电脑合计市场规模预计达到 2728 亿美元，预计 2024—2026 年平均增长 5.1%；全球智能手机市场规模预计可达到 5373 亿美元，预计 2024—2026 年平均增长 6.0%。**二是新型消费终端需求逐渐旺盛。**2026 年，全球 VR/AR 设备市场规模预计达到 109 亿美元，预计 2024—2026 年平均增长 46.0%，苹果等新企业入局及产业技术更新迭代的加快等成为促进新型消费终端市场发展的重要因素。**三是智能算力规模呈倍增态势。**2026 年，全球计算设备基础算力规模预计达到 830EFLOPS，年均增速达 17.0%，保持稳定增长态势；智能算力受 AI 需求增长的影响将呈现倍增态势，预计到 2026 年全球计算设备智能算力规模将达到 4200EFLPOS，年均增速达 70.0%。加速服务器受此影响市场规模也将呈现快速增长势头，2026 年全球加速服务器市场规模将达到 545 亿美元，年均增速达 20.0%。**四是人工智能软件市场规模快速增长。**2026 年全球基础软件市场规模将达到 6761 亿美元，2024—2026 年平均增长 13.9%；2026 年应用软件市场规模将达到 5066 亿美元，2024—2026 年平均增长 14.6%，其中人工智能软件市场规模预计突破 2000 亿美元，增幅达 33.0%，成为软件市场规模增长最主要的拉动力。**五是半导体行业步入上行周期，实现增资扩产。**随着存储器等下游芯片行业进入新一轮上升周期，半导体行业步入上行周期，整个半导体市场回暖。2026 年预计全球半导体市场规模将达到 7629 亿美元，年均增速达 13.2%。受增资扩产影响，半导体设备和半导体材料市场规模增长显著，预计 2026 年全球半导体设备市场规模将达到 1200 亿美元，年均增速达 11.0%。全球计算相关产业规模展望如图 5-16 所示。

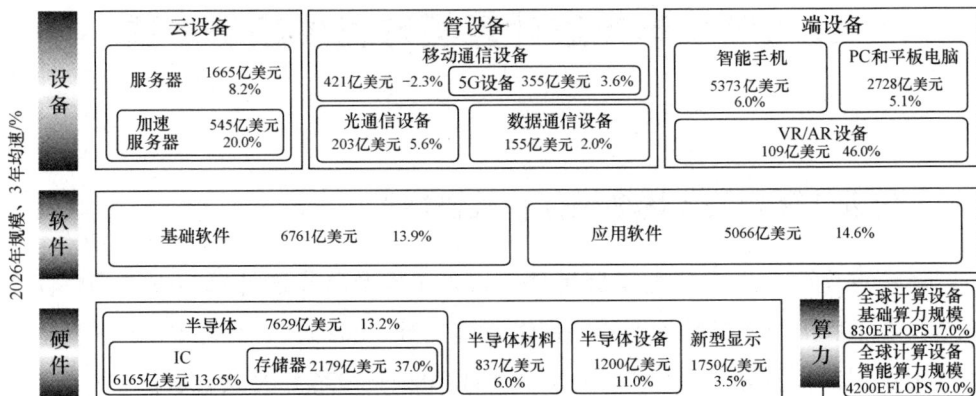

图 5-16　全球计算相关产业规模展望规模

（数据来源：Gartner、IC Insights、IDC、SEMI、WSTS、Omdia、Statista、Counterpoint、中国信息通信研究院）

（二）通过系统创新满足智能计算发展需求

计算产业由原来以单芯片算力提升为主的发展思路，转换为面向智能计算的集群化系统级创新。长期以来，集成电路工艺升级都是计算性能提升的核心驱动力之一，工艺升级使得在相同芯片面积下处理器芯片能够集成更多计算单元，计算能力得到相应的提升。然而，由于晶体管物理尺寸微缩濒临极限，在单芯片的密度、性能和功耗方面的优化效果不再显著。与此同时，人工智能技术应用却导致了算力需求的大幅提升，在量子计算等前沿技术尚未能得到规模化应用的情况下，系统架构创新的重要性愈发凸显，成了满足智能计算需求的关键手段。

一方面，集成电路工艺升级仍将驱动计算技术演进。根据比利时微电子研究中心（IMEC）展示的技术路线图，随着工艺节点持续缩小，晶体管栅长、首层金属间距等指标的提升幅度将逐渐减小，但是集成电路工艺仍将持续升级。在芯片工艺制程进入 2nm 工艺节点级别后，国际头部芯片制造企业已经不约而同地选择全环绕栅极晶体管（GAAFET）作为新一代集成电路制造的核心技术。而对于未来的 1nm 以下工艺节点，叉型晶体管可能成为新的主流晶体管结构，通过增加介电墙提升有效沟道密度。在 2030 年后，集成电路工艺可能进入 0.5nm 时代，垂直堆叠晶体管技术将成为研究的热点，通过将 N 型垂直晶体管和 P 型垂直晶体管叠放，减小器件间隔，将成为进一步提升晶体管密度的关键方案。与此同时，由于工艺节点尺寸的微缩，供电线和信号线的布线难度加大，背面供电技术将成为提升空间利用率、降低布线复杂度的关键，可能将被 2nm 以下的工艺节点使用。

另一方面，系统创新将推动计算、存储、互联融合，有效解决存储墙、通信墙难题。 在人工智能等 I/O 密集型计算场景中，频繁进行大量数据读取是阻碍算力发挥优势的关键瓶颈，成为亟须解决的计算技术关键问题。在封装层面，2.5D 封装技术和 3D 封装技术相继得到应用，通过将不同芯粒封装在一起，缩短核心之间的距离，加强协同能力。在芯片设计层面，将 CPU 和加速器共封装后共享 HBM 内存将解决数据共享问题。在互联层面，缓存一致性互联技术已得到应用，未来可能出现基于内存共享的机架内互联网络，解决跨服务器的数据共享问题。在软件层面，面向人工智能的编程语言成为近年的创新热点，降低了人工智能模型的编程复杂性。内存池化也成为集群内数据共享协同的关键手段，未来将进一步向全局资源池化和分布式内存共享的方向发展。在计算架构层面，以 CPU 为中心仍是当前异构计算的重点，但在未来，随着 CPU 与加速器芯片的集成，CPU 与加速器之间的对等范式可能成为新的异构计算架构。在计算系统层面，在大模型应用需求的拉动下，短期内大模型一体机将成为创新重点，长期来看，算力的提升仍是计算机系统演进的核心方向，未来可能会出现性能达到 10E 级、100E 级乃至 Z 级的高性能计算机。

（三）存算一体进程加速，积极进行光计算应用探索，量子计算持续创新

忆阻器存算一体芯片取得突破，未来 5 年在 AIoT 和大算力领域将取得快速增长。在技术方面， 忆阻器存算一体芯片取得突破。2023 年，我国清华大学基于存算一体计算范式，研制出全系统集成并支持高效片上学习的忆阻器（ReRAM）存算一体芯片，实现了机器学习在硬件端的直接完成，给存算一体芯片的应用提出了更多发展方向。忆阻器存算一体芯片具有非易失性、读写速度快、稳定性强、功耗低、兼容 CMOS 工艺等优势，更适用于存算一体 AI 大算力场景。在 AI

大模型浪潮下，美光科技或将重新开展 PCM 存算一体芯片相关研发，PCM 容量比 DRAM 容量更大，读写速度快于 Flash，有望在云端获得更多应用。到 2026 年，多种 NVM（非易失性存储器）将应用于存算一体芯片，存算一体专用集成工艺将出现。到 2030 年，3D 芯片堆叠工艺将应用于存算一体芯片设计制造。**在产业和应用方面**，2023 年，低功耗存算一体（SoC）芯片已在降噪耳机、健康监测终端、低精度视觉识别终端等终端嵌入式领域取得规模应用，预计未来 5 年将在多领域实现快速增长。到 2026 年，存算一体将切入大算力领域，并逐步作为加速器在人工智能模型训练推理领域取得应用突破，相关企业已围绕该方向积极布局，如亿铸科技自研的存算一体 AI 大算力芯片计划在 75W ～ 100W 的功耗范围内实现近 P 级的算力性能，后摩智能则推动相关芯片在无人车边缘端及云端推理等场景中的应用。到 2030 年，通用存算一体人工智能芯片实现规模商用，存算一体计算系统出现。

光计算重点布局光互连技术，未来 3 年逐步探索金融和电力市场，未来 5 年有望进入车载智能计算和移动互联网市场。在技术方面，光互连成为光电混合计算研究新热点，通过 2.5D/3D 光电合封，光互连技术叠加芯粒互连技术可进一步提升设备性能。预计到 2026 年，光计算将具备实现经典人工智能专用算法的能力；到 2030 年，随着技术的成熟和产业生态日益丰富，光电混合高速大带宽人工智能计算将主要在推理侧开展应用。**在产业和应用方面**，面向人工智能、数据中心等场景，通过与经典算力混合，提供人工智能加速能力成为光计算应用的重要探索方向之一，2023 年，光子算数已推出可面向人工智能、图形渲染、高性能计算等领域的光电混合 GPU 加速芯片。但整体而言，光计算处于早期应用探索阶段。预计到 2025 年，光计算将在金融和能源电力领域的云端推理计算场景中展开应用；到 2030 年，随着光电器件的小型化和软硬件生态的协同发展，光计算将开始切入车载智能计算、移动互联网等高需求、低功耗大众市场。

超导技术路线与离子阱技术路线仍处领先地位，规模化扩展仍面临技术挑战，通用量子计算和专用量子计算路线分离。在技术方面，到 2026 年，超导技术路线量子比特的数目将超过 4000 位；离子阱技术路线将实现超过 1000 位的全连接量子比特，实现广泛的量子优势；光量子计算将实现超过 300 位的逻辑光量子比特。到 2030 年，将实现百万位的超导容错量子计算机。**在产业和应用方面**，通用量子计算和专用量子计算路线分离，部分企业不再以实现通用量子计算为最终目标。基于量子退火（QA）、相干伊辛机等非通用量子计算技术尽管无法实现指数级的加速，但在部分应用场景中也可以实现平方级的加速优势，且应用落地速度更快，成为包括 D-Wave、玻色量子科技等多家企业的选择。"量子 + 经典"算力设施将成为量子计算的重要应用路径，国内已建成量子人工智能计算中心——太湖量子智算中心，将围绕算力基建设施、"量子 + 经典"混合基础硬件、量子智算软件框架、量子人工智能开发平台等持续发力。整体来看，预计到 2026 年，对相干伊辛机等多种专用量子计算机的应用持续推进，量子计算在算力基础设施领域的应用不断深化。到 2030 年，量子计算关键应用出现并取得规模应用。

总体而言，以存算一体、光计算、量子计算为代表的前沿计算领域整体处于应用试点阶段和商业化前期，2030 年有望出现关键应用。未来 5 ～ 10 年将是前沿计算领域发展的关键阶段，实验室研究和应用探索双线"并举"，科研企业将把更多精力放在应用探索和与经典计算融合方面，更多算力优势将被发掘，更多应用场景将不断下沉到更多领域。

（四）高速互联成为构建大算力集群的重要基础

芯粒间、芯片间、机柜间的高速互联，是打破通信墙、解决存储墙问题的重要创新方向。 在以人工智能为代表的 I/O 密集型计算场景下，需频繁进行大量数据的读取，远超出目前单个芯片、板卡或服务器的数据存储能力，互联速率不够高的问题已成为阻碍算力高效应用的关键瓶颈问题，高速互联技术已经成为全球计算产业的创新热点。对于芯粒间的互联，企业通过组建联盟等方式深化互联创新，如英特尔联合 AMD、ARM 等厂商组建的通用芯粒互联标准联盟（UCIe），持续推动芯片内的小芯粒间互联标准的完善。未来更多、更复杂的外部总线功能、特性也将通过芯粒之间的互联实现。

对于芯片间的互联，PCIe 总线标准持续演进，已经推出第 6 代标准（PCIe 6.0），在提升信道带宽、降低时延方面取得了进一步的突破，基于 PCIe 6.0 可实现 16 通道单向理论数据传输速度达到 128GB/s。

对于整机间的互联，网络互联技术预计仍将在设备间的互联场景中长期占据主流，但跨服务器的芯片间互联，也在模糊整机间的互联与芯片间的互联之间的界线，如 GPU 直连技术可实现直接跨服务器的内存读取加速，成为互联技术的重要演进方向。

对于机柜间的互联，一是互联协议的创新。AMD、英特尔、思科、微软等公司推动成立超以太网联盟（UEC），旨在调整以太网以提高服务器间的互联速率和机架间的互联速率，可能在未来侵蚀 InfiniBand（无限宽带）技术在高性能计算领域的市场；以太网技术自身也将持续演进，800GE 和 1.6TE 网络技术将逐渐得到应用。二是互联芯片的创新。数据处理单元（DPU）等专用网络加速器硬件不断深化落地应用，长期来看，有望成为高性能计算机集群的重要组成部分。此外，硅基光电子技术已经在 400G 数据中心网络中得到规模应用，进一步降低了交换时延，提高了数据传输速率。

（五）新材料提升存储性能，全面堆叠提升存储密度

通过引入材料提纯、金属诱导结晶等技术，不断提升导电特性，助力 3D NAND Flash 实现 300 层以上的堆叠层数。一方面，近年来，3D NAND Flash 单元堆叠层数始终呈指数级上升趋势，2023 年三星、美光等厂商已经先后量产 230 层以上的 3D NAND Flash 产品，其中多家公司在其产品中使用镍吸杂技术，用于消除硅材料中的杂质和缺陷，提高单元阵列性能，镍吸杂技术相较于其他传统工艺，降低了 40% 以上的读取噪声，沟道电导率提升 10 倍。未来，金属诱导结晶等技术将得以应用，该技术将在存储器内部形成 14 微米长的垂直单晶硅空心通道，有助于 3D NAND Flash 的堆叠层数向 300 层进军。另一方面，3D NAND Flash 单元存储密度仍在不断提升，当前，三星等头部厂商已经由采用 TLC（三层单元）架构转换为采用 QLC（四层单元）架构，代表着每个单元可存储的比特数由 3 个提升为 4 个，存储密度提升 33%，与此同时，使每个单元可同时存储 5 个比特和 6 个比特的 PLC 和 HLC 技术也在研发中，预计 3 ～ 5 年相关产品可实现规模量产。

通过引入高介电（High-k）材料、研发节电技术等进一步提升 DRAM 单元密

度并降低功耗，在未来 3 年内将引入 3D 堆叠技术。在工艺方面，国际领先厂商先后推出使用 1β 制程节点技术的 DRAM 产品——1β DDR5 DRAM，美光通过引入 JEDEC 增强型动态电压和频率调节扩展核心（eDVFSC）技术和 LPDDR5X，使得其最新产品相比上一代产品节能 10% 以上；三星通过引入新的高介电材料，并进一步改进关键电路的专利设计技术，结合多层极紫外（EUV）光刻技术，使得存储密度提升 35% 以上、晶圆生产率提高 20% 以上、功耗相比上一代产品降低 23%；SK 海力士采用了高介电金属栅（HKMG）制程技术，相较第四代采用 10nm 等级的 1α 制程节点技术的产品，产品功耗降低了 20%。在单元排列方面，随着 DRAM 工艺迈入 10nm 阶段，未来其存储单元的进一步缩小将带来工艺难度提升和如何保证产品可靠性的双重挑战，随着闪存领域通过引入 3D NAND 技术取得了关键性的创新，DRAM 领域也有望通过引入垂直堆叠存储单元结构进一步提升芯片存储密度。目前，多家公司已经启动 3D DRAM 的研究工作，其中，韩国三星、SK 海力士等厂商计划于 2024 年披露其 3D DRAM 预研产品的电气特性等相关细节，美光在 2019 年即启动了 3D DRAM 相关技术的研发工作，已获得 30 多项技术专利，后续也将加快 3D DRAM 商业化进程。美国 NEO 公司则针对 3D DRAM 结构的升级提出一种全新的解决方案，采用基于无电容器浮体单元（FBC）技术的类 3D NAND DRAM 单元阵列结构，可实现单片芯片 230 层堆叠、容量达到 128GB，是目前主流 2D DRAM 芯片存储密度的 8 倍。

（六）MEMS、CMOS 传感器引领工艺升级与系统创新

12 英寸（1 英寸 ≈ 2.54 厘米）晶圆促进 MEMS 传感器的降本增效，面向多种功能和产品推进封装技术的应用，实现传感器的微型化、成本降低和性能提升。全球 MEMS 传感器市场规模增速放缓，未来 5 年的市场规模增速预期仅为 5.6%，到 2030 年，全球 MEMS 传感器市场规模将达到 210 亿美元，其中车载传感器和军事国防领域的市场规模增速超 7%，高于平均水平。MEMS 传感器围绕材料、工艺和系统开展创新。在材料方面，MEMS 正从采用 8 英寸晶圆向采用 12 英寸晶圆转变，博世公司等企业已经投资建设 12 英寸 MEMS 晶圆产线，国内也在朝着同样的方向发展。在工艺方面，MEMS 传感器和执行器一直在追求微型

化、成本降低和性能提高，传统封装技术向多种新型封装技术演进。英飞凌采用密封双膜 MEMS 技术，以降低功耗，提高音频质量，有望应用于 TWS（真无线）耳机、有线耳机和听力增强产品。博世采用激光重新密封工艺，将 MEMS 陀螺仪和加速度计集成，实现传感器的小型化和更精准的腔内真空水平控制。在系统方面，多传感器融合技术持续演进，通过增加数据类型、数据量和提高数据精度，提高系统的冗余度和容错性，确保决策的快速性和正确性。

CMOS 传感器市场竞争由"像素大战"转向提升综合性能，AI 算力需求的增长促进对 CIS 集成片上的图像处理功能探索和应用。全球 CMOS 传感器市场规模增速持续放缓，未来 5 年市场规模增速预期为 5.1%，到 2030 年 CMOS 传感器全球市场规模将达到 320 亿美元。随着电车的普及和汽车智能化水平的提高，车载摄像头将成为 CMOS 传感器市场规模的主要增长点。CMOS 传感器在原理、器件和系统方面开展创新。在原理方面，2023 年 3 月，松下通过在有机薄膜上施加电压来控制光电转换效率，与 ADC（模数转换）电路完全分离的全新设计，减少光线以一定角度照射到相邻像素时产生的颜色混合，以电子像素隔离技术抑制邻近像素信号电荷，提升色彩还原度。在器件方面，随着像素的不断缩小可以看到光波长的极限，单纯追求像素数量和密度的增加不再是唯一的发展方向，全局快门、高动态范围、高速片上相位对焦等提升图像采集整体性能和用户体验的技术成为发展重点。在系统方面，随着自动驾驶、脸部识别等机器视觉应用的发展，对 CMOS 传感器提出了新的要求。CMOS 传感器不仅集成了基本的图像处理芯片，还集成了高速数据接口和深度学习功能，从而减少终端 CPU 的计算负载，提升对视觉数据的实时分析能力。

（七）MLED 技术演进、软硬兼备沉浸式体验和新产品应用共同推动显示产业发展

在信息来源不断丰富、信息量持续高速增长的背景下，新型显示作为支持信息呈现，进而实现人机交互的使能技术领域，近年来保持着稳定的发展态势。总体来看，将呈现出显示技术阶段性迭代、显示场景多元化拓展、显示产品使用体验提升的发展趋势。

显示技术演进有望实现"三进四"。 经历了分别以 CRT（阴极射线管）和 LCD 为主流技术的第 1 阶段和第 2 阶段，显示产业目前正处于 LCD 和 OLED 技术共同主导的第 3 阶段。LCD 技术成熟度高、产业链完整，主要围绕对比度、分辨率、刷新率等性能的提升和基于家居、教育、医疗等领域的创新应用需求激增不断进行技术升级。随着三星和 LG 陆续关闭 LCD 产线，全球 LCD 产能竞争格局由"中韩双雄争霸"转向由中国掌控主导权，我国面板厂商市场份额已逾六成，未来数年市场份额或将在产能周期性波动中稳步提高。OLED 依托智能手机市场规模的增长实现快速增长，在生产成本逐渐下降的背景下，各大智能手机厂商将 OLED 显示屏下沉至中低端机型，使用 OLED 显示屏的智能手机占比持续走高，2023 年占比首度超过 50%，预计 2026 年将大于 60%。此外，OLED 显示屏正向平板电脑、笔记本电脑、车载显示屏等中型尺寸产品领域持续渗透，苹果计划在 2024 年将 OLED 显示屏导入 iPad Pro、2026 年导入 MacBook Pro，奥迪计划从 2027 年起在 4 年内使用 270 万片 OLED 车载显示屏。与此同时，随着巨量转移效率提升、全彩化显示实现等关键技术实现突破，MLED（Mini LED 与 Micro LED）成为显示技术的重要发展方向，未来 3～5 年或将步入"LCD+OLED+MLED"共存的发展新阶段。Mini LED 背光需求稳步上升，开始在电视、显示器、笔记本电脑端规模放量，Mini LED 直显从室外大屏、指挥调度大屏向高端影院、高清演播室、会议会展等领域拓展。Micro LED 的发力方向逐渐聚焦以头戴装置和可穿戴设备为代表的小尺寸显示屏领域，加快推进 Micro LED 量产的可行性验证和产能爬坡。

显示应用场景呈现多元化趋势。 在以手机、PC、电视等为代表的传统应用市场之外，智能座舱显示、裸眼 3D 显示、XR 近眼显示成为未来重点场景新蓝海。在汽车座舱数字化、网联化、智能化的背景下，车载显示需满足高分辨率和高可靠性的发展新要求，并呈现出大屏化、多屏化、曲面化的发展趋势，2023 年车载显示面板全球出货量首次突破 2 亿片，未来数年市场需求将伴随汽车智能化水平的提升持续上涨。随着基础屏幕分辨率演进到 2K 以上，且 2D/3D 内容无损切换技术日趋成熟，裸眼 3D 显示已抵达产业拐点，商业化节奏将加快，已有多款笔记本电脑、平板电脑、显示器产品陆续上市，但万元级价格或限制其 2～3 年主要面向 B 端应用场景，显示工艺成本的下降速度成为决定裸眼 3D 显示产品大面积落地速度的关键因素。Micro OLED 创新性地结合了半导体与 OLED 制造工艺，与 Fast LCD 相比，在发光效率、分辨率、刷新率、对比度等方面具有优势，可有效缓解用户使用 XR 设备时的纱窗效应和晕动症、提升用户体验，成为 XR 近眼显示的重要发展方向，苹果 Vision Pro 基于 Micro OLED 实现单眼 4K 分辨率显示，三星通过收购 Micro OLED 厂商 eMagin 加强技术能力储备，未来 2～3 年 Micro OLED 将搭配高端机型提高渗透率，预计于 2026 年取代 Fast LCD 成为 XR 终端主流显示方案。

显示产品依托软硬兼备的沉浸式互动体验触发新一轮附加值提升。硬件制造技术的不断迭代演进，使各类显示产品的分辨率、帧率、动态范围等关键参数持续提高，显示画质稳步提升。在此支撑基础上，人工智能、虚拟现实、5G/6G 等技术赋能形成的软硬件结合新模式，将成为显示产品附加值增长新动能。华为等厂商推出的智慧屏电视打破传统电视的单向输出模式，通过融合 AI 摄像头、麦克风、环境光等感知模组，追踪用户动作、姿态、语音信息和环境信息，实现体感游戏、运动健身、视力保护等功能。智能座舱显示交互体验日益丰富，AR-HUD（增强现实型指头显示）通过将车辆行驶信息和实时路况相结合降低"盲驾"风险，分区背光屏针对显示内容实时调节各区域显示亮度从而实现高色彩还原度和高动态对比度，智能分屏可实现"导航+娱乐"双应用，满足主副驾差异化需求。未来，以"沉浸式互动"为特点的用户体验跃升或成为拉动显示产值增长的首要路径，具体表现为从 2D 到 3D、从弱交互到强交互、从以信息处理为中心到以适人体验为中心的发展趋势。

（八）并行融合多类新技术，服务能力持续迭代

基础软件作为国家信息产业发展和信息化建设的重要基础和支撑，其数量呈现稳定增长态势。未来在大模型的自然语言交互、归纳和推理、认知等关键能力的加持下，以操作系统、数据库、行业重点软件等为代表的基础软件将加速自动化、智能化、适人化升级，并围绕软硬件生态协同持续发展。

操作系统架构解耦实现全量组件原子化、系统资源加速"精准"统筹调度、多平台服务逐步无感切换。未来 3 年全球操作系统市场份额仍将主要由微软、苹

果和谷歌这 3 家企业占据，但大模型、适人交互等新能力的融入将促使操作系统技术实现跨越式、颠覆式发展。一是以人为中心提供适人体验。操作系统在键盘追踪、鼠标追踪、触控追踪、语音追踪等成熟交互方式的基础上，逐步融入眼动追踪、情绪识别、手势追踪等新型交互方式并不断丰富应用场景，以推动技术成熟，如 visionOS 可支持眼动追踪、手势追踪等交互模式，预计 2025 年新人机交互方式将成为操作系统的普适能力，并开始出现跨媒介交互、定位定向乃至脑电波交互等新交互方式。二是实现全局资源的智能调配。操作系统逐步融合大模型技术，促使对计算、存储、网络等资源，在提供语音识别、行为预测、能耗管理、系统优化等传统智能服务的基础上向生成式智能服务转变，并在更大层面上实现更精准的资源统筹、更平衡的供需管理并提供更智能的服务，如 Windows 操作系统可深度结合自然语言处理、机器学习、代码理解等技术，可提供智能建议、自动生成代码片段和解决方案。三是实现多平台无感知协同。操作系统持续出现微内核技术分叉推动全栈原子化解耦，即通过"统一内核（最小核心能力集）＋多样系统软件服务集"方式，实现内核灵活组合、服务按需提供，有效适应不同设备的资源能力和业务需求，如谷歌的 KataOS、Fuchsia OS 等。我国操作系统企业紧抓技术机遇迭代新能力，依托国内市场规模的增长加速新产品成熟，在适人交互方面，PICO OS 依托 Android 实现AR/VR 设备对眼动追踪、手势追踪等新交互模式的支持；在智能化方面，OPPO 利用大模型升级了语音助手，vivo 自研蓝心 AI 大模型，小米澎湃 OS 将植入 AI 大模型、华为鸿蒙 OS 拥有接入 AI 大模型的智慧语音助手小艺等；在跨平台方面，小米 MIUI（米柚）操作系统结合 Vela 打造全新澎湃 OS、微内核架构鸿蒙 OS 实现跨平台通信。

数据库结合 AI 大模型需要，设计专用数据模型、硬件平台等，实现更高性能、更高水平的灵活性。一是实现千亿级超大规模数据管理。伴随智能化时代数据量的爆发式增长，数据库产品以应用需求为导向加速数据模型创新，推动数据管理规模从千万级向千亿级跃迁。过去，关系型数据库、图数据库主要面向结构化数据、关系图数据进行设计，主要支持千万级结构化数据的管理及亿级社交、检索、推荐等业务数据的关联分析。近年来，向量数据库产品快速涌现，重点针对 AI 大模型训练、推理需求进行设计优化，能够支持千亿级向量数据的统一管理、快速搜索，其中我国骨干创新企业 Zilliz、爱可生等先后推出 Milvus、TensorDB 等创新产品，并已同英伟达、华为等硬件企业开展合作适配，生态逐步壮大、有望形成突破。二是支持毫秒级高并发交互响应。数据库作为数字化应用的核心支撑之一，其响应速度直接决定了应用的执行效率。基于磁盘存储设计的数据库产品，受限于处理器与磁盘间的 I/O 通信限制，仅实现秒级交互响应，在当前智能化应用普遍具有较高频次、较大规模计算存储数据交互需求的背景下，基于磁盘存储设计的数据库产品已难以满足需求。近年来，基于内存、显卡内存设计的数据库产品快速发展，如 Kinetica、Omnisci 等，高速内存相比传统磁盘具有更大 I/O 带宽，能够有效支撑数据库产品在数据查询、数据库内计算等场景下的应用，实现毫秒级响应。当前，我国内存数据库产品主要基于开源产品进行深度定制与优化，能够初步满足部分应用需求，但尚未出现具备较强替代能力的产品。

行业重点软件全面融入 AI 大模型实现更高效的开发和交互，推动行业软件从机理走向数理。未来 3 年，全球重点行业软件市场规模将保持平稳增长态势，市场的主要参与者包括领军企业和创新型初创公司，都在积极探索如何将 AI 大模型技术融入其产品和服务，目前业务管理类软件已得到广泛应用，研发设计类软件、生产控制类软件、企业管理类软件等已开始零星布局。一是研发设计类软件逐步实现自主设计。自研细分领域大模型已在研发设计类环节开展点状应用，如 DeepMind 基于 CAD 草图绘制和自然语言建模的相似性，通过 470 万个 OnShape 训练出可自动生成 CAD 草图的语言模型，可以基于手绘图片生成 CAD 文件并进行优化。二是生产类软件将具备自身智能。目前对可靠性、可解释性要求高的生产控制软件已有大模型的应用探索，如初创企业 Retrocausal 构建装配大模型、融入装配软件，实现产量提升、成本降低等成效。未来生产类软件在 AI 技术的帮助下将在实现自动优化控制的基础上，实现控制代码的自动生成乃至控制系统的自主优化，如 Simulink 已能自动生成代码以实现电机控制。三是管理类软件直接嫁接基础大模型功能，具备智慧大脑。目前企业面向业务管理环节，利用基础大模型的自然语言理解、代码生成等能力，实现 OA 系统辅助办公、装备语义操控和代码调试等应用，如 Salesforce 接入 GPT 模型为 CRM 软件构建

Einstein GPT，实现自动回复邮件、自动安排会议、自动进行会议总结等功能。在内需市场的带动下，国产重点行业软件市场规模逐步扩大，并在新技术的驱动下，部分企业已开始聚焦工作效率提升、探索新能力，如 AICC 在企业 OA 系统中接入"文心一言"实现对话内容自动生成，华为构建药物分子大模型实现新药物分子的生成与优化等应用。

大数据与人工智能篇

导　　读

2023 年，"云数智算"等新一代信息技术持续保持高质量发展态势，夯实"数算云"新基座，大模型引领新范式。全球云市场规模进入稳定增长阶段，精细化发展成为我国云计算产业发展主旋律；我国算力总规模稳居世界第二，智算成为算力基础设施发展的重要驱动力量，枢纽节点加快建设，成效显著；数据要素发展活跃，国家层面从顶层设计、体制机制等方面多措并举加速探索，数据要素市场逐步发展壮大；我国人工智能产业蓬勃发展，大模型创新涌现，驱动人工智能产业应用进程增速；全球开源生态价值凸显，持续突破圈层并实现边界渗透。

2023 年，大数据与人工智能领域发展主要聚焦以下三大热点。一是**公共数据开发利用**成为热点，授权运营成为突破口。公共数据开发利用已经成为各地推进数据要素市场建设的布局重点，授权运营成为提升公共数据开放水平与丰富应用成果的重要途径，各地方各行业探索形成公共数据授权运营三大模式，公共数据应用持续拓展，由于尚处于初期探索阶段，公共数据授权运营仍面临诸多挑战。二是**人工智能大模型的应用**掀起人工智能新浪潮。在技术突破方面，生成式人工智能技术的多领域突破，助力人工智能迈向通用人工智能；在应用创新方面，人工智能大模型应用模式初步形成，提升多个行业生产效能；在产业发展方面，人工智能大模型带动数据和软硬件产业加速发展。三是**区块链基础设施的部署**速度加快。全球区块链基础设施建设规模初显，联盟链与公有链融合发展，开放联盟链成基础设施发展新方向，区块链基础设施的建设激发应用创新活力，已形成多种成熟应用领域，区块链基础设施治理体系初步成型，监管举措逐步细化。

展望 2024 及未来 5 年，技术演进与应用推广仍将成为大数据与人工智能领域主旋律：人工智能能力将赋能云基础设施全面升级，下一代云基础设施将与人工智能能力深度融合；大模型底层技术创新持续不断，应用生态加速构建，大模型技术创新与业态创新双轮驱动，将为数字经济发展持续注入新动能；隐私计算、区块链等技术的融合创新，为不同数据流通提供技术和基础设施支撑，未来将进一步配合基础设施建设、机制和政策保障，有效促进数据要素价值释放，共同助力数字经济发展。

本篇作者：

魏　凯　王蕴韬　闫　树　栗　蔚　郭　亮　孙　楠　孙小童　丁怡心
吴思奇　宇文梦柯　张学强　齐　静　董　昊　呼娜英　吕艾临　康　宸
张立锋　张斯睿　田稼丰　李紫涵　巩艺骧　周丹颖　苏　越　王少鹏
邱　奔　郭　雪　张一阳　谢家乐

一、2023 年大数据与人工智能领域发展情况综述

（一）全球云计算市场进入稳定增长阶段，精细化发展成为主旋律

2023 年，全球云计算市场呈现稳定增长趋势，我国云计算市场整体处于快速发展期。云计算市场供需两侧驱动产业精细化发展。在技术创新方面，云计算围绕安全稳定运行、兼容部署、云成本优化的精细化高质量发展目标。在行业应用方面，大模型落地引领 SaaS 应用发展成为新增长点，云计算产业上层发展迎来云计算服务发展新范式。

我国云计算市场规模稳定增长。 2022 年我国云计算市场规模达 4550 亿元，相比 2021 年同比增长 40.9%。其中，我国公有云市场规模达 3256 亿元，增长 49.3%。2023 年我国云计算市场规模预计达到 6192 亿元。我国云计算市场在世界经济复苏疲软的情况下依旧保持较高的抗风险能力，2025 年我国云计算整体市场规模预计突破万亿元级别。我国云计算市场规模及增速如图 6-1 所示。

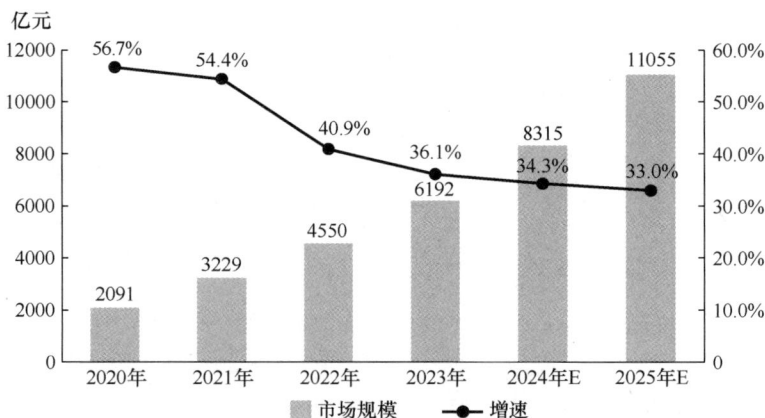

图 6-1　我国云计算市场规模及增速

（数据来源：中国信息通信研究院）

在供给侧方面，我国云竞争呈现新格局，运营商引领新一轮云计算市场规模增长。 在公有云 IaaS 厂商层面，运营商均已进入第二梯队。从营收情况来看，

2022 年电信运营商云计算市场营收增速均超 100%。天翼云、移动云、联通云分别营收 579 亿元、503 亿元和 361 亿元，远超行业平均水平。从市场规模占比来看，预计 2021—2023 年运营商云的市场规模占比将从 27.17% 上升至 36.61%，运营商云在公有云市场中的占比强势增长，未来有望引领新一轮市场发展，如图 6-2 所示。

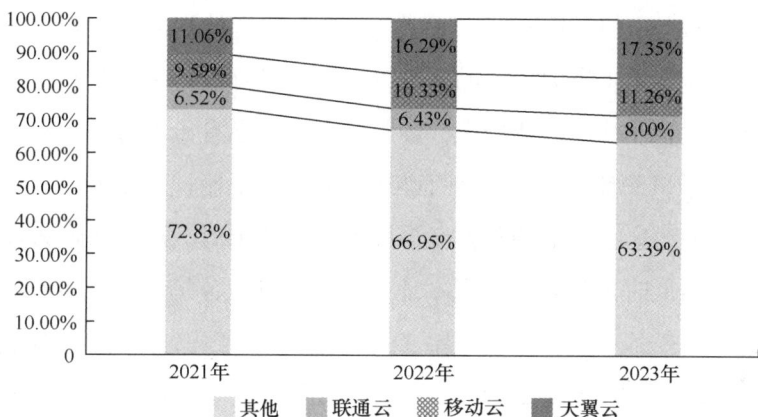

图 6-2　我国 2021—2023 年公有云 IaaS 厂商市场规模占比趋势
（数据来源：中国信息通信研究院）

在需求侧方面，国企进入深度上云阶段，质效提升成为重点。国企是数字中国建设中的重要力量，深度用云和丰富云上生态是其发展重点。从云化程度来看，截至 2023 年 4 月，国企整体上云覆盖率达 86%，国企的 OA 业务上云率超过 70%，预计 2023 年达到 75%，核心业务上云率持续增长，对云原生改造、应用上云的需求增加，如图 6-3 所示。传统行业国企上云需求增加。以工业行业为例，2023 年中国工业云市场规模约 731 亿元，随着工业大模型、工业设计软件、数字孪生等新型工业化技术应用程度加深，国企上云需求将不断涌现，云化程度不断加深。

随着云计算技术的不断创新和高质量发展，安全稳定运行、兼容部署、云成本优化等需求迎来增长。一是安全稳定运行成为关注重点。伴随云服务成为重要基础设施，广泛影响各行业生产及民众生活，混沌工程和可观测性作为保障云服务稳定、安全地运行的重要技术，建设需求显著提升。混沌工程确保即使在复杂多变的环境下也能保持服务连续性。可观测性通过对系统的全方位实时监控和数据分析，实现对系统内部状态和行为的深入洞察与及时响应。与 2022 年相比，2023 年企业对混沌工程的建设需求提升了 25%，对可观测性的建设需求提升了40%。保障系统安全、稳定地运行成为企业业务稳定增长和运行的关键。**二是一云多芯、多态部署需求增加。**云基础设施底座的多元化创新发展成为云厂商和企业用户的战略目标。一云多芯架构可满足用户多样化算力需求，可有效打破"算力孤岛"，超过 90% 的云厂商可以完成 2～3 种以上的主流架构芯片的一云多芯兼容适配，成为新质生产力发展的重要推动力，是打破小生态、构建大生态的关键纽带。同时，企业在用云选择上，面临公有云、私有云、边缘云节点、专有云等多种云形态，一云多态能够很好打破地域和空间限制，分布地域广泛，共享公有云一致的服务、运维、治理和安全保障能力。实现对云边端多形态设施一致化支撑，支撑包括低时延计算、数据本地处理等细分业务场景。现阶段阿里云、华为云、天翼云等多家云厂商均已提出一云多态的部署架构。**三是云成本优化成为上云重要抓手。**云成本优化理念及技术的发展帮助企业更好地建设成本优化能力，提高资源的利用效率和性能，从而实现经济效益和上云价值的提升。中国信息通信研究院发布的云成本优化系列报告指出，超过 50% 的上云企业已经采取了资源度量、成本优化等技术或工具来开展云成本优化工作，对体系化的云成本管理策略与场景化的云成本优化工具进行结合，持续实现降本增效，节省了超过 30% 的云上支出。

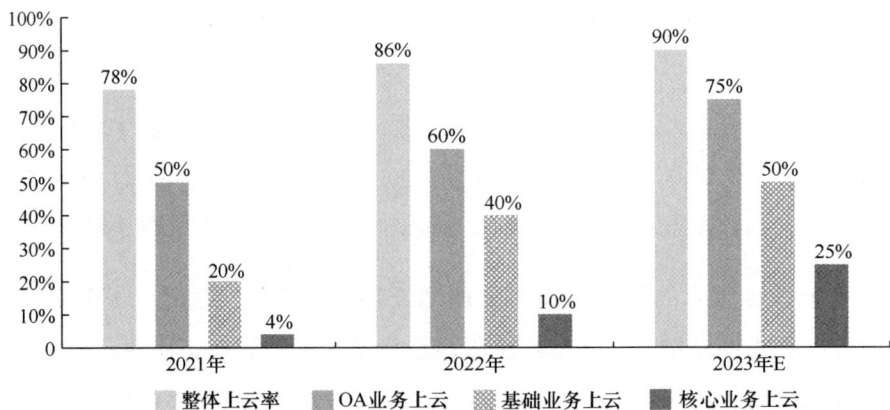

图 6-3　我国 2021—2023 年国企上云用云情况

（数据来源：中国信息通信研究院根据公开数据整理）

（二）智算成为引领算力设施发展的重要驱动，枢纽节点建设成效显著

从算力总规模来看，随着数字化转型的持续推进，世界主要国家持续加强数字化政策的引领作用，推动算力基础设施的发展和应用，全球算力总规模持续增长。截至 2022 年年底，全球算力总规模达到 650EFLOPS（FP32），同比增长 24.8%。美国与中国算力总规模位列前两名，美国算力总规模为 200 EFLOPS（FP32），中国算力总规模为 181 EFLOPS（FP32），位居世界第二。美国、中国、日本、德国、英国的算力总规模在全球算力总规模中的占比分别为 31%、28%、5%、4%、3%，全球超过 70% 的算力集中在这 5 个国家。2022 年全球各国及地区算力总规模情况如图 6-4 所示。

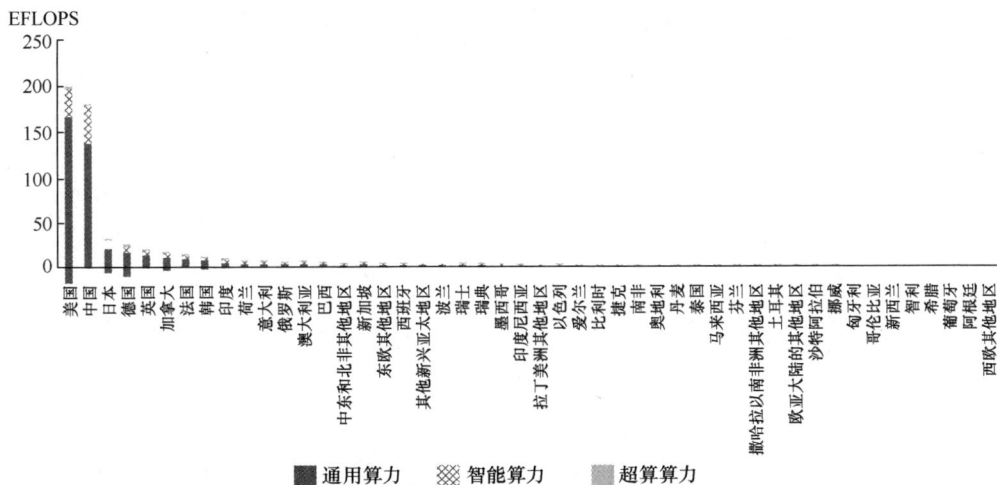

图 6-4　2022 年全球各国及地区算力总规模情况

（数据来源：《中国算力白皮书（2023 年）》）

从算力类型来看，由于 AI 大模型的快速爆发，数据训练规模和算法复杂度不断提升，智算需求进一步扩大，为智算中心的发展提供了广阔的市场空间，智算已经成为引领全球算力增长的重要引擎。截至 2022 年年底，全球智算规模为 142EFLOPS，在全球算力总规模中的占比达 21.9%，与去年相比，增加 25.7%。与全球发展趋势一致，我国智算规模持续增长，在全球智算规模中的占比不断提升，截至 2023 年 6 月，我国智算规模在我国算力总规模中的所占比例提高到

25.4%，增速达 45%。

从区域发展来看，随着"东数西算"工程的持续推进，西部算力枢纽节点发展加快。算力基础设施主要围绕经济发展活跃、算力需求较高的地区布局。例如我国东部地区经济发达、产业聚集，互联网、云计算企业等多分布在东部地区，电子商务、在线支付和工业互联网等应用场景较为活跃，算力需求旺盛，是算力基础设施的重点聚集区，我国西部地区的数字化转型进程较缓，算力需求相对低，对算力基础设施的吸聚能力不强。因此，长期以来，我国东西部地区算力发展总体呈现"东多西少、东密西疏"的特征。为了促进东西部数字经济协同发展，我国积极推进"东数西算"工程，引导算力基础设施一体化布局，推进东西部地区协同发展。随着"东数西算"工程的加快实施，算力枢纽节点强化算力基础设施建设布局，东部算力枢纽节点在西部地区总体处于领先水平，内蒙古自治区、贵州省等西部枢纽综合算力进一步提升，已跻身全国综合算力指数 Top10 省、自治区、直辖市。综合算力指数 Top10 省、自治区、直辖市如图 6-5 所示。

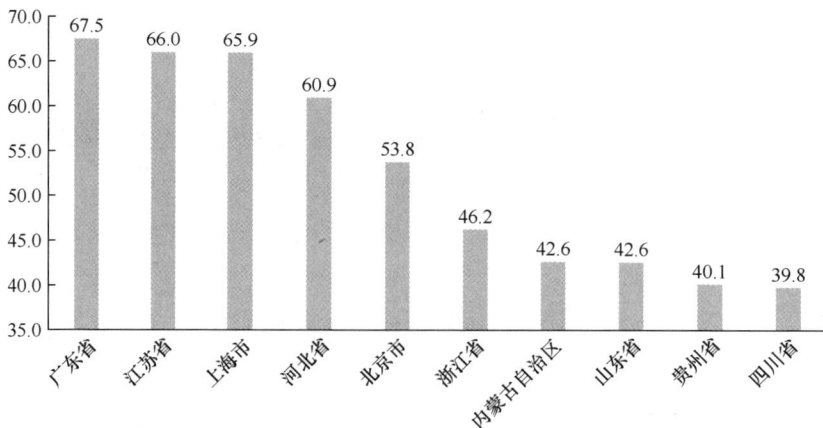

图 6-5　综合算力指数 Top10 省、自治区、直辖市
（数据来源：《中国综合算力指数（2023 年）》）

（三）多措并举加速探索，数据要素市场逐步发展壮大

2023 年，我国数据要素市场培育进展加速，畅通数据资源大循环的方向愈加明确。

国家层面，全面推动数据要素顶层设计和发展统筹。一是数据基础制度初步建立。"数据二十条"(《中共中央　国务院关于构建数据基础制度更好发挥数据要素作用的意见》) 的出台明确了数据基础制度体系基本架构,如图 6-6 所示,提出建立保障权益、合规使用的数据产权制度,建立合规高效、场内外结合的数据要素流通交易制度,建立体现效率、促进公平的数据要素收益分配制度和建立安全可控、弹性包容的数据要素治理制度,筑牢了数据要素发展所需的制度基础。**二是组建国家数据局,明确数据要素发展的统筹管理机制。**2023 年 10 月 25 日,国家数据局正式揭牌,负责协调推进数据基础制度建设,统筹数据资源整合共享和开发利用,统筹推进数字中国、数字经济、数字社会规划和建设等工作,有望破除"九龙治水"的治理环境,推动数据要素的开发利用,推进多层次数据要素市场建设。**三是各部委的相关配套政策和举措陆续出台。**财政部印发《企业数据资源相关会计处理暂行规定》,肯定了数据资源具有资产属性,可作为报表意义上的"资产",企业数据的市场价值与业务贡献将在财务报表中得以"显性化";国务院国有资产监督管理委员会提出加快构建"1+98+X"国资央企大数据体系,旨在畅通国资央企数据管理、数据流通、数据应用的总通道,加速资源整合与对接;工业和信息化部继续推进数据管理能力成熟度评估模型(DCMM)的推广工作(依据《数据管理能力成熟度评估模型》),超过 1000 家企业完成评估贯标。

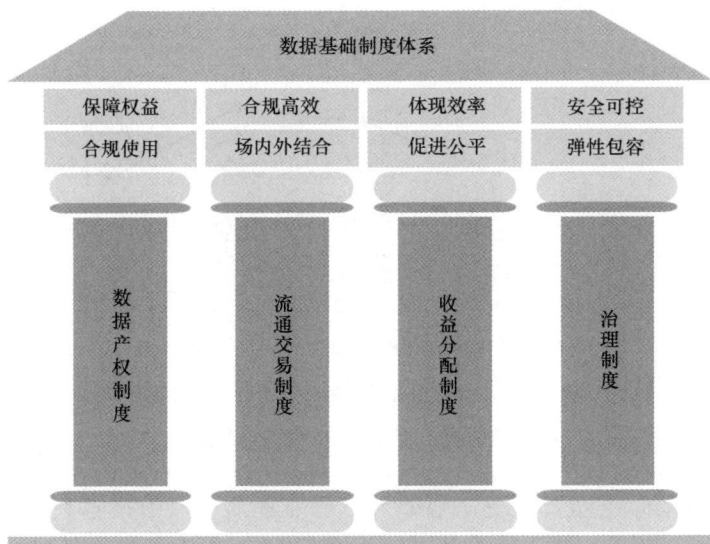

图 6-6　数据基础制度体系基本架构
(信息来源:国家发展和改革委员会)

地方层面，多方面、多角度的活跃探索正在密集开展。北京、湖北、贵州、上海等省市发布的数据要素相关政策文件超过 40 份，内容逐步细化；场内外数据交易市场培育继续推进。2023 年新建数据交易场所 4 家，累计已超过 80 家；四川、河南、上海、深圳、青岛等地以数据要素产业园区等形式加速培育相关产业；广西、扬州、贵阳、杭州等地则围绕数据资产质押融资、增信贷款、信托等数据资产化业务开展创新实践。

（四）大模型创新涌现，驱动人工智能产业应用进程增速

我国人工智能产业蓬勃发展，大模型成为人工智能产业发展的重要推动力。截至 2022 年年底，我国人工智能核心产业规模达 5080 亿元，同比增长 18.0%，产业规模增速有所放缓，全球人工智能产业规模占比从 2021 年的 15.4% 增至 2022 年的 16.4%。截至 2023 年第三季度，中国人工智能企业数量超过 4400 家，通用大模型、智能芯片、开发框架等创新成果不断涌现。2023 年第二季度及第三季度的巨额融资聚焦大模型企业，在金额排名前 10 的投资事件中，5 项投资流向大模型企业，4 项投资流向大模型相关数据、平台等支撑应用[6]。中国人工智能核心产业规模及增幅如图 6-7 所示。

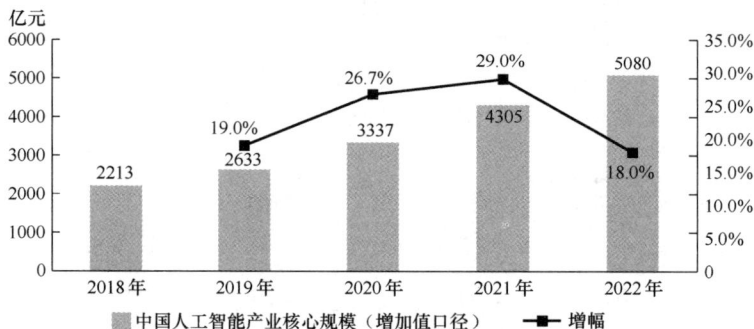

图 6-7　中国人工智能核心产业规模及增幅
（数据来源：中国信息通信研究院）

随着大模型应用创新涌现，全球人工智能逐渐迈入由技术突破、产业发展、应用创新 3 个维度牵引的发展新阶段。

6　数据来源：中国信息通信研究院。

一是人工智能大模型技术创新迎来新突破。在基础能力方面，大模型算法不断创新，以生成式人工智能为核心的技术在语言、视觉、音频等领域持续突破，在基础架构上呈现 Transformer 模型架构、状态空间模型（SSM）架构等多架构协同发展的趋势。**在多模态能力方面**，通过结合文本、图像、语音等多种数据，多模态大模型不断刷新大模型能力边界，如谷歌的 Gemini 大模型在 MMLU 基准测试中首次超过人类专家水平。

二是人工智能大模型激发产业发展新活力。在数据层面数据集，大模型推动指令、对齐数据集等探索迸发，通过构建数据集提升模型的认知能力和价值观对齐能力，如微软 WizardLM 大模型团队发布了 Evol-Instruct 指令数据集，北京大学团队开源的 PKU-Beaver（河狸）项目为大模型对齐训练提供了数据量充足的数据集 SafeRLHF。**在芯片层面**，芯片优化是大模型训练及推理性能提升的核心，英伟达 H200 芯片通过算法适配优化、架构设计及计算规则迭代实现整体性能优化。**在框架层面**，通过框架优化提升模型训练及推理效率、模型的可扩展性和兼容性，其中，模型分布式训练推理、模型压缩、部署兼容是产业核心关注点，如华为昇思框架（MindSpore）、百度飞桨框架（PaddlePaddle）等。

三是人工智能大模型应用路径呈现新模式。大模型应用呈现"一横一纵"两条路径。一方面，基于通用大模型在横向不断拓展模型的通用性、泛化性及性能，扩展赋能场景边界，如 OpenAI GPT 系列、Meta LlaMA 2 等。另一方面，基于基础大模型在纵向结合领域知识向垂直领域的行业大模型发展，深度赋能千行百业，如火山引擎 - 智谱 AI 金融行业大模型、华为云盘古气象大模型等。除此以外，大模型应用生态也不断丰富。2023 年 11 月，OpenAI 宣布即将推出 GPT 商店（GPT Store）服务，宣布允许用户构建自定义版本的 ChatGPT。我国的 GPT 应用商店也同期出现，2023 年已有多家企业推出"类 GPT"应用商店，包括昆仑万维的天工 SkyAgents、百度的灵境矩阵等平台。

（五）全球开源生态价值凸显，持续突破圈层并实现边界渗透

全球主流技术领域开源生态发展阶段差异较大，各自优势明显。全球代码托管平台 GitHub 的数据显示，2023 年，GitHub 的代码托管托管仓库已达 4.2 亿，

增长率达 27%。根据 CSDN、《新程序员》联合调研，2022 年在全球核心技术领域生态体系中，前端领域的开源软件项目占比高达 97%，人工智能、区块链、操作系统等领域的开源软件项目占比也超过了 80%，开发工具和环境、云计算领域的开源软件项目占比超 60%。开源模式逐渐改变软件领域的竞争方式和市场格局，正成为数字技术创新的主流模式。中国信息通信研究院依据 2022 年全球活跃度靠前的开源软件项目，围绕项目流行度、项目参与度、项目响应能力、安全保障能力、规范应用能力和创新转化能力六大方面洞察各技术领域的开源生态成熟度情况。总体来看，**云计算领域**的规范应用能力较为出色，该领域的开源软件项目的许可性冲突风险较小。**大数据领域**具有较高的项目响应能力，该领域的开源项目响应效率较高，支持力度较强。**人工智能领域**具有较高的项目参与度，该领域的开源软件项目更容易吸引贡献者的参与，同时该技术领域的开发者普遍利用开源模式进行技术创新。图 6-8 为全球主要技术领域开源生态成熟度雷达图。

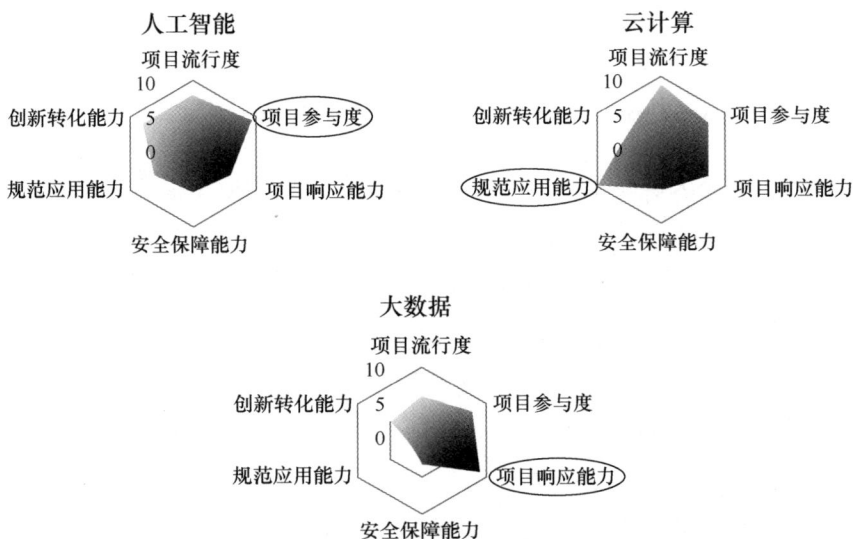

图 6-8　全球主要技术领域开源生态成熟度雷达图
（数据来源：GitHub、中国信息通信研究院）

　　开源生态逐步突破圈层，社会公共属性进一步凸显。开源模式助推数字时代高速发展，各国纷纷出台相关政策以在未来竞争中抢占先机。**欧盟各国政府引导开源使用，开源软件项目的规范应用能力突出。**2022 年年初，欧盟委员会宣布正在采纳有关开源软件的新规则，该规则指出只要对民众、公司或其他社会公共服务有潜在益处，就可以公开访问其软件解决方案。此外，欧盟委员会批准了其新发布的《开源软件战略2020—2023年》，特别强调软件解决方案、知识和专业知识的共享和重用，秉持思考开放、数字化转型、共享、贡献、安全、保持控制原则提高欧洲数字化建设水平和公共服务能力。**美国以产业为主导，依靠科技企业巨头推动开源创新。**美国依靠科技企业巨头自身的大量资金和开发人员对开源项目的持续建设，使得美国谷歌、Meta等科技企业巨头的开源贡献领先。与此同时，美国高度注重开源人才的培养，营造浓厚氛围帮助开源贡献者成长。目前，美国学生开源开发者已占据全球学生开源开发者的32%，众多高校纷纷联合知名开源组织共建教学平台、组织实践活动等。谷歌通过开源软件供应链点亮计划———开源之夏，联合Linux基金会开展"安全开源奖励"计划，对在开源领域作出贡献的人员进行奖励，在全社会普及开源理念，开源应用模式较为成功。**印度开源项目注重安全保障能力，积极依托开源模式打造数字公共产品。**印度积极推动数字公共产品的建设，2022年7月，印度Infosys Technologies联合创始人兼董事长Nandan Nilekani表示，有50多个国家希望实施数字公共产品，法国、阿联酋和新加坡3个国家已经签署了采用印度开放数字平台的谅解备忘录。与此同时，印度在2022年作为G20轮值主席国提出数字公共基础设施建设核心议题，作为金砖国家数字公共产品焦点组组长推动金砖国家的数字公共产品建设。

二、2023 年大数据与人工智能领域热点分析

（一）公共数据开发利用成为热点，授权运营成为突破口

1. 公共数据开发利用已经成为各地推进数据要素市场建设的布局重点

目前，公共数据开发利用已成为全国各地数据要素市场发展布局的重点方向。相比其他数据，政府和公共部门持有的公共数据，最有可能通过确权授权及市场化运营实现流通与价值释放，是数据要素市场发展的重要突破口。从数据产生过程来看，公共数据是在政府和公共部门履职过程中通过法定程序从特定主体获得的，这种产生方式使得公共数据天然具有公共性、非隐私性和非独占性。**从数据管理方式来看**，公共数据涉及的管理主体单一，确权授权路径更加明确。**从数据内容特点来看**，相较于单一企业和单一个人主体的数据，公共数据的规模体量更大、流动性更强。由于数据要素的价值本就具有规模报酬递增的特性，公共数据的规模效应凸显。从各地发布的公共数据相关政策文件数量变化来看，公共数据越来越受到各地重视，如图 6-9 所示。

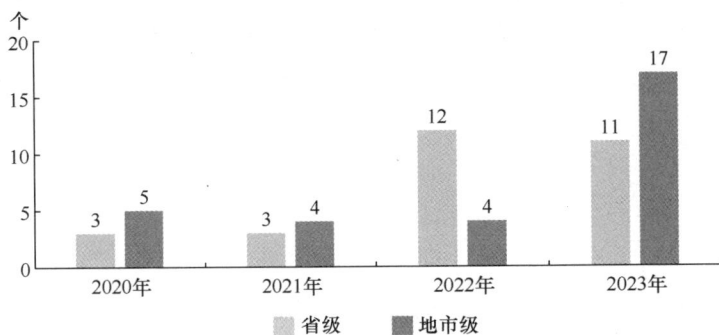

图 6-9　2020—2023 年各地出台的公共数据相关政策文件数量
（数据来源：中国信息通信研究院）

公共数据开发利用相关平台建设持续推进。一方面，自 2014 年以来，各地公共数据开放平台数量始终增长；另一方面，自 2023 年以来，公共数据授权运营平台成为各地政府的建设热点，全国 20 余个省市新建公共数据授权运营平台，

且大多为经济较为发达地区，如上海市、重庆市、江苏省、广州市、杭州市、武汉市等。与此同时，国内 40 余省市纷纷新成立或重组了一批地方性数据集团型企业，承担当地公共数据开发利用相关平台建设运营、数据加工处理、数据产品提供等各项工作。据不完全统计，截至 2023 年 10 月已有省级数据集团型企业 14 家，地市级数据集团型企业 36 家，另有一些区也在推进建立数据集团型企业。

2. 授权运营是提升公共数据开放水平与丰富公共数据应用成果的重要途径

公共数据开发利用主要有共享、开放和授权运营 3 种路径。其中，公共数据共享主要面向政府部门内部，服务于提升公共履职能力与公共服务水平，在全国一体化政务大数据体系建设的推进过程中，公共数据共享能力已不断提升；公共数据开放和授权运营则主要面向社会主体，通过社会化开发与利用服务于公共治理、公益事业或产业和行业发展。

公共数据开放推进多年，但效果始终不及预期。截至 2023 年年底，全国省级和城市级公共数据开放数据平台已达 226 个，如图 6-10 所示。各级政府及公共部门基于公共数据开放平台向社会提供大量公共数据集，覆盖市场监管、工商、交通、气象、生态、公共设施等多个领域，为数据要素市场提供了大量资源，取得了良好的公共数据开放成效。但是，各地方或各行业的公共数据开放仍普遍存在供给数量质量不佳、供需不匹配，应用挖掘不深入等现象，部分平台建成后，开放数据的使用效率偏低。

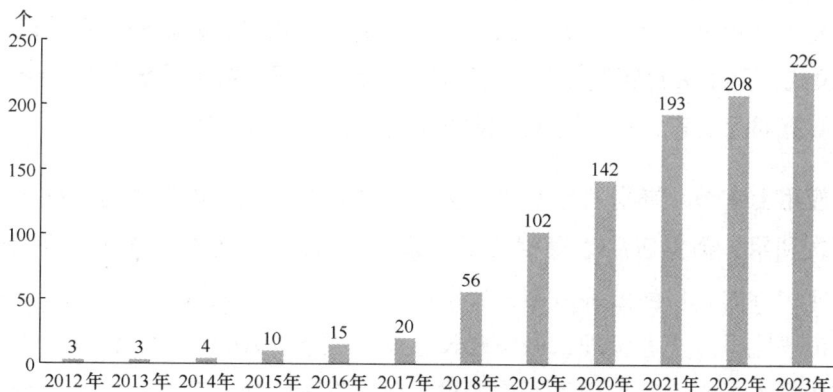

图 6-10　省级和城市级公共数据开放数据平台数量

（数据来源：中国开放数林指数网）

授权运营成为公共数据开放的有益补充。 授权运营是由政府（和公共部门）将公共数据开发利用和数据产品经营的职能授权给专业和具有市场化运营能力的企业，更有利于促进公共数据的价值挖掘。作为传统开放的有益补充，公共数据授权运营通过引入社会化力量，充分解决了政府能力不够、动力不足的问题，公共数据授权运营获得的经济效益可以激励运营方提升公共数据质量和效用，有利于进一步激发市场活力，深化对公共数据的挖掘利用，加速公共数据价值释放。

3. 公共数据授权运营三大发展模式齐头并进，各地公共数据应用持续拓展

目前，各地方、各行业相继开展公共数据授权运营探索，形成各具特色的三大发展模式，推进公共数据在公共治理、公共服务及产业发展中实现有效应用，逐步实现公共数据的价值释放。

从发展模式上来看，主要存在集中 1 对 1、分行业 1 对 N 和分散 1 对 N 这 3 种典型模式， 如图 6-11 所示。**一是集中 1 对 1 模式，** 即统一授权同一运营主体承担该地域所有公共数据授权运营相关工作，具有权威性，能最大化发挥数据整合价值，但响应市场需求变化的效率可能不够高。**二是分行业 1 对 N 模式，** 即选择具有不同行业属性的运营主体依行业特点开展公共数据授权运营工作，专业性更强，有利于发挥行业聚合的价值，但协调难度也会随着运营主体的增加而增大。**三是分散 1 对 N 模式，** 即根据不同数据特点匹配不同运营主体分别开展公共数据授权运营工作，有助于充分发挥市场竞争作用，但管理和协调的难度更大，且数据无法完全整合可能影响数据价值实现。**在当下实践中，应用最为广泛的是集中 1 对 1 模式，可最大化精简授权环节和审批流程，缩短数据价值开发链条，且对各地方政府部门而言，集约化建设便于实现全面、高效的监管。**

从应用上来看，随着各地越来越多地通过开展公共数据授权运营推进公共数据的开发利用，数据应用成果相较于仅通过数据开放途径的时期有了明显突破。 公益性应用方面，目前公共数据主要赋能公共治理与公共服务，包括在公共安全保障、市场监督、交通管理、城市建设、城市服务、社会保障、公共卫生、绿色环保等场景中来实现落地应用。例如推进公安系统交通管理数据、车辆行动轨迹数据与个人信息数据的匹配，开发智慧交通监测管理系统，实现违法违规监测、

车辆行动轨迹监控、交通异常情况追踪等，在交通管理、市政管理、碳排放控制等方面提升工作效率与成果；通过企业经营数据、用电用水数据与实时位置数据的融合开发，形成对地区经济发展情况或民生情况的洞察，一方面可为政府部门提供决策支撑，另一方面可对企业经营具体事项进行监管。此外，还包括智慧安防布局、智慧农业监管、城市内涝监测预警、城市卫生治理、大型活动公共安全保障等细分领域的数据应用，高效助力政府的公共治理与公共服务。**在商业化应用方面**，目前金融领域的征信、贷款、保险等业务场景先行，跑通了公共数据助力产业发展的链路。例如涉农企业或中小微企业、个体工商户的普惠金融提效、基于医保数据聚合实现的智能核保，以及应用供电、供水、环保排放等多源数据融合的绿色金融惠企政策落地等。此外，也有地方已经实现了公共数据在其他行业领域的应用，实现对企业经营、企业服务、企业合规等方面的赋能，包括应用分时段市政交通数据进行商业选址、应用场站人流数据进行广告精准投放、合规应用个人基础数据反欺诈等。

集中1对1模式应用最广泛，管理更高效，多主体模式或更有利于发挥市场作用

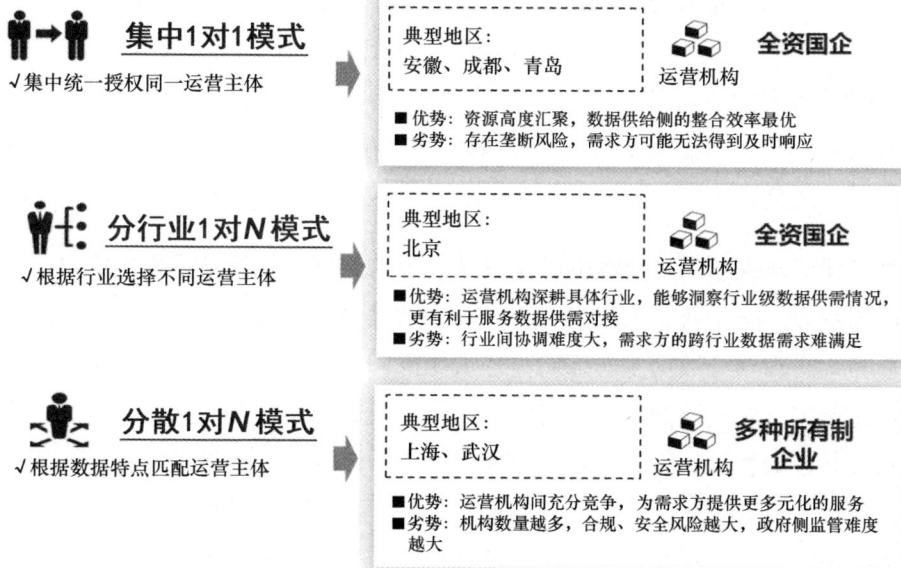

图6-11 公共数据授权运营的3种典型模式

4. 在发展热潮下，公共数据授权运营仍面临挑战，需全流程发力提升

当前，公共数据授权运营尚处于初期探索阶段，在公共数据供给、公共数据加工使用、产品运营、公共数据应用挖掘各阶段面临多种风险挑战。**在公共数据供给环节**，公共数据供给不足的问题仍大量存在。在各级地方政府或数据主管部门推进公共数据授权运营的过程中，多采用"发文件""设公司""建平台" 3 步走的实施路径，反而忽视了作为核心基础的公共数据资源供给。一方面，是数据治理工作不到位，各地普遍存在公共数据"质量差""不好用""用不上"的问题，究其原因是政府及公共部门的公共数据处理能力有限，且不够了解应用需求，难以高效加工公共数据。另一方面，是公共数据供给意愿不强，目前公共数据开发利用尚不属于部门职责，开展公共数据授权运营的数据安全责任沉重，且缺乏有效的激励机制，部分地区的积极性有待提升。**在公共数据加工使用与产品运营环节**，公共数据授权运营流程的规范性待提升，作为新模式，在各地实践中缺乏统一的标准和明确的制度依据，对公共数据授权运营能力或成果尚没有明确的评估评价机制，对公共数据授权运营相关工作的核心责任承担主体缺乏严格筛选，大量地方性数据集团型企业在数据处理、运营方面的专业技术水平、服务能力与实践经验有明显欠缺，面临现实挑战，困难重重。**在公共数据应用挖掘环节**，当前，公共数据应用仍不够丰富，大量集中在金融领域的借贷、核保等业务场景，部分地区由于缺乏实际应用需求而难以开展公共数据授权运营。

为了保证未来长期可持续的健康发展，公共数据授权运营还需围绕以下 3 个方面加强发力。一是要明确职责分工，提升数据供给能力。持续提升公共部门的数据素养，明确划分数据主管部门与各数源部门的权力与责任，厘清工作职责边界并强化落实。二是要健全工作机制，完善全流程标准规范。尽快统一相关概念认知和公共数据授权运营"事前—事中—事后"流程划分，推进完善全流程标准规范体系，针对运营主体筛选与运营成效等建立科学合理的评估评价机制。三是要坚持需求牵引，深挖数据应用。选择热点行业和领域，推进政企数据融合开发，并强化运营主体的数据应用挖掘与供需撮合能力。

（二）大模型掀起人工智能新浪潮

1. 生成式技术在多领域取得突破，助力人工智能迈向通用

大模型技术不断创新，呈现出强大的涌现能力，作为核心的生成式人工智能技术在自然语言处理、计算机视觉、多模态、机器人等多个领域持续实现突破，推动人工智能向通用人工智能方向发展。

生成式人工智能是通用人工智能的核心技术。在基础能力层面，生成式人工智能在泛化性、通用性等方面展现出优秀性能，助力自然语言、计算机视觉、音频等领域的生成，呈现出 Transformer 模型架构、SSM 架构等多模型架构协同发展的趋势。卡内基梅隆大学和普林斯顿大学联合推出基于 SSM 架构的新模型 Mamba。Mamba 在语言建模上优于同等参数量的基于 Transformer 架构的模型，同时推理吞吐量比类似的 Transformer 模型高 4 ～ 5 倍。加利福尼亚大学伯克利分校的计算机视觉"三巨头"联手推出了第一个无自然语言的纯视觉大模型（LVM），仅使用像素元知识就可实现如语义分割和深度重建的能力，具备较强的可扩展性。**在多模态能力层面**，生成式人工智能结合文本、图像、语音、视频等多种数据，通过进行深度语义理解及多模态交叉处理，不断刷新人工智能的能力边界。当前，学术界与产业界的主要探索路径为双模态模型和统一的多模态模型。在双模态模型领域，谷歌提出了图像 - 语言混合专家（LIMoE）模型，将稀疏方法应用在模型中，在大幅降低训练成本的同时实现模型参数扩展，与语言 - 图像预训练（CILP）模型相比，性能有大幅提升。在多模态模型领域，谷歌提出的 Gemini 模型在图像、音频、视频和文本理解方面均表现出卓越的性能。在大规模多任务语言理解（MMLU）基准测试上，Gemini 是全球首个达到人类专家水平的模型，同时在 30 个基准测试榜单上取得了最优结果。

具身智能是迈向通用人工智能的关键一步。通过推动大模型与机器人等智能体的融合，结合语言、视觉、推理及行动能力，创造性地解决需要与物理环境进行交互的挑战性任务，实现从被动感知向主动认知的跨越。大模型与具身智能的有效结合率先在机器人领域展开。谷歌推出了参数量为 5620 亿的多模态具身智能模型 PaLM-E，通过理解图像和文本信息，无须重新训练即可执行复杂的机器

人指令。斯坦福大学的李飞飞团队发布了基于大语言模型和大视觉模型驱动机器人的系统 VoxPoser，实现了零样本合成机器人轨迹的能力，在无须额外数据和训练的情况下机器人能够完成绕过障碍、开瓶子等任务。谷歌 DeepMind 发布了机器人大模型 RT-2，在保持对原始任务的处理能力的同时，提升了在新场景任务中的表现，相比 RT-1 模型，成功率从 32% 提升至 62%。

2. 大模型应用模式初步形成，提升多个行业的生产效能

如前文所述，目前全球大模型应用已经呈现出"一横一纵"两条路径，且两条应用路径并行发展，在多个行业中的应用引发颠覆式创新。

从横向应用路径来看，通用大模型注重优化提示工程，加速提升模型性能，以多种应用形态不断扩展赋能场景的边界。横向应用路径中的大模型具备较强的泛化能力、可扩展性、学习能力及多模态能力。以 OpenAI 为代表的企业依托更强大的算力、更大量的数据资源及更长期的技术和资金支持，进一步增加大模型训练的参数量、增强模型能力、扩展赋能场景边界，向通用人工智能的方向发展。同时，横向应用路径中的大模型应用生态越来越丰富，生态效应初显。例如，OpenAI 于 2023 年 12 月发布了 GPT Store、Assistants API、GPT Builder 等多个基于大模型的工具和服务，持续丰富大模型应用生态。GPT Store 服务主要用于分享用户构建的自定义 GPT 助手。Assistants API 工具可以为开发者提供检索、代码解释器、函数调用等多项功能，帮助开发者高效创建各类智能体。GPT Builder 工具支持用户使用自然语言，通过调取特定的知识库、API 等能力，帮助用户高效、低成本地构建基于 GPT 的应用。

从纵向应用路径来看，行业大模型深度赋能垂直行业场景，在识别、分析、生成等任务中表现突出。纵向应用路径中的大模型呈现出专业、轻量、稳定的特点，通过向基础大模型注入专业数据，实现对行业场景的有效赋能。以华为、百度为代表的企业，已经基本形成基础大模型、行业大模型、场景大模型三位一体的应用架构。基于自身的基础大模型面向产业界提供模型的微调和对专业领域知识的学习能力，赋能金融、教育、汽车、传媒、科学计算等多个行业，降低大模型的应用门槛。例如，金融大模型可实现智能金融研报生成、数据分析，促进营销智能化；汽车大模型可在智能座舱、知识检索中发挥作用，提升用户的驾驶体验；科学计算大模型可用于气象研究、物理研究、生物研究中，实现高性能计算。

继大模型产品大量涌现，新的应用模式"模型即服务（MaaS）"开启大模型规模化应用新篇章。与以往的 PaaS（平台即服务）、SaaS（软件即服务）服务不同，MaaS 服务将模型作为直接的生产元素，形成了可调度、可管理、标准化的模型服务，服务内容包括数据处理、特征工程、模型训练调优、提供模型服务等。这种新的服务模式能够根据技术应用方的实际情况进行个性化定制，使得应用方可忽略底层技术细节，更加专注自身业务。目前国内外相继发布 MaaS 服务，如微软提供的 Azure OpenAI 服务支持 OpenAI 推出的 GPT-4、GPT-3、Codex 和 DALL-E 等模型的 API 调用，便于应用方构建、微调模型，为应用提供支持；阿里云推出开源的 MaaS 平台 ModelScope，提供灵活、易用、低成本的模型服务产品；腾讯云推出的 MaaS 一站式服务依托腾讯云 TI 平台打造行业大模型精选商店，包含腾讯企点、腾讯会议等应用；华为云的 MaaS 服务采用"5 个基础大模型 +N 个行业大模型 +X 个场景大模型"的 3 层解耦架构。

3. 大模型带动数据和软硬件产业加速发展

大模型的飞速发展全面激发了产业的创新活力。指令数据集、专为 Transformer 优化的 AI 芯片、分布式训练框架成为产学研的关注热点。

在数据方面，产业聚焦指令微调语料库和偏好标注数据集的构造。由于数据的多样性对大模型各个训练阶段的训练效果影响巨大，大量多样且可靠的数据源是大模型数据集构造的重要基础，以公开数据集、网络抓取数据、百科词条、书籍、代码、学科知识、论文等为代表的不同类别、不同来源的基础数据集应运而生。此外，由于有监督微调（SFT）和基于人工反馈的强化学习（RLHF）是大模型训练的重要环节，以斯坦福大学、加利福尼亚大学伯克利分校、北京大学等为代表的国内外院校，和以微软、Anthropic 等为代表的产业界机构，纷纷针对服务于这两个环节的指令数据集进行了构造和发布。

在硬件方面，产业围绕芯片进行多方优化，保障了大模型训练的效率基础。针对大模型的研发和应用需求，产业界从芯片算法、架构设计和计算设计等多方面综合优化芯片，以提升大模型训练效率。在芯片算法优化上，结合大模型计算需求，通过引入特定架构以提升 Transformer 模型算法性能，如 Hopper 架构引入 Transformer 引擎，以提升算子计算效率，降低访存开销，实现定向加速大模型计算。在芯片架构设计优化上，企业推出针对大模型的训练加速卡，极致优化性能，如英伟达发布 H200 芯片，可以实现 141GB 的 HBM3e 内存容量，GPU 内存带宽达 4.8TBit/s。在芯片计算设计上，硬件企业引领计算底层规则，制定适用于 AI 运算的统一数据格式，如英伟达、ARM、英特尔联合发布数据格式 FP8，以实现减少计算量、多精度累加、提升效率。

在软件方面，通过 AI 开发框架实现大模型训练及推理效率、可扩展性、兼容性的综合提升。由于大模型自身的复杂性和参数规模的不断增大，传统开发框架对大模型训练和推理的支持度不足，面临异构资源调度、模型部署困难等挑战，主流开发框架在分布式训练支持、多样化平台部署等方面不断改进升级。**其一，大规模分布式训练成为开发框架新发力点。**产业界从异构硬件统筹调度能力和多节点协同调动能力的提升入手，实现开发框架的迭代更新，如 Meta PyTorch 可同时支持 CUDA11 和 AMD ROCm，华为昇思、谷歌 TensorFlow 等支持数据、模型、流水线等多种并行计算策略。**其二，兼顾效率与性能的模型压缩是部署重点。**百度飞桨通过标准化部署接口，实现一行代码切换不同推理后端，实现不同部署场景的零成本迁移，TensorFlow 支持 TensorRT、OpenVINO 等多种推理后端。**其三，多推理后端的兼容、迁移是落地要点。**TensorFlow 的 Model Optimization Toolkit 工具包提供量化压缩功能，PyTorch 可根据输入动态调整量化参数，平衡模型精度和性能，减小内存占用和计算开销。

（三）区块链基础设施部署速度加快

1. 全球区块链基础设施建设规模初显，助推跨领域应用创新

公有链和联盟链两大技术路线，合力推动区块链基础设施建设、部署。经过多年发展，区块链基础设施属性持续增强，并向公有链和联盟链两大技术路线演进，不同基础设施相互协作、互为补充，规模化效应初步显现。**一是**公有链基础设施已形成"一超多强"格局。据不完全统计，当前全球正在运营的公有链超过

100 条，以太坊作为领头羊，已经建立起强大的生态系统，占据领先地位。截至 2023 年 12 月，以太坊共有约 7500 个节点，其中美国境内约有 3400 个节点、德国境内约有 1800 个节点，两国境内的以太坊节点数量占比近 70%。其他比较有影响力的公有链还有 Polygon、Solana 等。**二是**公有链已成为全球数字金融的重要基础设施。基于加密货币、非同质化代币（NFT）等正逐渐形成公有链通证经济体系，刺激面向金融、社交、游戏等领域的去中心化应用变革，其中金融类项目在所有项目中的占比达 30.5%，游戏类项目在所有项目中的占比达 18.9%，如图 6-12 所示。**三是**已形成较大规模的基于联盟链的区域性基础设施集群。国家级基础设施建设方面，欧盟的欧洲区块链服务基础设施（EBSI）、中国的区块链服务网络（BSN）、星火·链网等均在加快打造服务广大区域的区块链基础设施。其中，EBSI 的活跃节点已达到 40 个，主要应用于数字身份验证、教育文凭、公证、中小企业融资等场景。"星火·链网"已在武汉、重庆、北京、沈阳、柳州等城市建设运行了 11 个超级节点，以及在江苏昆山、山东胶州、武汉汉阳等地完成了骨干节点部署，面向工业、金融、智慧城市等领域开展规模化应用。在城市级基础设施建设方面，全国范围内已有 10 余个城市区块链基础设施建设完成并投入使用，已在一定程度上取得体系化、规模化建设成效，新型基础设施的支撑作用逐渐显现。

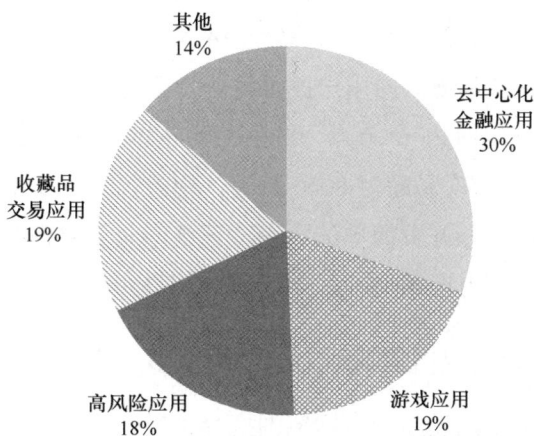

图 6-12　按类型划分的公有链去中心化应用比例图

（数据来源：中国信息通信研究院）

2. 联盟链与公有链融合发展，开放联盟链成为基础设施发展新方向

开放联盟链融合公有链和联盟链的特点，产品服务形态持续迭代升级，开放联盟链基础设施悄然形成，正面向区域和行业加快部署，生态体系逐渐成形。

具备开放性的区块链基础设施优势明显，加快推动产业落地。 开放联盟链融合了公有链和联盟链的特点，产品服务形态持续迭代升级，相比传统区块链产品服务具备以下四大优势。**一是公信力优势**，多个权威组织共同参与同一条开放联盟链的运营，用户可以随时查看区块链网络运行状态和链上应用活跃度，提升了链上信息透明度。**二是生态开放优势**，开放联盟链将区块链网络服务向用户开放，用户的使用体验和公有链的用户使用体验类似，可以在链上直接开发和部署应用，进一步降低了用户使用门槛。**三是互联互通优势**，开放联盟链开放接入机制，方便了跨链协议部署，有助于实现链间智能合约调用，支撑了更广泛、更灵活的商业应用。**四是使用成本优势**，开放联盟链中的节点由联盟单位共同维护，开发者只需支付少量的数据上链费用。

开放联盟链正面向区域和行业加快部署，产业体系逐步成型。一是技术发展态势向好，"星火·链网""贵阳享链"等开放联盟链平台，有效降低了应用开发成本，提供了高效、开放、可靠的区块链开发环境，方便业务用户快速搭建应用和拓展生态，已具备面向特定用户群体提供开放联盟链服务的条件。**二是应用规模逐渐扩大**，蚂蚁开放联盟链网络、百度超级链开放网络、众享链网、BSN 等由区块链服务提供商联合建设，向用户提供类似公有云的服务。截至 2023 年 12 月，蚂蚁开放联盟链网络包括 26 个节点，链上交易超过 10 亿笔，百度超级链开放网络包括 17 个节点，链上交易超过 8000 万笔，用户仅支付少量费用即可在开放联盟链上构建智能合约，并开发简单的应用。**三是产业重视程度提高**，根据区块链产业调研报告显示，国内近 44% 的厂商正在布局开放联盟链相关技术研发。

3. 区块链基础设施激发应用创新活力，已形成多个成熟应用领域

近年来，区块链基础设施的应用范围持续扩展，多领域创新不断突破，率先在数字资产、数字身份、数据要素、实体经济等领域开展探索，产业创新发展迎来新机遇。

区块链在数字资产中的应用拓展数据要素的发展边界,赋能多方价值互联。数字资产主要通过数字资产化与资产数字化的方式形成,因此,数字资产可以归为现实资产数字化和原生数字资产两种形式。**一是**现实资产数字化,国内主要围绕数据存证、数据共享、数据溯源、业务协同等在多行业领域展开广泛实践,但资产流通范围局限于行业本身,资产规模相对较小。国外则重点发展实物资产通证化(RWA)的形式,将数字资产以通证化的形式在区块链上流转,并与区块链下实物资产价值锚定,实现数字资产的全域流通。**二是**原生数字资产,我国对原生数字资产的应用探索主要集中在数字营销、数字内容确权、实物资产数字化等,相较于国外,以确保金融安全作为出发点,保障实体经济与数字经济协同发展。

区块链在数字身份中的应用支撑信任传递,夯实数字空间基石。数字身份的出现解决了如何保障用户身份的可靠性、可辨识性、唯一性的问题,搭建了用户参与线上数字活动的入口,实现了实体身份从现实世界到数字世界的转移。区块链赋能行业身份,为身份认证服务提供信任支撑,通过区块链、可验证计算等数字信任技术保障用户身份主权、数据主权和资产主权,即用户拥有对自己的身份、数据及资产的所有权,不依赖于任何公司或实体,保障了用户身份和数据的隐私性,增强了用户对自己数字身份的信任感,分布式数字身份架构成为重要探索方向。

区块链在公共服务中的应用打通数据堵点,助推数据价值释放。"政务服务+区块链"应用成为各级政府部门数据和业务互通的桥梁纽带,在数据共享和业务协同等方面发挥了重要作用,已逐步成为建设一体化政务平台的基础组件。**一是**在数据共享方面,通过区块链对政务大数据进行分类、分级,实现各个政务系统可信数据的交换和共享,如北京市目录区块链系统,通过区块链核心能力,对政务大数据进行分类、分级。**二是**在业务协同方面,利用区块链打破各部门"信息孤岛",建立政府部门间点对点的可信网络,实现公民/法人的可信电子证照的全面归集和共享,如重庆市基于"山城链"建设公积金信息共享联盟链。**三是**在公共数据授权运营方面,通过区块链能够在信用、交通、医疗、卫生、就业、社保、统计、教育、气象等与民生紧密相关、行业增值潜力显著的领域实现公共数据的可信授权共享，如四川省成都市基于"蜀信链"建设成渝地区公共信息资源共享机制。**四是**在企业数据开放利用方面，依托区块链的授权认证及数据共享能力，打破区块链链上下游"数据孤岛"，实现企业数据跨区域、跨平台的授权共享，如河北省雄安新区基于区块链技术建设了覆盖城市全行业的产业互联网平台。

区块链在实体经济中的应用促进产业协同，推动数实融合发展。我国区块链的应用从数字金融向千行百业逐步扩展，已在通信、航运贸易金融、制造、能源等领域落地多项典型应用。**一是**在通信领域，由中国电信、中国联通和中国铁塔牵头的"面向下一代通信基础设施的 BaaS（区块链即服务）联盟"项目，实现了网络建设运营数字化管理和资源联合调度，运营效率提升了一倍以上。**二是**在航运贸易领域，通过区块链建立可信高效的信息交流渠道，使得跨境数据流转更加安全、可靠、高效。**三是**在金融领域，中央结算公司建设区块链数字债券发行公用平台，实现了全流程业务数据的上链和可追溯，强化了穿透监管，防范了金融风险。**四是**在制造领域，天河国云联合制造企业建设工业数据可信协同基础设施，打通了供应链上下游企业间的数据，提升了供应链协作效率。**五是**在能源领域，国家电网建成能源区块链公共服务平台"国网链"，服务了绿色能源生产消费场景。

4. 区块链基础设施治理体系初步成型，监管举措逐步细化

近些年，数字化建设政策密集出台，国内外已经基本形成完善的数字化发展战略规划和举措相结合的政策体系，区块链基础设施治理体系初步成型。

欧美等发达国家积极构建区块链基础设施治理体系。一是欧盟首个加密资产监管法律框架出台。2023 年 5 月，《加密资产监管市场法案》（简称"MiCA 法案"）正式通过，该法案对欧盟境内各类加密资产服务提供商和发行商主体进行统一规制，辐射欧盟 27 个国家的 4.5 亿人口，面向加密资产大市场，为全球各国的加密监管提供示范参考。**二是**美国提出"负责任创新"的监管理念。2022 年 3 月美国总统拜登签署总统行政命令《关于确保负责任地发展数字资产的行政命令》，同年 9 月白宫发布全球首个综合性的《数字资产负责任发展框架》，指出要评估加

密货币的益处并防范安全风险，明确了包括发展美国央行数字货币等在内的七大关键事项，致力于通过制定相关政策促进加密货币行业健康发展。**三是**新加坡出台针对稳定币的监管框架。新加坡金融管理局于 2023 年 8 月正式发布稳定币监管框架，从适用范围、储备金管理、从业资质管理及安全风险防范 4 个方面作出相应规定，积极推动本土"合规稳定币"有序发展，并通过强化对储备资产的要求，保护投资者利益。**四是**日本解除稳定币发行限制，10 部门联合成立 Web3.0政策办公室。2023 年 6 月，日本金融厅正式解除海外发行的稳定币在日本的流通禁令，允许银行、资金转账服务提供商和信托公司等持牌企业发行与日元挂钩的稳定币，并将算法稳定币视同虚拟货币一并监管。Web3.0 政策办公室协同多部门开展 Web3.0 发展政策与监管措施的制定，发布 NFT 白皮书及 Web3.0 白皮书，并就数字日元试点计划开展论证。

我国技术监管兼顾发展安全保障，监管举措逐步细化。一是强调推动区块链及其他数字技术的应用。各地承认区块链技术和其他数字技术的发展、应用潜力，并致力于在其管辖范围内推动这些技术的应用和发展。**二是**强调完善数字资产确权和交易机制。多个地方关注到数字资产确权和交易机制的重要性，并积极探索制定相关政策。**三是**强调加强对数字内容的保护。多项政策强调了对数字内容的保护，以保障数字内容拥有者的权益，促进数字经济的健康发展。**四是**强调探索新的商业模式。多个地方指出新的商业模式能为数字经济发展提供新路径和新模式。

三、2023 年大数据与人工智能领域发展趋势展望

（一）AI 能力赋能云基础设施全面升级

经过多年发展，云计算已与社会经济深度融合，从概念普及进入应用广泛落地、创新活跃、应用繁荣的新阶段。云计算作为关键数字基础设施持续发挥价值效用，已成为企业数字化转型优化的必然选择。同时，随着需求的快速变化与技术的不断进步，基于云底座的创新不断迸发，云计算是 AI 应用落地和发展的土壤，同样，AI 的发展也将反哺云计算的演进，**下一代云基础设施势必将与 AI 能力深度融合，实现新一轮升级。**

未来的云底座将天然适配 AI 需求。AI 能力将改良 IaaS（基础设施即服务）层的算力资源调度方式，实现多元异构算力的灵活调度。未来的 IaaS 层将能够充分兼容 CPU（中央处理器）、GPU（图像处理单元）、NPU（神经网络处理器）、TPU（张量处理器）、FPGA（现场可编程门阵列）等异构算力并实现异构算力的协同处理，同时满足通用计算场景、AI 场景等不同场景的使用需求，实现计算效力最大化。云计算已成为 AI 创新发展的底座，为满足 AI 对算力的巨大需求，未来的 IaaS 层将提供更精细的资源虚拟化能力、更低成本的存储与数据处理、更高性能的网络及更高效的软硬件协同能力，进一步提升云平台能力，以实现异构算力的加速供给，为 AI 的爆发式创新奠定坚实的算力基础。

未来的云平台将内置 AI 能力与服务。AI 能力将颠覆算法模型构建方式，强化模型的易用性。PaaS 层的工具和产品将充分融合 AI 能力，对 IaaS 层的资源进行灵活调度和管理，帮助开发人员更便捷地搭建、扩展和维护应用。Kubernetes 能力融合 AI 能力将有效降低任务调度、作业生命周期管理等方面的复杂度；研发过程融合 AI 能力，在短期内将通过 AI 辅助编程及 AI 代码优化等功能提升开发人员的工作效率、缩短产品开发周期，长期来看甚至能够根据需求自动生成相关代码；运维过程融合 AI 能力，将在测试、故障定位、故障预测及自愈等环节充分发挥 AI 的价值，进一步提升云平台的可用性及稳定性，提高风险防范能力、有效地减少非

计划的业务系统中断；Serverless 技术融合 AI 能力，将进一步放大 Serverless 技术在免运维、极致弹性、降本增效等方面的优势，实现更强大的弹性预测、自动调整容量等能力，显著降低用户维护成本。

未来的应用都将是 AI 原生应用。AI 能力将向上重塑应用服务模式，加速孵化创新 AI 应用场景。AI 原生应用是指应用具有内在可信赖的 AI 能力，在设计、部署、维护、运营等环节中的 AI 能力都是应用的自然组成部分。AI 原生应用具备以下三大典型特征。**一是**应用具有更广泛的算力链接，并具有多元异构算力的供给能力，从而能够提供更实用、更易用、更普惠的算力服务。**二是**应用能够通过监督学习、强化学习完成自动迭代。在 AI 能力的加持下，应用可通过对不同场景的学习进行自我优化以适应不断变化的环境。**三是**应用服务模式实现从用户适应产品到产品适应用户的转变。传统应用通过 PC 端键盘、鼠标或移动端"触摸"来完成人机交互，而 AI 原生应用则能够更好地理解真实世界与用户意图，更懂用户需求，大幅提升用户体验，如图 6-13 所示。

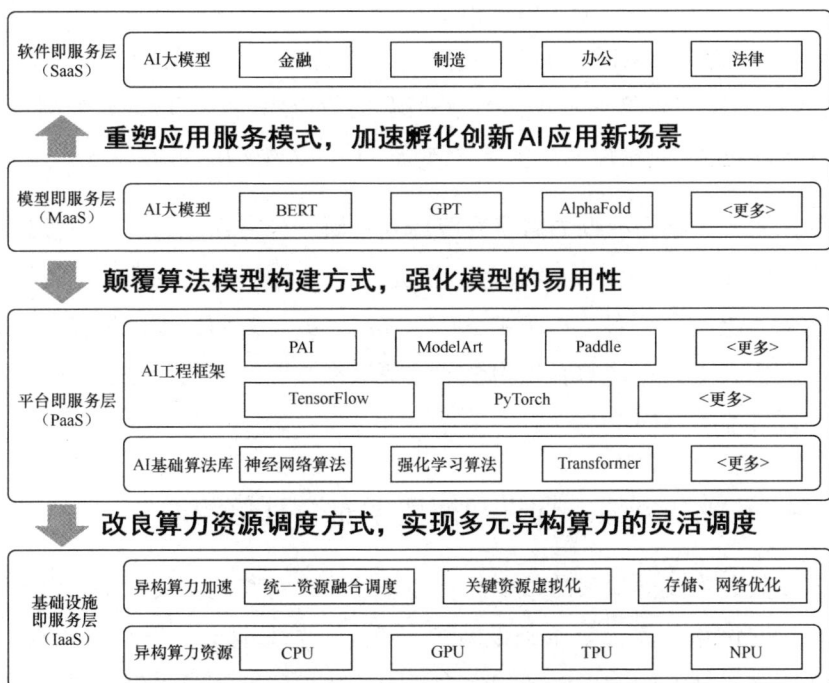

图 6-13　AI 能力赋能云基础设施全面升级

（数据来源：中国信息通信研究院）

（二）大模型技术创新与业态创新双轮驱动，加速数字经济大发展

大模型技术不断演进，大模型底层架构将不断升级。 随着大模型技术的日益成熟，大模型的准确性、鲁棒性和并发性将进一步受到各方关注，大模型底层框架将从 Transformer 原生转向 Transformer 融合、Transformer 替代发展。大模型底层框架将由 Transformer 单一神经网络，演化为 RWKV、Internlmage 等 "Transformer+RNN/CNN" 融合神经网络，以捕获距离更长的语义依赖关系，适用于更多模态的任务，提供更强大的生成创造能力，具备高并发性、高性能、高可靠性等属性。基于 Transformer 的大模型底层框架的演变路线影射未来 3～5 年大模型架构的三段式发展规律，即在原生阶段、融合阶段、替代阶段充分实现大模型的强建模性、高并发性、强鲁棒性、高准确性。

大模型应用生态即将爆发，MaaS 成为中坚力量。 行业需求的多元化和平台工具的日益健全，为丰富多样的大模型应用的产生创造了环境。MaaS 的兴起大大降低了算力、技术的门槛，搭配可视化平台工具，使得 5 分钟制作一个 AI 应用成为现实，未来的 AI 应用将向着更加个性化、更加丰富的方向发展。基于 MaaS 层丰富的模型服务，AI Agent、具身智能等应用能够获取即取即用的推理能力，进一步促进 AI 应用加速向全场景渗透，推动大模型应用生态爆发。

长期来看，大模型将助力数字经济蓬勃发展。一方面，大模型将加速行业升级。未来 10 年间全球生产力预计提高超过 1.4%，知识工作者的人工智能工具使用率将达到 30%，各行各业都将被 AI "颠覆"。**另一方面**，大模型将推动经济增长。广泛应用人工智能技术有望为全球经济带来 7 万亿美元的增长，高于全球第三大经济体日本的 GDP[7]。

（三）多技术融合创新，促进数据要素安全可信流通

随着以数据为关键要素的数字经济加速发展，对与之相关的基础设施提出了新的要求，在网络、算力等基础设施的支持下，隐私计算、区块链、数据空间、数据流通网络等技术的融合创新，将为不同的数据流通需求提供支撑。未来将进

---

7 2023 年高盛发布的《人工智能对经济增长的潜在巨大影响》报告。

一步配合基础设施建设、机制和政策保障，有效促进数据要素价值释放。具体表现如下。

一是隐私计算及区块链的结合为数据流通提供端到端的"数据可用不可见"能力。在数据流转过程中，数据以密态形式流通，保障数据流转、计算、融合直到销毁的全链路安全可控，同时将数据要素的持有权和使用权分离，实现"数据可用不可见、使用可控可计量"，以及使用权的跨域管控。

二是数据空间为数据流通提供边界限定、"数据可控可见"能力。数据空间技术构建了一个虚拟的空间，以解决数据权属管理问题，并确保数据安全交换共享。通过构建统一的数据流通共享机制，破解数据确权管理和确立数据资产定价机制难题；同时，加强静态和动态身份认证机制，确保数据生态环境可信任。

三是数据流通网络打破端与边界限制，建立全国数据流通"一张网"。可信数据流通网络是以数据可信流通为基础原则而建立的跨区域、跨行业、跨主体的数据流通基础设施，提供"全国互联、数据可信、流通安全、全程可溯、贡献可量"等核心功能，解决数据确权与授权、数据资产评估与定价等方面的问题。

多种技术融合创新，将为数据流通提供可信赖的数据流通环境。通过基于上述多种技术的融合建立的数据流通环境，将确保数据来源可确认、数据使用范围可界定、数据流通过程可追溯、安全风险可防范，降低供给风险，实现数据要素"供得出"；为不同行业、不同地区、不同机构提供规范统一的数据要素市场参与模式，显著降低数据传输和使用成本，促进数据要素市场参与主体形成泛在互联和高速互通的紧密关系，推动数据要素"流得动"；帮助数据要素使用方可以顺畅、便捷地获取数据，应用数据的门槛将进一步降低，定制化、个性化、专业化的数据应用将迅速涌现，推动形成交叉创新、跨界融合的数据应用新局面，促进数据要素"用得好"。

数字经济与工业经济篇

导　　读

2023 年中央经济工作会指出，要大力推进新型工业化，发展数字经济。数字经济与工业经济作为当前我国经济的重要组成部分，受到党和国家的高度重视，成为支撑宏观经济增长的关键动能。**一方面**，数字经济成为经济稳定增长的重要引擎，经济下行周期的稳周期性特征明显，效率提升与补偿效应更加显著。同时，数据作为数字经济发展的关键生产要素，驱动经济增长的能力初步显现。**另一方面**，工业经济短期向好基本面依然稳固，新型工业化为工业高质量发展积蓄发展新动能，工业高质量发展成为工业经济当前乃至未来一段时期的主旋律。

2023 年，数字经济与工业经济领域热点主要体现在以下 3 个方面。**一是重磅会议接连部署，新型工业化加快推进。****一方面**，党中央高度重视新型工业化发展，国务院常务会议和全国新型工业化推进大会相继召开，深刻分析我国新型工业化的阶段性特征，加快部署新型工业化发展。**另一方面**，提升产业创新水平、推动数实融合和绿色发展成为推动新型工业化发展、实现产业体系优化升级的重要助力。**二是国家数据局挂牌成立，数据要素顶层设计规则日趋完善。**行业层面，各部门积极响应顶层设计规划，通过出台部门文件、开展创新实践行动、落实政策细则等，推动数据要素体系建设。地方层面，各地政府立足地域特色，通过实施"一城一策"战略以推动数据基础制度落实落细，加速释放数据要素潜能。此外，公共数据授权运营、数商培育、数据基础设施建设成为推动数据要素落地的三大抓手。**三是数字经济产业集群建设元年启幕，分类推进做强做优。**随着党中央、国务院提出"打造具有国际竞争力的数字产业集群""打造世界级数字经济产业集群"，数字经济产业集群建设迎来热潮，工业和信息化部等相关部委立足自身职责加快重点领域数字经济产业集群建设，各地纷纷发力塑造数字经济产业集群品牌。

在党和国家的高度重视下，我国数字经济与工业经济将迎来大发展、大繁荣的新契机。**一是数字经济推动国民经济总体回升向好态势更趋明显。**预计到 2025 年，我国数字经济规模将超过 60 万亿元，数字经济投入 - 产出效率将提升至约 3.5。预计到 2032 年，数字经济规模将超过 100 万亿元，10 年间数字经济规模增长将超过 50 万亿元。**二是高质量发展成为工业经济当前乃至未来一段时期的发展主旋律。**我国拥有完整的工业体系、超大规模市场优势、广大经营主体、完善的配套措施，它们共同构筑了工业经济稳定增长的坚实基础，适应格局变化的能力稳步提升。**三是数实融合向深向广，支撑经济高质量发展，**数字化转型支出成为推进数字经济和实体经济融合的重要推动力，数字经济和实体经济的融合不断深入，产业数字经济持续深入发展。

本篇作者：

孙 克 李小虎 巩天啸 何 阳 汪明珠 姜 颖 胡燕妮 耿 瑶
王李祥 冯泽鲲 刘 璇

一、2023 年数字经济与工业经济领域发展情况综述

（一）数字经济发展情况综述

1. 数字经济成为我国经济稳定增长的重要引擎，稳周期性特征明显

我国数字经济规模首次突破 50 万亿元。2022 年，面对新的经济下行压力，各级政府、各类企业纷纷把发展数字经济作为培育经济增长新动能、抢抓发展新机遇的重要手段，我国数字经济发展活力持续释放，2022 年我国数字经济规模达到 50.2 万亿元。数字经济规模保持高位增长，2022 年我国数字经济规模名义增长 10.3%，高于 GDP 名义增速 4.98%。自 2012 年以来，我国数字经济规模增速已连续 11 年显著高于 GDP 增速，数字经济持续发挥经济"稳定器""加速器"作用，如图 7-1 所示。

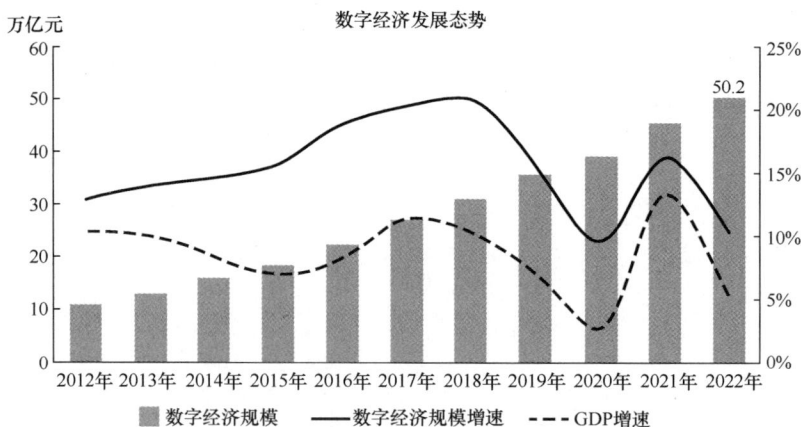

图 7-1 我国数字经济发展态势
（数据来源：中国信息通信研究院）

数字经济具有明显"稳周期性"，强力支撑经济复苏。每逢经济下行承压期，数字经济均引领经济复苏，显示出较强的产业韧性与辐射带动作用。如图 7-2 所示，当国民经济运行呈现下行趋势（图中灰色部分为国民经济下行区间），数字产业化规模及产业数字化规模均逆势上涨，为拉动国民经济回升提供重要支撑力量。当前，我国数字产业化处于摆脱下行区间的衰退恢复期，而

产业数字化则处于谷底爬升期，数字经济整体正迈入企稳回升阶段。具体来看，**2012—2016 年，我国数字产业化和产业数字化均处于平稳发展期**，各年份间产业发展趋势指数差距均小于 1。这一时期我国数字经济国际竞争力不断增强、内部产业结构不断优化、人民币汇率相对稳定、创新应用不断涌现，综合因素导致我国数字经济整体发展较为稳健。与此同时，数字技术持续快速渗透国民经济各行各业，尤其是服务业，全要素生产率持续提高，基于"互联网 +"战略，逐步形成了一批新产业、新业态与新商业模式，进一步丰富了产业数字化生态。2017 年至今，**我国数字产业化和产业数字化发展正处于波动发展期**，各年份间产业发展趋势指数差距均大于 1。**一方面**，受国际贸易环境恶化等因素导致全球经济循环不畅的影响，我国数字产业化收缩性触底，但在一系列稳增长措施下表现出波动上升的趋势。自 2021 年起，我国数字产业化所具有的高韧性与强影响力特征使其成为支撑经济复苏的先导部门。**另一方面**，在产业数字化发展受到制约的情况下，以技术密集型制造业为主导的中高度数字化产业快速发展，占比不断提高，效益不断提升，成为在经济下行周期中推动经济复苏的重要结构性动能。**预计到 2025 年**，在加快基础研发、提升产业链韧性等诸多政策加持下，数字经济红利将持续释放，尤其是工业数字化产业规模增长动能将不断增强，数字经济将加速回升，进一步发挥其"逆周期作用"，引导经济温和复苏。我国国民经济与数字经济发展周期如图 7-2 所示。

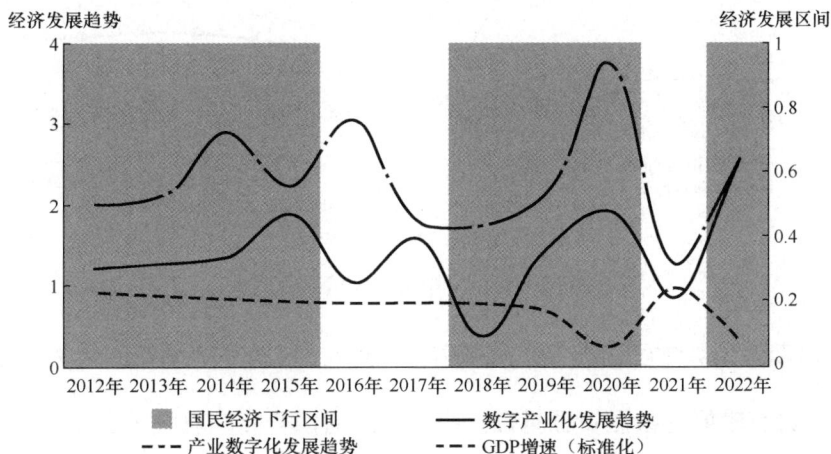

图 7-2　我国国民经济与数字经济发展周期

（数据来源：中国信息通信研究院）

2. 数字经济的效率提升与补偿效应更加显著

从效率提升上来看，数字经济全要素生产率要远远高于国民经济中的非数字经济部门全要素生产率。2022 年，我国数字经济全要素生产率约为非数字经济部门的 1.98 倍。数字经济部门全要素生产率稳中有升，自 2012 年以来年均复合增长率达 2.1%，远高于非数字经济部门的 0.6%，成为支撑国民经济规模持续稳定增长和生产效率提升的重要保障。从效率补偿上来看，数字经济往往能兜底国民经济的效率改善。自 2019 年起，我国逐渐进入经济承压期，数字经济部门全要素生产率的提升引领经济复苏，补偿了非数字经济部门全要素生产率的提升不振，支撑了我国经济的效率改善。我国数字经济的效率补偿效应如图 7-3 所示。

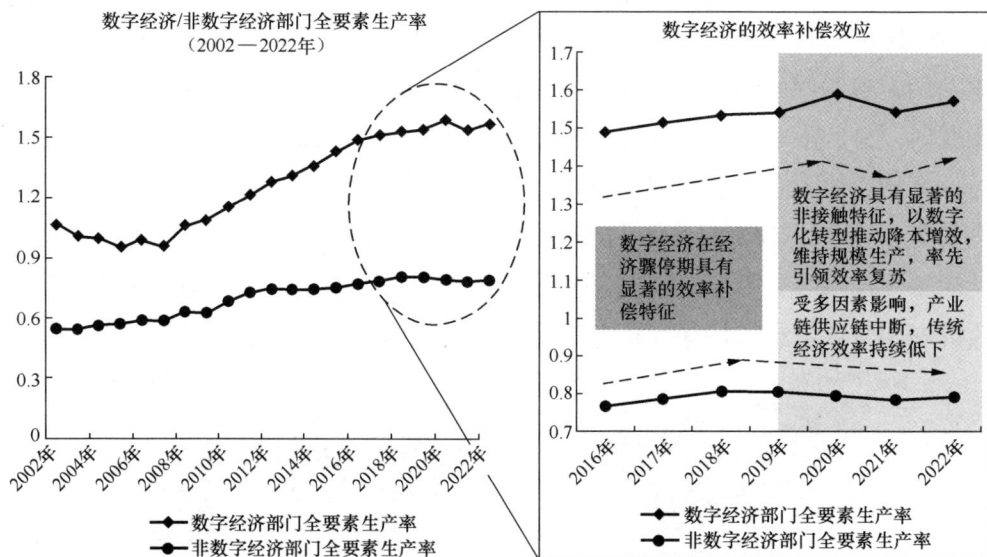

图 7-3　我国数字经济的效率补偿效应
（数据来源：中国信息通信研究院）

3. 数据要素作为数字经济发展的关键生产要素，驱动经济增长的能力初步显现

我国具有较好的数据资源基础。中国信息通信研究院对我国数据要素发展情况开展调研，企业样本覆盖 19 个国民经济行业门类和 92 个国民经济行业大类。

从产业来看，第一产业、第二产业、第三产业企业的占比分别为 7.6%、58.5%、33.6%，从企业类型来看，国企占比达 10% 左右，民企占比达 80% 左右。数据产量是企业每年生产的数据量，第三产业依托互联网及各类平台，数据产量较高，为 245TB/ 企业。企业数据存储量是企业每年存储的数据量，我国第二产业、第三产业企均数据存储量较高，分别为 14.58TB/ 企业和 15.22TB/ 企业，第一产业较少，为 9.41TB/ 企业。数据存储率是数据存储量与数据产量间的比例，我国企业数据存储率约为 8.73%，超 90% 的数据没有被存储。从行业维度来看，数据标准化程度高、数据集中度高、数据结构简单的行业数据存储量较大，如科学研究和技术服务业，金融业，电力、热力、燃气及水生产和供应业，信息传输、软件和信息服务业等。

数据对经济发展的贡献开始显现。数据的经济贡献度是数据的开发利用对经济收入增长的贡献程度。根据中国信息通信研究院的测算，2022 年我国数据的整体经济贡献度为 1.06%，第一产业、第二产业、第三产业数据经济贡献度分别为 0.32%、0.65%、1.69%，较 2021 年分别增长 0.25%、0.49%、0.62%，如图 7-4 所示。目前，第三产业数据的应用场景较为丰富，数据的驱动能力最为明显，数据的经济贡献度最高。从细分行业来看，与其他行业数据相比，制造业数据的潜在价值最高，制造业企业有较大的数据开发应用潜力。

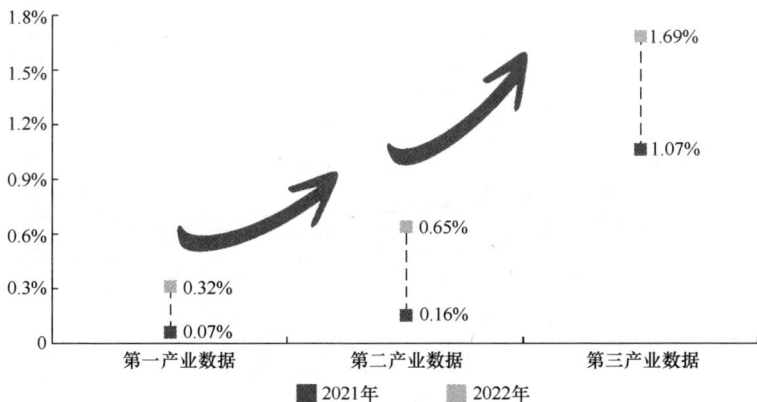

图 7-4　我国数据的经济贡献度

（二）工业经济发展情况综述

1. 短期看，工业经济向好基本面依然稳固

工业生产总体平稳。 2023 年以来，各地区各部门落实落细系列稳增长政策"组合拳"，着力优化供给、扩大需求、增强动能、帮扶企业。在此背景下，工业生产稳步加快，企业效益持续改善，产能利用率稳步提升，制造业高端化、智能化、绿色化发展不断取得新成效，全年工业经济总体保持回升向好态势。2023 年，规模以上工业增加值比上年增长 4.6%，增速较 2022 年提升 1.0%，2024 年预计将延续自 2023 年以来的逐月稳步回升态势。多数行业和产品实现增长，2023 年 12 月份，在工业 41 个大类行业中，31 个行业增加值实现增长，增长面为 75.6%。装备制造业的支撑作用增强，2023 年，装备制造业生产保持良好态势，与 2022 年相比，全年增加值增长 6.8%，对全部规模以上工业增长的贡献率接近五成，在全部规模以上工业增加值中所占的比重为 33.6%。制造业高端化发展稳步推进，实现高水平科技自立自强。2023 年，半导体器件专用设备制造、航天器及运载火箭制造、飞机制造等行业增加值分别增长 31.5%、23.5%、10.8%。实体经济展现出的韧性与潜力，为稳定宏观经济基本盘提供了强有力的支撑。规模以上工业增加值增速如图 7-5 所示。

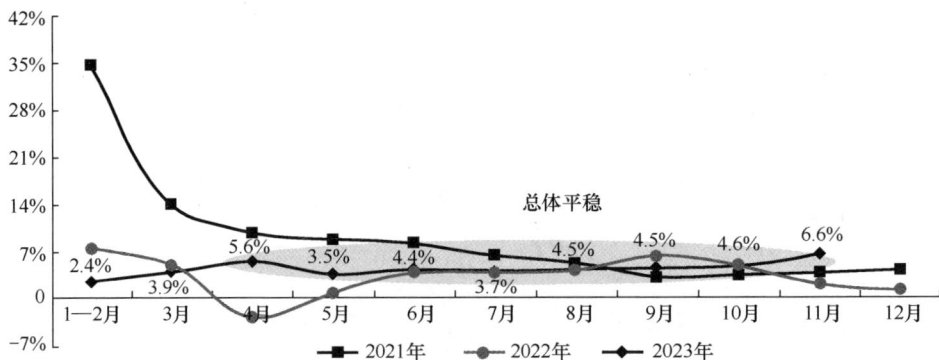

图 7-5　规模以上工业增加值增速

（数据来源：国家统计局）

企业亏损面收窄。国内需求逐步扩大，工业生产稳步回升，规模以上工业企业效益持续恢复，主要行业利润积极改善。2023 年，全国规模以上工业企业利润比上年下降 2.3%，降幅比上年收窄 1.7%，继续保持稳步恢复态势。从 2023 年的年内走势来看，规模以上工业企业累计利润从 1—2 月同比下降 22.9% 逐月回升至全年下降 2.3%，利润降幅大幅收窄。分季度来看，2023 年第一季度、第二季度规模以上工业企业利润分别同比下降 21.4%、12.7%，第三季度、第四季度规模以上工业企业利润分别增长 7.7%、16.2%，工业企业利润由降转增，并实现较快增长。从当月增速看，自 2023 年 8 月以来，规模以上工业企业利润连续 5 个月实现正增长。我国规模以上工业企业利润总额累计增速与工业企业营业收入累计增速如图 7-6 所示。

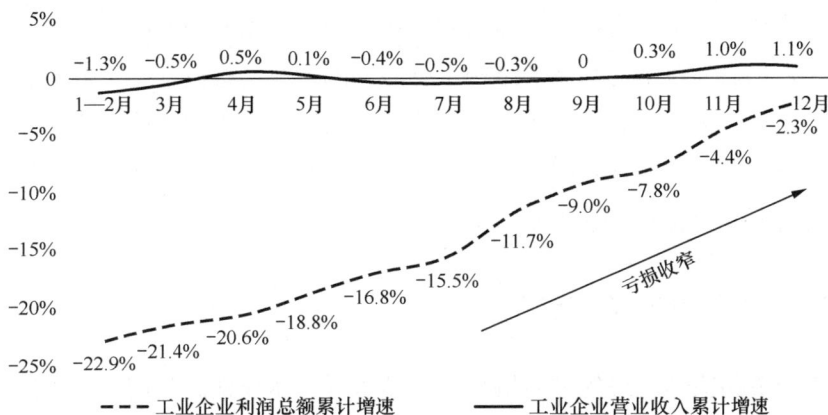

图 7-6 我国规模以上工业企业利润总额累计增速与工业企业营业收入累计增速

（数据来源：国家统计局）

制造业高质量发展加快推进。先进制造业加快发展，2023 年前 3 季度，高技术制造业投资同比增长 11.3%，增速比制造业投资增速高 5.1%。加快培育新行业、新业态，加快开发新产品，新能源汽车、光伏产品、航空航天器等的产量实现高速增长，造船业三大指标继续全球领跑。加速推进数字化转型进程，推动智能工厂建设规模的扩大和智能化水平的提升，已建设近万家数字化车间和智能工厂。打造智能制造新场景、新方案、新模式，产业提质增效成果显著。

2. 新型工业化为工业高质量发展积蓄发展新动能

新型工业化是过去 20 年中国推进工业化的总体战略。党的二十大开创性地提出了中国式现代化目标使命，站在全球技术、经济变迁的大视角下认识和指导工业高质量发展。工业是经济增长的主引擎，在稳定宏观经济大盘中发挥着关键作用。工业是技术创新的主战场，是创新活动最活跃、创新成果最丰富、创新应用最集中、创新溢出效应最强的领域。工业为国民经济各部门提供原材料、能源和技术装备，是实现"双碳"目标的重要领域，是满足人民美好生活需要的重要支柱。新型工业化全面贯彻"创新、协调、绿色、开放、共享"的新发展理念，着力解决创新动力不足、发展不平衡、低质量发展等阻碍工业化进程的问题，更好地实现产业结构优化、创新驱动发展、国际竞争力提升的发展目标。同时，通过形成产业高端、企业高精、产品高质、技术高新、服务高效的"五高"产业结构体系，来化解产业结构和需求结构不够协调的矛盾，推进新型工业化，进而助推我国工业高质量发展。推进新型工业化，是推进中国式现代化的必然要求，是全面建成社会主义现代化强国的根本支撑，是构建大国竞争优势的迫切需要，是实现经济高质量发展的战略选择。

（三）数实融合发展情况综述

数字经济和实体经济的深度融合取得新进展、新成效。我们以"数实融合指数"反映数字经济和实体经济的深度融合成效，该指数是产业关联分析中直接后向关联的标准化处理结果，体现了一个产业在生产、产值、技术等方面发生变化时，引起其后向关联部门在这些方面变化的多少，衡量了一个产业部门在生产过程中对其他产业部门的影响力大小。**从总体上来看，我国数字经济与实体经济整体融合趋势越发凸显。** 2012—2022 年，数实融合指数从 2012 年的 100.0 增长至 2022 年的 150.9。2016 年以后，数实融合进一步提速，年均复合增长率从 2016 年以前的 2.50% 增长至 2016 年以后的 4.93%。**从重点领域来看，广义制造业是数实融合推进最为深入的部门。** 2022 年，我国数字经济和广义制造业（制造业

+生产性服务业）的融合指数达 199.5。其中，数字经济和制造业的融合指数达
191.8，数字经济和生产服务业的融合指数达 209.0。我国数字经济与实体经济融合
合趋势如图 7-7 所示。

数字融合指数

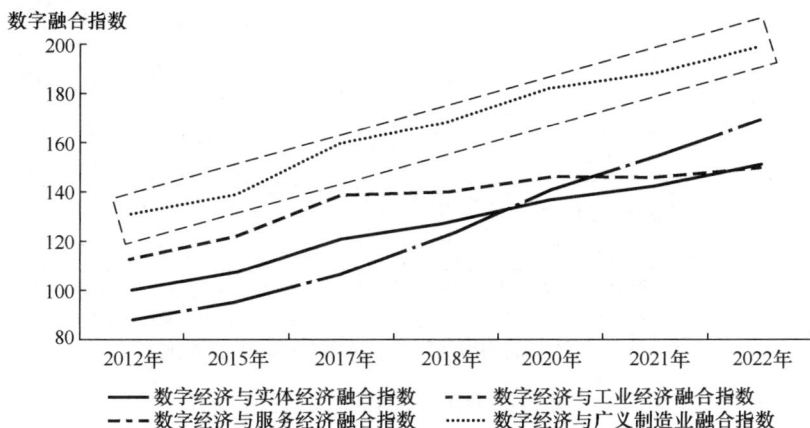

图 7-7   我国数字经济与实体经济融合趋势
（数据来源：中国信息通信研究院）

**数字经济和实体经济的融合发展实现量的增长和质的跃升。数字经济和实体
经济融合驱动经济强劲增长。**当前，互联网、大数据、人工智能等数字技术更加
突出赋能作用，与实体经济的融合走"深"向"实"，数实融合探索更加丰富多样，
拉动经济增长的引擎作用更加凸显。2022 年，数实融合为我国经济带来的产出增
加值占 GDP 的比重从 2012 年的 20.9% 提升到了 33.9%。自 2018 年以来，数字
经济和工业与服务业的深度融合成为推动经济增长的双重驱动力。**数字经济和实
体经济融合促进国民经济效益提升。**2000—2011 年，我国经济增长的主要动能为
传统投入与劳动，数字化投入对经济平均贡献度仅为 11.7%。2012 年至今，数字
化投入对经济增长的贡献度快速上升，2018 年首次超过传统投入增长的贡献度，
2022 年首次超过 30%，达 30.8%，经济增长动力加速向数字化方向转型。我国经
济增长动能分解如图 7-8 所示。

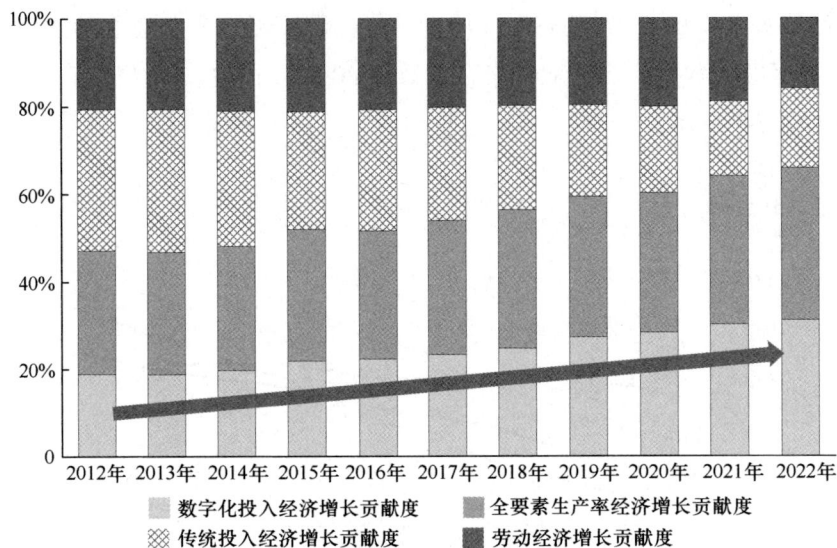

图 7-8 我国经济增长动能分解

（数据来源：中国信息通信研究院）

二、2023 年数字经济与工业经济领域热点分析

（一）重磅会议接连部署，新型工业化加快推进

2023 年 9 月 20 日，国务院常务会议强调研究加快推进新型工业化有关工作，明确深刻分析把握国内外形势变化和我国新型工业化的阶段性特征，扎实做好各项重点工作，全面提高工业发展质量、效益和国际竞争力。2023 年 9 月 22 日至 23 日首次以新型工业化为主题召开的全国性会议——全国新型工业化推进大会，就加快推进新型工业化作出多项部署，提出要适应时代要求和形势变化，突出重点、抓住关键，着力提升产业链供应链韧性和安全水平，加快提升产业创新能力，持续推动产业结构优化升级，大力推动数字技术与实体经济的深度融合，全面推动工业绿色发展。要坚持深化改革、扩大开放，促进各类企业优势互补、竞相发展，发挥全国统一大市场支撑作用，以主体功能区战略引导产业合理布局，用好国内国际两个市场两种资源，不断增强推进新型工业化的动力与活力。其中，数字经济是新一轮科技革命和产业变革最活跃的领域，数字技术已成为推动工业领域提升生产效率、质量及核心竞争力的重要力量，数字经济时代的大量颠覆性技术的出现和应用是呈现工业化新特征的关键因素。绿色低碳则是新一轮科技革命活跃的另一个重要领域，低碳化成为工业化的约束条件，并催生新产业带来新颠覆。

1. 产业、科技创新是推进新型工业化的核心动力

我国工业化进入后期，但产业追赶进程只到中途，两者不同步使得我国新时代推进新型工业化面临如何保持稳定增长态势的难题。先发工业国家的工业化过程是一个领先过程，工业化后期的发展特征表现为"高工资、高生产率、高利润"，而我国工业化已呈现出"高工资、刚性约束、低生产率、低利润率"的发展特征。我国的平均工资从 2002 年仅为美国平均工资的 1/23 提升到 2020 年的 1/4，但生产率的提升速度更慢，仅从美国生产率的 1/10 提升到了 1/6。我国工业效率提升、工业结构升级的速度赶不上生产总量的增长和要素成本上升的速度，

产业转移压力增大，再叠加刚性约束带来的成本上升，工业保持稳定增长态势面临困难。

产业科技创新是实现工业稳定增长和深度追赶的新动力源泉。劳动力比较优势是我国工业化初期、中期的主要动力，支撑了劳动密集型产业和价值环节量的增长。近年来，我国劳动力比较优势在减弱，推进新型工业化迫切需要新的动力源泉，即打造以自主创新为核心动力，叠加规模优势和产业链优势等来共同驱动的工业化，这是从我国工业化发展阶段推导出的新特征。近年来我国自主创新能力在持续增长，如规模以上工业企业的技术获取结构已经发生了转变，2002 年国外技术获取量是国内技术获取量的近 10 倍，到了 2021 年，国内技术获取量已经是国外技术获取量的近 2 倍。但总体来看，我国的创新能力，特别是原始创新能力仍然不足，如我国基础研究投入强度仅为美国基础研究投入强度的 42%。支撑工业稳定增长和深度追赶的工业能力基础如表 7-1 所示。

表 7-1　支撑工业稳定增长和深度追赶的工业能力基础

工业利润率	中国	9%（2011 年）	8.5%（2012—2021 年）		
	美国	16.4%（2011 年）	18.1%（2012—2021 年）		
劳动力比较优势（逐渐减弱）	中国、美国制造业平均工资之比	1：23（2002 年）	1：4（2021 年）		
	中国、美国制造业劳动生产率之比	1：10.6（2002—2011 年）	1：5.3（2012—2021 年）		
规模优势＋产业链优势（持续增长，但正在放缓）	中国制造业增加值占全球制造业增加值比重	8.4%（2004 年）	22.5%（2012 年）	30%（2021 年）	
	中国工业增加值年平均增速	11.6%（2002—2011 年）	6.3%（2012—2021 年）		
自主创新优势（自主创新在增长，但原始创新能力不足）	工业全要素生产率的增速	7.7%（1992—2001 年）	4.6%（2002—2007 年）	4.0%（2008—2015 年）	2.3%（2016—2022 年）
	规模以上工业企业技术获取结构 引进国外：消化吸收：购买国内	305：23：35（2000 年）	394：157：202（2012 年）	460：76：839（2020 年）	

续表

自主创新优势 （自主创新在增长， 但原始创新能力不足）	中国基础研究 投入占比	5.7% （2002 年）	4.8% （2012 年）	6.32% （2022 年）
	美国基础研究 投入占比	18.1% （2002 年）	17% （2012 年）	15% （2021 年）

[数据来源：中国信息通信研究院根据历年《中国统计年鉴》、《中国科技统计年鉴》、《中国工业企业数据库》、《中国电子信息产业统计年鉴》、《中国劳动统计年鉴》、《中国固定资产投资统计年鉴》、国家投入产出表等整理、OECD、联合国工业发展组织（UNIDO）、美国国家科学基金会（NSF）等整理]

2. 推动数实深度融合是推进新型工业化的战略主线

数字技术与工业制造体系深度融合，正在加快制造模式、生产组织方式、产业形态等的升级和重塑，推动产业体系优化升级。抓住新工业革命机遇，利用数字技术破解我国工业化发展难题的方法路径是坚持数实深度融合的战略主线，以加快培育数字技术及融合产业为先导，以数字技术驱动工业三大变革（制造体系的智能化重塑、研发模式的数字化转型、产业组织的网络化升级）为动力，在全面数实深度融合中为工业效率提升、产业结构升级提供主引擎，在产业安全性、韧性提升和绿色低碳发展等方面发挥助推器作用，最终达到促进工业"质"的稳步提升和"量"的合理增长的双重目的。

从产业视角来看，从 2002 年到 2022 年，我国数实深度融合经历了筑基补短（2002—2015 年）、试点攻关（2015—2022 年）两个阶段。**当前，数实深度融合正迈入"规模提升"的新阶段（2022—2030 年），正处在实现工业由大变强的关键转折点。**基于前一阶段充分的试点探索，在该阶段，制造变革的应用模式已经较为成熟，也拥有一批功能和性能都经过实践验证的成熟技术产品，具备了向全行业进行推广的条件。制造变革的规模化推广成为关键，是提升制造业整体效益，进而带动研发变革、组织变革的创新突破，实现产业体系全面升级的核心。但此阶段我国还面临数字化转型应用范围不广和程度不深的突出问题，亟须克服供给支撑、要素保障、资金支撑等多方面困难，加速行业应用推广和中小企业数字化转型。**应持续深化智能制造和工业互联网发展，着力推进制造变革规模化应用推广，牵引研发变革和组织变革的创新突破，并培育形成具备规模供给能力的**

成熟数字产业体系。在智能制造方面，依托前一阶段的探索成果，进一步在更广范围内、更深程度上推动智能工厂、数字化车间的建设，加速共性模式、路径在整个行业内的复制推广，带动大量中小企业一并实现制造变革，实现大中小企业融通发展。同时，在制造变革普及的基础上，数据挖掘驱动研发变革和组织变革所释放的巨大价值潜力，系统开展相关领域创新探索。在工业互联网方面，推动前一阶段技术试点攻关形成的成果向标准化、低成本产品和通用解决方案转化，并完善配套基础设施和要素保障，为规模化应用推广提供坚实支撑。未来 5 ~ 10 年，规模化普及和数字化转型升级将成为政策主基调，以提升制造业整体效率，最终实现产业体系全面升级。

　　从技术视角来看，理论上，任何一项技术的扩散都遵循"S"型曲线，在技术扩散早期，业内往往较少使用该技术，技术扩散的速度非常慢；但随着技术使用的范围、场景增加，技术扩散程度快速上升；随着技术使用程度接近饱和点，技术扩散进展又会减缓。数据显示，当前我国工业数字化渗透率在 10% ~ 20%，与美国的接近 40%、德国的超过 40% 差距较大，尚未达到数字技术扩散"S"型曲线的加速阶段，数实深度融合的促进作用在未来会更快得到更大的释放。

3. 全面推动工业绿色发展是实现新型工业化的重要路径和目标

　　工业绿色发展有助于深刻重塑我国工业产业结构、工业能源结构、工业生产方式等，促进工业发展从以资源消耗和需求拉动为支撑的增长模式转向效率更高、管理更优、质量更高的现代化增长模式。**一是倒逼产业转型升级**。《"十四五"节能减排综合工作方案》《"十四五"工业绿色发展规划》《工业能效提升行动计划》《工业领域碳达峰实施方案》等顶层设计对产业发展提出明确目标和要求：预计到 2025 年，规模以上工业单位增加值能耗比 2020 年下降 13.5%，全国万元工业增加值用水量较 2020 年下降 16%，钢铁等重点行业产能达到能效标杆水平的比例超过 30%。**二是培育壮大新兴产业**。催生孕育新一代信息技术、生物技术、新能源、新材料、高端装备、新能源汽车、绿色环保技术、航空航天器、海洋装备等系列新技术、新产品、新产业、新市场。**三是深刻重塑我国工业能源结构、工业生产方式和工业空间格局**。例如，《关于加快建立绿色生产和消费法规政策体系的意见》明确推行绿色设计、强化工业清洁生产、发展工业循环经济、加强工业污染治理、促进能源清洁发展、推进农业绿色发展、促进服务业绿色发展、扩大绿色产品消费、推行绿色生活方式等 9 个方面的 27 项重点任务。

（二）国家数据局挂牌成立，数据要素顶层设计日趋完善

我国紧握数字时代新机遇，数据要素顶层设计不断完善，数据要素潜能加速释放。2022 年 12 月，《中共中央 国务院关于构建数据基础制度 更好发挥数据要素作用的意见》（以下简称"数据二十条"）对外发布，以维护国家数据安全、保护个人信息和商业秘密为前提，以促进数据合规高效流通使用、赋能实体经济为主线，构建了数据产权、数据交易、数据分配和数据治理的基础制度体系。2023 年 2 月，中共中央、国务院印发了《数字中国建设整体布局规划》，明确数字中国建设按照"2522"的整体框架进行布局，并将数据资源作为数字中国建设基础底座。2023 年 10 月，国家数据局正式揭牌，负责协调推进数据基础制度建设，统筹数据资源整合共享和开发利用，统筹推进数字中国、数字经济、数字社会规划和建设等职能。

1. 各部门出台新政策推动数据赋能

随着"数据二十条"的出台及国家机构的设立，各部门积极响应顶层规划，出台部门文件，创新实践行动，落实政策细则，统筹数据发展与安全保障间的关系，推动数据要素体系建设。**一是各部门积极创新行动计划，落地数据基础制度，规范数据发展。**例如，国家知识产权局积极开展数据知识产权地方试点工作，现已选取北京、上海、江苏、浙江、福建、山东、广东、深圳等 17 个省市，其中，北京、浙江将数据知识产权的相关内容写入了地方性法规，上海已将数据知识产权登记办法纳入地方立法项目。上述 17 个省市积极推动数据知识产权登记平台的上线运营，已累计向经营主体颁发数据知识产权登记证书超过 2000 份。实现数据知识产权质押融资，截至 2023 年 11 月，各试点地方的数据知识产权质押融资总额已超过 11 亿元。再如，财政部积极推动数据资产入表，制定印发《企业数据资源相关会计处理暂行规定》，规范企业数据资源相关会计处理，强化相关会计信息披露。**二是出台"N"个文件，推动数据赋能行业，保障数据安全。**例如，人力资源和社会保障部发布《关于印发数字人社建设行动实施方案的通知》，

形成全周期数据链，充分发挥数据作为新型生产要素的先导作用，提升人社领域管理服务水平。自然资源部发布《关于加快测绘地理信息事业转型升级 更好支撑高质量发展的意见》，强化测绘地理信息数据要素保障、拓展测绘地理信息赋能应用。住房和城乡建设部发布《关于加快住房公积金数字化发展的指导意见》，依法加强数据汇聚、共享和利用，发挥数据的基础资源作用和创新引擎作用。

2. 各省市推动数据基础制度建设走"深"向"实"

各地政府立足地域特色，积极响应国家政策要求，通过实施"一城一策"推动数据基础制度落地落实落细。在数据产权方面，**数据产权登记及数据授权是数据产权制度落地的两大抓手**。如江苏、浙江、北京、深圳 4 地陆续发布数据产权登记相关的法律文件，深圳、浙江、江苏等地均已上线可办理数据产权登记的平台系统，助力数据维权，加快企业数据产权登记速度。再如，北京、上海、成都、贵州、杭州等地推动公共数据授权运营制度建设。多由国资企业"一级市场"开发实现数据脱敏脱密，数商企业"二级市场"数据要素流通复用，深挖数据要素价值。在数据交易、流通方面，**明确数据交易规范和相关主体职责推动数据交易、流通制度落地**。例如，2023 年 2 月，深圳市发展和改革委员会印发《深圳市数据交易管理暂行办法》，明确数据交易场所及职责。2023 年 7 月，上海市人民政府办公厅印发《立足数字经济新赛道推动数据要素产业创新发展行动方案（2023—2025年）》，促进数商发展。在数据治理制度方面，**首席数据官制度加速试点，形成数据治理合力**。例如，2023 年 3 月，广东省东莞市政务服务数据管理局发布《东莞市首席数据官制度实施方案》。2023 年 4 月，《南京市首席数据官制度试点实施方案》正式印发。2023 年 7 月，浙江省经济和信息化厅发布《浙江省企业首席数据官建设指南（试行）》。2023 年 9 月，北京经济技术开发区正式出台《北京经济技术开发区首席数据官制度工作方案》等。

3. 三大抓手推进数据要素落地落实

公共数据授权运营、数商培育及数据基础设施建设是数据要素落地落实、推动数据要素市场发展的三大抓手。在**公共数据授权运营**方面，各地区积极探索公共数据授权运营，充分调动公共数据供给积极性，促进数据市场化流通，满足社会应用需求。如北京、浙江、杭州、青岛、济南等多个省市出台了公共数据授权运营办法，规范公共数据授权运营管理，加快公共数据的有序开发利用，培育数据要素市场。福建、成都、上海、河南、湖北等多省市成立数据集团，承担区域公共数据授权运营重任，探索公共数据授权运营可行范式。在**数商培育**方面，各省市围绕数商三大类别，依托服务平台、激励计划等调动数商参与数据要素市场的积极性，打造"数商生态"。如上海数据交易所上线"数商生态"服务平台，为认证数商提供资质认证、业务赋能、培训支持、市场支持等服务。发布"数据要素市场繁荣计划"提供优质数商培育补贴，鼓励数商更多、更好地为场内交易主体提供多元化服务。在**数据基础设施建设**方面，各类产业主体积极探索可信数据空间技术发展，重点省市、行业布局可信数据空间建设试点工作。如江苏先行先试，搭建家纺行业可信数据空间测试床，计划以南钢为试点企业，推动钢铁行业可信数据空间建设。广东东莞以龙头企业为牵引，探索模具行业可信数据空间建设，推动供应链上下游企业数据的共享流通。深圳依托数据交易所规划建设融合可信数据空间能力的数据交易新平台。重庆开展基于可信数据空间的政务数据与社会数据融合试点，释放政务数据对普惠金融的价值。

（三）数字经济产业集群建设元年启幕，分类推进做强做优

1. 央地政策协同支撑数字经济重点产业集群化发展

党中央和国务院提出"打造具有国际竞争力的数字产业集群"和"打造世界级数字经济产业集群"的战略目标，这标志着我国对数字经济的重视程度不断提升，旨在通过产业集群的建设推动经济的高质量发展和转型升级。在这样的背景下，工业和信息化部等相关部委积极履行职责，加快重点领域集群的建设，而地方政府也在努力塑造具有地方特色的数字经济产业集群品牌。

一是数字产业集群建设受到社会空前关注。综合新华网、人民网、中国经济网等权威新闻媒体报道，自2022年以来，"数字产业集群"一词的媒体关注度快速提高，特别是在2023年迎来了指数级增长。我国主管部门、研究机构、专家学者就数字产业集群的发展脉络、国际经验、国内发展现状、问题挑战、推进建议等持续发出专业声音，凸显政产学研各界对数字产业集群的空前关注。

二是相关部门多角度发挥合力促进产业集群建设。产业集群建设是主管部门实施产业政策、推动产业做强做优做大的重要抓手。近年来，国家发展和改革委员会认定战略性新兴产业集群，工业和信息化部认定先进制造业集群、中小企业特色产业集群，科学技术部认定创新型产业集群，其中均涉及较多以数字经济重点产业为发展方向的产业集群。

三是在我国超三成省级人民政府工作报告中对打造数字经济产业集群作出部署。据梳理，安徽、北京、福建、湖北、辽宁、山西、陕西、上海、四川、浙江、重庆共 11 个省市，在其 2023 年政府工作报告中，均对打造数字经济产业集群作出了部署。例如，重庆市提出建设智能网联新能源汽车、新一代电子信息制造业、先进材料这三大万亿级产业集群，发展集成电路、新型显示、智能装备等特色产业集群，培育人工智能、卫星互联网等未来产业集群。

四是数字经济产业集群可细分为以下 3 种类型。依据对真实空间的依赖程度不同和不同产业领域特性，可将数字经济产业集群划分数字产业化集群、产业数字化集群、跨域产业集群。其中，第 1 类是由数字经济核心产业集聚形成的产业集群，对真实空间的依赖程度适中；第 2 类是由传统产业集群实现高质量数字化转型而来的，对真实空间的依赖程度较高；第 3 类是多个企业集群通过平台实现跨地域连接而形成的，对真实空间的依赖程度较低。

2. 打造数字产业化集群，构筑数字经济坚实底座

数字产业化集群通过数字经济核心产业大中小企业的地理集聚和互动，共享数字基础设施、数字化人才等资源，形成企业创新合作网络，建立集群共有产业品牌。数字技术本身演进迅速，迭代升级周期短，不同发展阶段产生了不同的代表性新技术，并催生多样化的新数字产业。在有为政府和有效市场的共同推动下，数字产业加速实现集群化发展，形成相应的数字产业化集群。按照数字技术演进发展历程，数字产业化集群不同发展阶段的我国代表性数字经济产业及产业集群存在差异，如表 7-2 所示。

表 7-2 数字产业化集群不同发展阶段的我国代表性数字经济产业及产业集群

	第 1 阶段	第 2 阶段	第 3 阶段
时间跨度	1995—2015 年	2015—2020 年	2020 年至今
代表性数字经济产业	软件产业 电子商务产业	集成电路产业 互联网产业 大数据产业 云计算产业	区块链产业 人工智能产业 工业互联网产业 智能网联汽车产业
代表性产业集群	成都软件产业集群 义乌电子商务产业集群	上海浦东新区集成电路产业集群 中关村移动互联网产业集群 贵安新区大数据产业集群	苏州高铁新城区块链产业集群 合肥人工智能产业集群 青岛工业互联网产业集群 重庆智能网联新能源汽车产业集群

（数据来源：中国信息通信研究院）

3. 打造产业数字化集群，提升数字经济发展能级

传统制造业产业集群引入工业互联网平台企业等专业型数字化解决方案提供商，政府、企业、平台、机构等多元主体协同发力，实现整个产业集群的数字化转型，以数据支撑打通产业集群产业链供应链，增强产业集群内的企业关联，塑造产业集群竞争新优势。

从关键环节来看，聚焦整个产业集群全环节的数字化转型，包括研发环节数字化、采购环节数字化、管理环节数字化、生产环节数字化、销售环节数字化、服务环节数字化。

从参与主体来看，多元主体协同发力促进产业集群的数字化转型，政府部门通过专项政策支持工业领域数字化转型，产业集群内的大中小型企业积极开展数字化改造，平台企业等服务商提供全套技术解决方案，促进机构通过项目制推进数字化转型、加强企业间的交流合作。

4. 打造跨域产业集群，放大数字经济溢出效应

跨域产业集群依赖网络平台跨空域连接、跨时域协同、跨地域集聚，吸引

集群内的主体在网络空间内协同生产。一方面，跨域产业集群能够合理配置产业资源，支撑产业集群核心地区主导产业规模增长；另一方面，跨域产业集群能够发挥产业培育、就业促进等作用，拉动产业集群辐射地区经济社会发展。跨域产业集群凭借独特的发展优势，已逐渐成为数字经济时代极具成长潜力的产业集群之一。

一是跨域产业集群以数字化平台、供应链、技术标准、产业园区为"聚集核"，形成基于数字化平台的跨域产业集群、基于供应链的跨域产业集群、基于技术标准的跨域产业集群、基于产业园区的跨域产业集群共 4 类代表性跨域产业集群。其中，第 1 类跨域产业集群重在打通产供销之间的"信息孤岛"，促进盈利模式由单一性制造向全方位服务转变；第 2 类跨域产业集群重在突破企业和地理空间之间的有形边界，在跨区域尺度上形成基于高度专业化分工的上下游模块化集群；第 3 类跨域产业集群重在围绕某技术领域的技术标准制定、技术应用、技术实现，实现高新技术企业网络集聚；第 4 类跨域产业集群重在传统园区突破地域和产业限制，通过合约和网络等联结相关产业，实现跨领域、跨区域的"链式"协作。

二是垂直领域的工业互联网平台以数据打通产业链供应链，实现产业供应链上中下游企业及各类专业服务机构的线上集聚、柔性生产。如海尔卡奥斯 COSMOPlat 工业互联网平台面向电子行业搭建大规模定制平台，跨地区集聚 400 余个研发人员，吸引 8000 余家企业入驻，具备定制询价、在线下单、生产交付、质量追溯等一站式功能，产业生态黏性极强，海云芯智能器件大规模定制平台体系架构如图 7-9 所示。

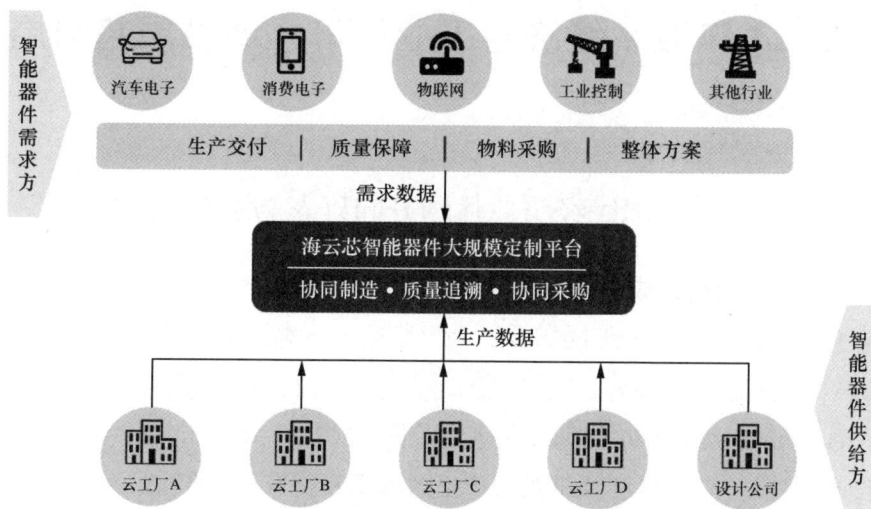

图 7-9　海云芯智能器件大规模定制平台体系架构

（数据来源：中国信息通信研究院）

三、2024 年数字经济与工业经济领域发展趋势展望

（一）数字经济推动国民经济总体回升向好态势更趋明显

数字经济发展持续成为国民经济高质量发展的重要推动力。我国数字经济加快迈向全面扩展期，预计到 2025 年，我国数字经济规模将超过 60 万亿元，预计到 2032 年，我国数字经济规模将超过 100 万亿元，10 年间规模增长将超过 50 万亿元。数字经济始终保持合理水平稳步增长，2021—2025 年，数字经济年均复合增长率预计超 7%。**数字经济投入产出效率不断提升。**近年来，我国的数字化投入产出效率取得较大提升，根据中国信息通信研究院的测算，数字经济投入产出效率从 2002 年的 0.9 增长至 2022 年的 3.0，预计 2025 年我国数字经济的投入产出效率将提升至约 3.5。**"十四五"数字经济发展目标可顺利完成。**乐观估计，2020 年、2022 年、2025 年，我国 ICT 产业增加值在 GDP 中的占比分别为 7.36%、7.61% 和 8.64%（预测数据）。以 2020 年其余产业增加值在 GDP 中的占比为基期，若其余产业增加值在保持与 ICT 产业增加值在 GDP 中的占比的同等增幅，预计到 2025 年，我国数字经济核心产业增加值在 GDP 中的占比将达到 10.12%，超过"十四五"数字经济核心产业发展目标——10%。

（二）高质量发展成为工业经济当前乃至未来一段时期的主旋律

从发展背景来看，**一方面**，全球制造业格局发生深刻改变，我国工业发展正处在关键转折点。当今世界正在经历百年未有之大变局，两次国际产业转移交汇，对我国工业高质量发展提出新的要求，也为我国工业高质量发展带来新一轮发展机遇。**另一方面**，我国工业发展基础良好，为新形势下的工业经济稳健发展汇聚坚实力量。我国拥有完整的工业体系、超大规模市场优势、广大经营主体、完善的配套措施，它们共同构筑工业稳增长的坚实基础，适应格局变化的能力稳步提升。

工业经济规模稳步增长。从工业经济运行情况来看，根据中国信息通信研究

院工业经济实时景气指数，我国工业经济运行在 2023 年 9 月结束下行趋势，并实现边际好转。从销售端来看，工业企业营业收入增速基本与 2022 年持平，营业利润率持续回温；从用工情况来看，2023 年工业企业用工人数连续 4 个月上升，用工情况有所好转。**从制造业增加值在国内 GDP 中的占比来看**，以制造业增加值增速约为 3% 保守估计，到 2035 年我国制造业增加值在国内 GDP 中的占比将达到 21.6%；以制造业增加值增速约为 5% 乐观估计，到 2035 年我国制造业增加值在国内 GDP 中的占比将维持在 27% 左右。**从我国制造业增加值在全球 GDP 中的占比来看**，以制造业增加值增速约为 3% 保守估计，到 2035 年我国制造业增加值在全球 GDP 中的占比将达到 30%；以制造业增加值增速约为 5% 乐观估计，到 2035 年我国制造业增加值在全球 GDP 中的占比约为 40%，与美国制造业增加值在全球 GDP 中的最高占比接近。

工业经济质量有效跃升。中高技术制造业比重保持稳中有升。2020 年我国中高技术制造业比重达 73.9%，预计未来会有小幅提升，预计到 2035 年将达到 75.7%。其中，纺织服装、木材家具等低技术产业未来下降幅度较为平稳，产业转移范围和产能降低幅度会限制在较为合理的区间内，随着数字技术与实体经济的深度融合，低技术产业仍具有一定的转型空间。**制造业劳动生产率持续提升。**我国制造业劳动生产率约为 2.17 万美元（2015 年不变价），2011—2022 年平均增速达 6.3%，远高于德国（0.42%）和美国（0.73%）。预计到 2035 年，我国制造业劳动生产率将增至 4.8 万美元，分别达到德国和美国同期水平的 54% 和 35%。考虑到我国高端产业和高技术人才的梯度上升趋势，我国制造业劳动生产率可能对发达国家的赶超幅度更大。**研发经费和人员投入快速增长。**2035 年，我国将进入中等发达国家行列，工业技术结构和发展水平与 20 世纪 80 年代的日本、21 世纪初的韩国较为相似。预计 2035 年我国研发经费投入强度将达到 3%，每百万人中的研究人员数量将突破 3000。

（三）数实融合向深向广，支撑经济高质量发展

数字化转型支出持续增加，助推数字经济和实体经济的融合程度加深。2023 年，我国数字化转型支出预计达 2.6 万亿元，增长超 19%。到 2026 年，我国数字

化转型支出预计超过 4 万亿元，5 年复合增长率将达 17.9%，增速位于全球前列。具体来看，在我国数字化转型支出中，硬件支出占比最大，软件支出增长速度最快，IDC 数据显示，未来 5 年，我国接近五成的数字化转型支出将流向硬件市场，到 2026 年，数字化转型硬件市场支出将超过 3000 亿美元，加强数字基础设施建设、系统优化算力基础设施建设等成为硬件支出的重要方向。同时，2021—2026年，包含应用开发与部署、系统基础架构软件的开发与部署等在内的软件支出的5 年复合增长率预计超 20%，高于数字化转型整体支出增速。

数字经济和实体经济的融合不断深入，数字经济持续深入发展。 预计 2021—2025 年，我国产业数字化占数字经济比重逐步提升，与数字产业化占数字经济比重间的比例达到 82：18。预计在 2025 年，农业、工业、服务业的数字经济渗透率将分别达到 12.0%、26.0% 和 50.0%，工业数字经济在产业数字化发展过程中发挥的作用进一步增强，预计 2025 年工业数字经济占产业数字化比重将超过33%。具体来看，智能水肥调控、农业监测预警、农产品质量安全溯源等农业新模式加速发展，产供销协同、全产业链追溯、在线监控、故障诊断及系统维护等工业新业态加速落地，客户挖掘、优化服务等服务业数字化转型加速发展，新模式、新业态成为产业数字化转型的活力来源，如图 7-10 所示。

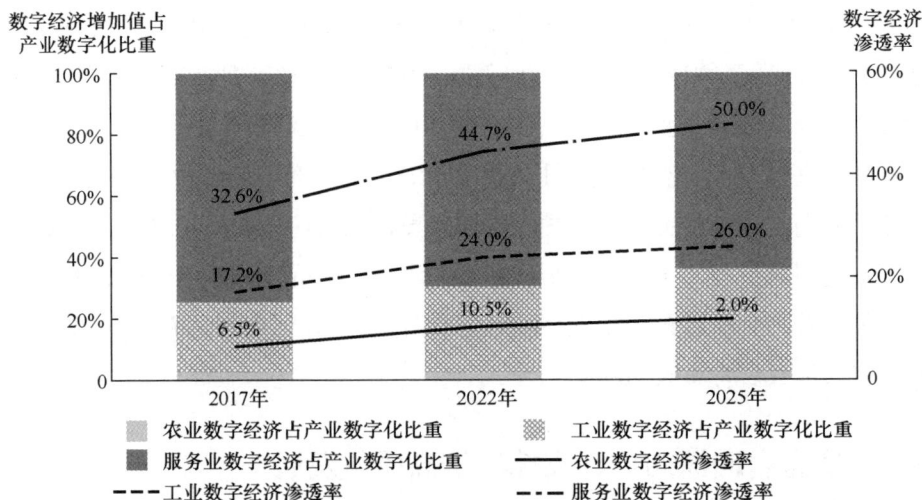

图 7-10 我国数字经济和实体经济融合程度不断提升

（数据来源：中国信息通信研究院）

数字治理与法律篇

导　读

当前，数字治理面临复杂多变新形势。一是数字经济快速发展，与之相适应的监管体系亟待完善；二是全球数字化转型加速，数字鸿沟问题日益复杂，加剧社会分化和不平等；三是人工智能等新兴技术快速突破，为劳动力市场监督、知识产权保护、政府监管、虚假信息治理等带来安全风险与挑战。

2023 年，面对新形势、新变化，各方加快推动数字治理变革，全方位提升数字治理能力。从全球看，围绕发展和安全两大议题，国际社会加大对数字经济发展与合作的资源投入，强化人工智能风险应对共识；"多利益攸关方"模式在议程设置、规则塑造方面的作用进一步增强，不同国家争夺数字治理话语权的竞争加剧。从国内看，促进数字经济规范健康发展的法治体系持续完善，数据、平台和新技术新应用领域的相关立法进一步细化；数字政府从制度创新、技术创新双侧发力，引领、驱动数字化发展的作用不断显现；深入推进智慧城市和数字乡村建设，数字社会建设的整体性、协同性稳步提升。

2023 年，数字治理与法律领域热点主要体现在以下 3 个方面。一是全球加速探索人工智能治理路径，主要国家和地区加紧推进人工智能治理布局，主要经济体围绕数据治理、知识产权保护、科技伦理治理、信息内容治理等重点议题，寻求具有共识和互操作性的治理规则。二是我国平台经济进入转型发展关键阶段，平台企业在推动创新突破、赋能实体经济发展、履行社会责任、提升国际竞争力等方面积极探索，未来亟须进一步优化监管环境、强化国际合作以更好地支撑平台经济的高质量发展。三是我国积极推进数字领域高水平对外开放，放宽电信等服务业市场准入、促进数据跨境流动、优化外资营商环境成为数字领域推进高水平对外开放的 3 个重点方向。

展望未来，数字治理将持续优化升级，适应数字化发展新形势、新要求，探索形成新的路径。一是适应数字化发展的网络法律体系更加完备，持续健全针对网络、平台、数据、技术等要素的相关法律规范，持续细化规则标准，以良法促进发展、保障善治。二是面向人工智能等新技术的敏捷治理能力加快提升，通过建立敏捷治理共同体、创新治理举措与工具、整合优化敏捷治理流程，形成未来人工智能治理可能的通行方案与发展方向。三是面向多领域、多主体的协同治理水平持续提升，基于数字中国建设整体布局规划，推动数字经济治理、数字政府治理等领域形成横向打通、纵向贯通、协调有力的一体化推进格局。四是应对全球数字治理赤字的包容性治理水平不断提高，全球数字化转型的包容性发展将追求更高质量，包容性治理供给将更加丰富。

本篇作者：

张春飞　杨　媛　程　莹　邱晨曦　张子淇　王甜甜　马　兰　石　月
彭宁楠　刘耀华　殷　勇　刘光浩　罗珞珈　钱　悦　张郁安　袁纪辉
赵淑钰　李　燕　郭亚楠

一、2023 年数字治理与法律领域发展情况综述

（一）全球数字治理进展

1. 新概念、新模式促进数字化发展，安全问题与挑战增多引发关注

（1）创新数字解决方案加速实现可持续发展目标

各方积极讨论"普遍和有意义的连接"概念，倡导数字连接由扩大覆盖范围向提升连接质量扩展。一是概念框架日益清晰。根据国际电信联盟定义，"普遍和有意义的连接"指让每个人都能享受安全、令人满意、丰富、高效且能负担得起的在线体验，是实现数字化转型和可持续发展目标的关键。"普遍和有意义的连接"旨在推动数字连接从扩大覆盖范围向提升连接质量扩展。"普遍"强调的是所有人都能够接入互联网和数字技术，无论他们的地理位置、经济条件或社会背景如何；"有意义"关注的是数字连接质量，要求资费可负担、移动终端可获取、拥有一定数字技能和安全防范能力，从而真正消除人们使用网络的障碍。**二是积极推动指标体系建设。**为更好地评价国家和地区"普遍和有意义的连接"的情况，全球各方开始探索评估体系的建立和评估指标的制定，数据的可得性、可比性成为讨论焦点。国际电信联盟已围绕"普遍和有意义的连接"框架设置 2030 年数字连接目标，与世界银行数据发展小组合作整合移动电话数据，与欧盟"全球门户"战略对接，合作开展"促进和衡量有意义的数字连接"项目，评估发展中国家数字连接目标实现情况，为更有针对性的投资和援助政策提供参考。

数字公共产品、数字公共基础设施等创新数字解决方案备受关注。自 2020 年联合国正式公布的《数字合作路线图》明确提出数字公共产品（DPG）的概念以来，数字公共产品就凭借其灵活、开放、低成本甚至免费的公共产品属性，帮助中低收入国家建设公共服务数字解决方案。如免费、开源的健康数据管理服务平台 DHIS2 已为 70 余个国家提供数字化公共卫生服务、数字化教育公共服务等数字化公共服务，在新冠疫情期间帮助 59 个国家开展疾病监测和疫苗接种。在

新冠疫情期间，部分国际论坛提出数字公共基础设施（DPI）的概念；2023 年，联合国开发计划署、二十国集团（G20）、世界银行等多边机构开展相关讨论，推动各方就数字化转型应用系统应建立在开放的标准和规范上达成一定共识。目前，数字公共基础设施的相关概念和框架仍在发展演变之中，《二十国集团数字公共基础设施系统框架》等自愿性指导文件为各方提供数字公共基础设施部署和数据治理参考，联合国举办"数字公共基础设施高影响力倡议"等活动增进各方理解。

（2）应对人工智能风险成为最紧迫议题

人工智能风险应对共识日趋深入。 随着人工智能技术的飞跃式突破，在缺乏有效规制甚至不清楚风险的情况下，日益强大的人工智能系统正在被广泛地应用，迫使人们不得不系统性审视人工智能风险："人工智能不是一个行业，更不是单一产品。用战略术语来说，它甚至不是一个领域，它是人类生活各个方面的赋能者"[8]。显而易见，它带来的风险也将是全局性、系统性、国际性的。目前，人工智能治理规范重点由伦理道德风险管控转向安全风险管控，已在虚假信息治理、军事应用、前沿人工智能系统研发等领域取得初步进展。2023 年 11 月，在英国发起的首届"全球 AI 安全峰会"上，中国、美国等国家及欧盟共 29 个经济体共同签署了《布莱切利宣言》，决心深化人工智能安全风险共识、共同合作应对人工智能全球风险。《布莱切利宣言》提出将开展治理政策交流，建立前沿人工智能安全科学研究网络等，同时倡导帮助发展中国家加强人工智能能力建设、强化开发者安全责任，标志着国际社会就人工智能风险应对合作达成首份共识。在虚假信息治理领域，联合国秘书长发布政策简报呼吁所有利益攸关方立即采取紧急措施，确保以安全、可靠、负责任、符合道德、尊重人权的方式使用人工智能，并在人工智能技术飞速进步的背景下减少错误信息、虚假信息和仇恨言论的传播，推动各方共同制定保证数字平台信息完整性的行为守则。在军事领域，2023 年，联合国启动新的国际安全议程，联合国秘书长古特雷斯多次强调前沿人工智能具有军民两用、危险能力难以预测、技术转移难以监测、由私营部门主导等特性，呼吁加快实现全球合作，计划推动会员国在 2026 年完成具有法律约束

8　出自基辛格、施密特、胡腾洛赫尔所著《人工智能时代与人类未来》前言。

力的国际公约谈判。联合国大会第一委员会决议要求联合国秘书长征求会员国和观察员国对致命性自主武器系统的意见，同时拟将致命性自主武器系统纳入第 79 届联合国大会临时议程。在前沿人工智能系统研发领域，七国集团发布先进人工智能系统国际指导原则与行为守则。

全球人工智能风险应对举措间的协调性增强。国际组织密集推出各类治理举措，成为全球人工智能治理举措首要供给方。根据欧洲委员会正在编制的全球人工智能监管倡议清单，自 2020 年起国际组织成为全球人工智能治理举措首要供给方。各类双多边机制积极搭建合作与沟通渠道。2023 年 11 月 15 日，中美元首在旧金山举行会晤，双方就应对人工智能风险等全球性挑战进行沟通，提出将建立中美人工智能政府间对话机制，进一步明确中美共同肩负的大国责任。中美共识将有力推动全球人工智能治理进程。七国集团抢抓生成式人工智能治理前沿，针对"广岛人工智能进程"，七国集团于 2023 年 10 月 30 日出台《广岛进程开发先进人工智能系统的国际指导原则》《广岛进程开发先进人工智能系统的国际行为准则》，提出了在系统发展全生命周期内采取安全防护措施、监测并解决系统部署后的系统滥用情况、发布系统透明度报告、开展信息共享、披露相关治理政策等建议。联合国组建高级别人工智能咨询机构，就人工智能治理展开多利益攸关方共同参与、多学科协同共治的全球性对话。该机构发布了《为人类治理人工智能》临时报告，明确了该机构的关键职能和指导原则，呼吁将国际规范与人工智能的开发和推广方式更加紧密地结合起来。

2. 多股治理力量深度竞合，影响全球数字治理走向

（1）多边机制更加重视发挥多利益攸关方作用

联合国强化框架内多利益攸关方共同参与的数字治理机制。《联合国宪章》申明联合国系统运作应基于各会员国主权平等原则，但随着数字经济等新兴领域的快速发展，社会团体、企业、专家等各方在新问题的解决、新方案的推出上拥有无可替代的知识和实践能力。联合国系统日益重视数字领域议题中的多利益攸关方作用，目前联合国成员国政府间和多利益攸关方数字合作机构和论坛共有 24个，采用"多利益攸关方"模式的共有 16 个。其中，信息社会世界峰会（WSIS）、

联合国互联网治理论坛（IGF）和科学、技术、创新促进可持续发展目标多利益攸关方论坛（STI Forum）作为联合国大会设立的机构，为联合国各项数字化进程输入了大量成果。例如，联合国互联网治理论坛领导小组加强与其他多边、多方机制间的联系与交流，并成为商讨、制定《全球数字契约》的重要平台。联合国秘书长技术事务特使办公室成为推动多利益攸关方共同参与联合国工作的重要枢纽。自 2021 年联合国成立秘书长技术事务特使办公室以来，以《数字合作路线图》为基本框架，以 2024 年未来峰会的筹备和《全球数字契约》的制定为契机，采取多种方式动员各方参与。一是围绕人工智能、能源结构转型等成立多个专家咨询组，吸纳独立专家意见，制定未来工作框架和工作路线。二是围绕《全球数字契约》、人工智能治理、信息完整性保障等正在推动的核心议程召开圆桌讨论，征集各方提案，美国大型企业、咨询机构和产业协会表现积极。三是联合国秘书长根据多利益攸关方的讨论定期发布政策简报，向国际社会通报各议程最新进展，为未来联合国框架下的公约和原则制定提供参考。

二十国集团围绕新概念引入多利益攸关方输入成果。2023 年，印度担任二十国集团轮值主席国，二十国集团数字经济部长会议发表了《成果文件和主席声明》，声明将深化二十国集团共同努力，营造开放、包容、公平、非歧视、安全的数字经济。印度为二十国集团数字经济发展渠道设置了数字公共基础设施建设、数字经济中的安全保障、数字技能提升三大优先议题，聚焦发展中国家高度关心的数字化转型问题，积极推广印度发展模式。围绕 2023 年以来各方热议的数字公共基础设施这一新概念，印度在举行数字经济工作会议的同时，还举办了一系列活动，邀请国际组织、产业联盟、国内企业等各方输入介绍案例，参与文稿撰写和研讨，借助多利益攸关方的力量推介阐释新概念、新模式。

（2）发达国家与发展中国家积极推动数字治理合作

发达国家间加快数字经济高标准规则协调。七国集团数字技术部长会议围绕五大方向达成一系列高水平共识，合作步伐明显加快。一是成立新机构推动"可信数据自由流动"概念落地，成立"伙伴关系制度性安排（IAP）"新机构，负责落实路线图和行动计划，渐进推动医疗、绿色能源、自动驾驶 3 个优先领域的数据共享。二是建设多层次基础设施，加快海缆、陆缆、非陆地网络（NTN）等的建设步伐，确保网络间互联互通，承诺加强在 5G/6G 技术研发、部署、标准制定方面的合作。三是持续推广美国主导的《互联网未来宣言》，充分利用 2023 年 10 月在日本主办的联合国互联网治理论坛加大宣传，巩固七国集团快速响应机制，合作打击虚假信息。四是协调推进负责任的人工智能领跑全球规则制定，在全球人工智能伙伴关系（GPAI）多利益攸关方组织中围绕生成式人工智能治理开展研究项目。推广经济合作与发展组织（OECD）人工智能原则，加强国际标准化合作。五是持续扩大政府、企业、学术界和国际组织的合作范围，加强在物联网、数字身份、软件供应链、半导体供应链、元宇宙等前沿技术领域的合作，推动敏捷监管和数字产业绿色化。

美国 – 欧盟贸易和技术委员会合作步伐加快。 一是聚焦人工智能等新兴领域，推进实施《可信人工智能和风险管理的评估、衡量工具联合路线图》，围绕人工智能术语、人工智能标准制定、人工智能风险管理工具、人工智能风险监测评估强化合作。二是扩展安全可信的数字基础设施建设，信息通信技术与服务（ICTS）项目覆盖国家新增哥斯达黎加和菲律宾，强化对采用可信供应商的第三国相关项目融资支持力度，将海底电缆建设作为数字基础设施建设合作新重点。三是推动量子计算、6G 等前沿技术的研发合作，新成立量子技术联合研发任务组，确定联合研发关键事项，开展后量子密码学（PQC）标准化合作。推动制定 6G 研发的共同愿景和产业路线图，发布《6G 网络架构展望》，提出共同愿景的指导原则和关键议题。

"全球南方"持续深化数字领域合作。金砖国家、上海合作组织扩员推动发展中国家提升制度性话语权。 2023 年，二十国集团、金砖国家、上海合作组织均实现了历史性扩员，发展中国家的交流、协调、议事平台更为多元化，有效平衡了全球治理中南方国家代表性不足问题。发展中国家积极发声，参与治理议程。近 5 年，发展中国家在联合国参与提交数字领域提案数量连续增长，"77 国集团和中国"峰会通过《哈瓦那宣言》，反对科技垄断和阻碍发展中国家获取信息和通信技术材料、设备和技术的做法，为全球南方国家在数字领域遭遇的不公平待遇发声。**传统南南合作机制提质升级。**金砖国家新工业革命伙伴关系走"深"向"实"，金砖国家工业能力中心、金砖国家新工业革命伙伴关系创新基地、金砖国家初创企业论坛等机制间的协同进一步加强。加强重点领域合作，尽快启动人工智能工作组，共同做好风险防范，探讨形成具有广泛共识的人工智能治理框架和标准规范。深化数字经济伙伴关系建立，通过《金砖国家数字经济伙伴关系框架》，成立金砖国家数字经济工作组，为下一步合作行稳致远奠定良好基础。"金砖+"合作广度和深度不断拓展，有效促进更多新兴市场国家和发展中国家与金砖国家共同分享数字发展机遇。上海合作组织由国际信息安全保障合作向数字化转型全面扩展。上海合作组织持续深化国际信息安全保障合作，共同挖掘数字化发展潜力，围绕数字互联互通、数据可互操作、电子商务、科技创新、数字技术、标准制定等方面开展务实合作。

区域数字化转型战略协同强化。东盟经济一体化与数字化转型齐头并进。东盟启动《东盟数字经济框架协议（DEFA）》谈判，将打造世界上首个主要区域数字经济协议；制定《人工智能治理与伦理指南》，推动东盟跨境数字支付系统发展，促进东盟区域内支付的互联互通，目前互联互通范围已扩展至 7 国，预期未来覆盖所有东盟成员国。非盟（非洲联盟）数字化单一市场监管框架稳步发展。目前已有 17 国签署的非盟制定的《非盟网络安全和个人数据保护公约》（由《马拉博公约》）正式生效，成为第 2 个具有约束性的区域数据保护条约；非洲大陆自由贸易区协定谈判加紧审议第 3 阶段《数字贸易议定书》，起草非洲人工智能（AU-AI）战略，加快非洲数字化转型。拉丁美洲和加勒比地区数字合作日趋紧密。拉丁美洲和加勒比地区数字议程（eLAC）持续更新，加强区域数字合作与融合。欧盟 - 拉美加勒比国家共同体（拉共体）峰会、南美洲国家联盟峰会均强调致力于推动区域各国数字化转型、加强网络安全合作等愿景。中亚国家数字化转型区域合作机制化起步。中亚区域经济合作（CAREC）机制发布数字战略，为中亚区域数字生态建设提供指引，同时发布了创业地图和启动了创新网络项目、举办"2023 中亚区域经济合作（CAREC）创新周与数字经济之旅"活动，为成员国提供数字领域学习和交流平台。

（二）国内数字治理进展

1. 促进数字经济规范健康发展的法治体系持续完善

2023 年，我国数字经济法治体系更好地平衡了安全和发展间的关系，聚焦数据、平台和新技术新应用领域，完善相关法律制度，健全配套规则，促进数字经济规范健康发展。集中体现在以下 3 个方面。

明确数据资源体系架构，探索数据价值释放规则。一是确立数据基础制度体系构建方向。2022 年 12 月，中共中央、国务院发布《关于构建数据基础制度更好发挥数据要素作用的意见》，明确了数据基础制度体系基本框架。2023 年 2 月，中共中央、国务院印发《数字中国建设整体布局规划》，确立了数据资源体系建设重点领域。二是细化跨境数据流动规则。2023 年，国家互联网信息办公室发布《个人信息出境标准合同办法》《规范和促进数据跨境流动规定（征求意见稿）》等文件，为数据出境活动提供了具体指引。三是肯定数据资源的资产属性。2023 年 8 月，财政部发布《企业数据资源相关会计处理暂行规定》，规范企业数据资源相关会计处理，强化相关会计信息披露。

明确平台经济规范的实施细则，完善各领域平台责任。一是细化平台经济竞争规则具体要求。2023 年，国家市场监督管理总局发布《禁止垄断协议规定》《禁止滥用市场支配地位行为规定》《经营者集中审查规定》等，针对平台经济的特点，完善不正当竞争、垄断行为管理的具体规则。二是明确了网络平台的未成年人网络保护责任。2023 年 10 月，我国出台《未成年人网络保护条例》，规定网络平台在网络沉迷防治、网络欺凌防治等方面的法律义务和责任。三是平台经济专项整改接近尾声。2023 年，我国平台经济领域公平竞争监管、网络和数据安全审查、App 个人信息治理、金融监管等专项整改工作基本完成。

优化新技术新应用监管方式，推动新技术新应用精细化治理。一是聚焦技术前沿规范深度合成。2023 年 1 月，《互联网信息服务深度合成管理规定》正式实施，明确管理范围、主体责任和相关监管要求。二是探索生成式人工智能精细化治理方案。2023 年 7 月，国家互联网信息办公室联合教育部等共 7 部门印发《生成式人工智能服务管理暂行办法》，明确生成式人工智能规范有序发展的具体要求。三是推动技术向善，加强科技伦理治理。2023 年 9 月，科技部联合教育部、工业和信息化部等 10 部门印发《科技伦理审查办法（试行）》，从健全体系、规范程序、严格标准、加强监管等方面对科技活动的伦理审查提出了一系列措施。

2. 数字政府引领驱动数字化发展的作用不断显现

2023 年数字政府建设持续深化，各地区各部门聚焦企业和群众办事的痛点堵点，通过制度创新、技术创新双轮驱动，深化政务服务改革，持续提升政务服务效能，赋能营商环境建设及数字惠民便民。

以制度改革引领政务服务的常态化发展和增值化发展。 中央层面，国务院办公厅依托全国一体化政务服务平台建立、持续完善政务服务效能提升常态化工作机制，推动政务服务从"能办"向"好办"转变。自 2023 年以来，国务院办公厅会同各地区各有关部门依托全国一体化政务服务平台开展政务服务效能提升"双十百千"工程，围绕为民办实事、惠企优服务，推动解决一批企业和群众办事中的急难愁盼问题，集中优化推广一批高频"一网通办"服务应用。在此基础上，2023 年 8 月国务院办公厅印发《关于依托全国一体化政务服务平台建立政务服务效能提升常态化工作机制的意见》，提出建立健全办事堵点发现解决机制、健全服务体验优化机制、健全平台支撑能力提升机制、健全效能提升保障机制，推动提高政府为民服务的创造性执行效能。地方层面，浙江引领探索政务服务增值化改革，在政务服务标准化、规范化、便利化的基础上，大力推进政务服务增值化改革，由"三化"变"四化"。政府在政务基本服务之外，围绕企业经营的痛点、堵点和难点提供企业全生命周期衍生服务，在原来政府"有什么、给什么"的基础上实现企业"要什么、给什么"，创新推进有效市场和有为政府结合。

以 AI 大模型等技术变革助力政务服务提质增效。 ChatGPT 带来的巨大冲击，引发了国内企业对 AIGC 赛道的空前关注。各大互联网和 AI 企业争先推出政务大模型应用，加快入场步伐。据统计，国内至少有 56 家大模型厂商在政务领域开展了布局，其中百度、智谱华章、科大讯飞、商汤科技、中国科学院自动化研究所、阿里云、360 和昆仑万维等厂商的大模型产品已通过备案并上线。多地发文明确政务大模型应用方向，强化引导和支持。北京、上海、杭州、深圳等地发布人工智能政策或创新发展行动计划，明确提及推进政务大模型应用，要求将政务领域作为垂直大模型的重点应用领域，提供示范作用，率先实现突破，打造标杆性大模型产品和服务。在场景需求上，普遍将"AI+政务热线"、智能客服等政务服务智能问询相关场景作为大模型技术应用的重点方向。在应用推进上，采取软硬结合等多种方式进行支持。杭州、安徽要求加快打造政务领域垂直大模型；北京通过实施"北京市通用人工智能产业创新伙伴计划"、发布典型应用案例和场景需求、梳理产业创新图谱、开展应用案例征集大赛等手段，支持大模型厂商布局政务领域的应用场景；上海、北京、江西、安徽等通过发放算力券支持政务领域大模型的训练和应用。

3. 数字社会建设的整体性、协同性水平稳步提升

智慧城市建设全面铺开，基本形成统筹联动发展格局。当前，智慧城市已走向数据融通、全域转型、质效提升的发展新阶段，供需两侧争相布局智慧城市万亿级蓝海赛道。2022 年，我国智慧城市产业投资规模达 1.8 万亿元，投资强度快速反弹到以前的高位水平，投资规模同样保持高位。据不完全统计，目前我国已有超过 400 个县级以上城市发布了智慧城市相关专项政策文件，高位统筹谋划智慧城市建设。各地数字基础设施、共性赋能平台集约化建设水平不断提升，智慧城市底座进一步夯实。"城市大脑"呈现市、区（县）、乡镇（街道）多级联动发展趋势，"一网统管"进一步延伸到基层，推动城市治理"条抓块统"、敏捷高效，城市韧性智治水平不断提高。数字生活走向集约化、智能化、普惠化发展新阶段，以 AI 大模型、元宇宙、数字孪生为代表的新技术不断催生服务新模式、新业态。此外，构建多元化、一体化运营服务生态成为各地标配，智慧城市运营服务商、数据集团、城市合伙人等开始涌现，"以产促城、以城兴产、产城融合"的智慧城市发展新格局正加速形成。

数字乡村建设分类推进、重点突出，加快提升乡村振兴内生动力。一是顶层设计不断完善。中央网络安全和信息化委员会办公室联合多部委连续 4 年发布年度《数字乡村发展工作要点》，《2023 年数字乡村发展工作要点》部署了 10 个方面 26 项重点任务，要求提升乡村治理数字化水平，深化乡村数字普惠服务，保

障数字乡村高质量发展等。二是标准体系不断健全，中央网络安全和信息化委员会办公室、农业农村部启动联合制订《数字乡村建设指南 2.0》，智慧农业信息系统、农机物联网等领域的 20 余项国家标准和 10 余项行业标准先后发布，浙江、黑龙江、四川、陕西等地积极开展标准制定实施。三是重点领域数字化治理成效明显。全国已建设 355 个县级政务服务平台，更多涉农服务事项实现"网上办""掌上办""自助办"。国家智慧教育公共服务平台在中西部农村地区得到充分应用，远程医疗服务平台已覆盖全国 90% 左右的脱贫县。国家农业农村地理信息公共服务平台、农业农村大数据平台基座等基本建成。数字化治理工具在公共安全保障、人居环境整治、应急管理、反诈防骗等重点领域得到广泛深入应用。

二、2023 年数字治理与法律领域热点分析

（一）全球加速探索人工智能治理路径

1. 人工智能技术实现颠覆性突破，风险升级迫使治理加速

当前，人工智能领域的科技创新异常活跃，日益成为改变世界竞争格局的重要力量，以 ChatGPT 为代表的大模型技术引发通用人工智能新一轮发展热潮。

从人工智能的发展态势来看，人工智能行业在经历了 2012 年伊始的基于深度学习算法发展起来的专用人工智能阶段后，已于 2018 年正式迈向了通用人工智能阶段，当前正处于依托万亿参数大模型开发有限度的通用人工智能的突破期，未来可能在更开放的环境下借助多模态人工智能智能体开发自主通用人工智能。面对日新月异的竞争格局，人工智能领域的头部企业纷纷结合自身优势及业务布局，通过构建开源生态、完善产业布局、提供模型服务等多种方式，积极布局新一轮人工智能产业。

然而，技术突破也带来了多重风险与挑战的升级，迫使风险治理进行高速革新。在技术缺陷维度上，一是大模型根据概率推理而形成的输出结果可能不遵循原文或不符合事实，出现"看似合理但错误"的回答，即大模型的"幻觉"问题，导致生成内容不可信；二是当模型大小超过一定阈值时，其综合能力会出现质变式的爆发增长，这便是大模型的"涌现"效应，但目前无法确定出现"涌现"效应的阈值所在，导致大模型能力具有不可控性；三是由于技术本身绝非不可攻破的，大模型的应用更降低了漏洞查找与系统攻击的难度，所以外部安全隐患难以根除，网络安全随时可能受到威胁。**在个人维度上，**一是大模型的高频次呈现单一信息的生成机制会加深个体认知的"信息茧房"效应，大模型的输出结果难以避免会体现大模型训练数据源固有的数据歧视偏见，影响社会公平正义；二是如利用大模型生成虚假内容等大模型的恶意利用行为可能会侵犯他人的人格尊严，个人对大模型的过度依赖会导致人类记忆力和批判能力的下降，阻碍社会长

期发展；三是以"AI伴侣"为代表的情感计算可能会瓦解传统人际关系，甚至不正当地引导个人情绪、行为乃至价值观，造成潜在的伦理问题与社会风险。**在企业维度上**，一是大模型领域的向用户过度要求授权、违规信息的使用及黑客攻击等问题，均可能引发用户隐私与商业秘密的泄露风险；二是在基于大模型的内容生成中既缺乏规范的信息使用许可机制，也存在生成内容与既有作品"实质性相似"的情况，具有版权侵权风险；三是大模型生成工具可能导致违规数据传输与敏感信息泄露频发，引发数据安全风险。**在社会维度上**，一是大模型冲击就业市场，对初等、中等技能白领岗位需求冲击较大，提升了劳动力转型下的社会不安定性；二是在不同地区与阶层间，大模型的拥有程度、应用程度及创新能力不同，可能造成新一轮数字鸿沟，加剧社会分化和不平等；三是大模型可以被用于制作深度伪造内容，基于对抗样本的大模型"注入式攻击"频发，可能危及公共利益与公共安全。

2. 全球主要经济体加快人工智能治理步伐

2023 年，全球主要经济体纷纷加快人工智能治理布局，将大模型作为制度设计的核心问题。

美国政府颁布行政令，助力产业发展，巩固全球领导力。2023 年 10 月，美国总统拜登签署《关于安全、稳定、可信的人工智能行政令》（以下简称"《行政令》"），内容涵盖人工智能安全和可信标准、保护个人隐私、保障公民权利、维护消费者等权益、支持劳工、推动创新和竞争、提升美国的全球领导力、确保政府负责任地有效使用人工智能等方面内容。**一是《行政令》体现了政府监管协同化、体系化的国内治理模式。**《行政令》旨在广泛动员联邦层面的监管部门，除商务部、联邦贸易委员会外，《行政令》还特别提及国土安全部、能源部、司法部、卫生与公众服务部等美国联邦政府机构，被称为全球人工智能治理中"最重量级"的政府行动。**二是从政府层面初步明确关键大模型的主要监管措施。**《行政令》明确人工智能大模型的监管范围，并将备案披露、风险评估等机制作为主要治理工具推进落地。依据《行政令》要求，仅基础模型提供者（算力超过 10^{26}FLOPS 级别的模型等超级人工智能模型）有向美国政府披露红队测试结果和其他关键信息的义务，将监管目标指向超过 GPT-4 能力（算力值为 10^{25}FLOPS 级别）的"未来大模型"。**三是加强竞争以建立美国在人工智能领域的全球领导力。**美国严控技术出口与转让，加快开发国际标准，扩大双多边合作，美国企图通过拉大技术鸿沟、加紧构筑利益团体，建立全球人工智能治理规则领导权。美国副总统哈里斯曾表示，希望在英国举办的人工智能安全峰会上将"美国在国内采取的行动作为国际行动的典范。"

欧盟就《人工智能法案》达成政治协议，加速推进基于风险治理的路径。2023 年 12 月，欧盟委员会、欧洲理事会和欧洲议会达成共识，就《人工智能法案》达成了临时政治协议，实质性加速推进欧盟人工智能治理立法进程。**一是明确等级划分，对不可接受风险范围作出更新。**协议在此前法案的基础之上，延续了四级风险等级划分框架——不可接受风险、高风险、有限风险、低或轻微风险，协议明确禁止"使用敏感特征的生物识别分类系统"，并对涉及情绪识别、操纵人类行为、利用人的弱点谋利等应用禁止规定进行了细化。同时，协议明确了远程生物识别技术在特定执法目的的执法活动中的授权例外情形及法案将不适用于仅为实现军事国防目的的系统的特殊豁免。**二是在风险管理框架之上采取二阶风险规制。**对一般的通用人工智能模型，法案要求提供商须履行议会提出的透明度义务，包括编制并更新技术文件、遵守欧盟著作权法、公开训练语料的详细摘要等，并提出开源模型在此项中的监管豁免；对 10 亿参数以上规模或达到其他监管阈值的通用大模型，则认定其具有系统风险，将其纳入高风险规制框架中进行管理，在透明度义务之外施加影响评估和备案报告等义务，并且此类开源模型将不再适用监管豁免。**三是为技术创新和中小企业发展保留创新空间。**协议推动设立监管沙箱，旨在为中小企业能够独立发展人工智能提供解决方案，避免受到某些足以控制价格链的行业巨头企业所带来的过度压力。

中国加快健全人工智能制度体系，积极探索平台自治机制的建立。一是国内方面，从内容治理、科技伦理等维度加速构建人工智能治理框架。2023 年 8 月，《生成式人工智能服务管理暂行办法》正式实施，坚持发展和安全并重、促进创新和依法治理相结合的原则，采取有效措施鼓励生成式人工智能创新发展，对生成式人工智能服务实行包容审慎和分类分级监管。《生成式人工智能服务管理暂行办法》明确提出算法备案要求，截至 2023 年 11 月，国家互联网信息办公室已发布两批深度合成服务算法备案编号共 151 个，其中生成式人工智能算法备案编号共 100 个。2023 年 9 月，《科技伦理审查办法（试行）》出台，划定了科技伦理审查的主要范围，明确了科技伦理审查的基本程序，确定了伦理审查内容和审查标准，为人工智能伦理审查提供了基本遵循。**二是国际方面，深化共性发展理念，推动全球互惠合作。**《全球人工智能治理倡议》围绕人工智能发展、安全、治理系统阐述了人工智能治理的中国方案。中国倡导相互尊重、平等互利、智能向善、伦理先行的人工智能发展与治理路径，提升发展中国家在人工智能全球治理中的代表性和发言权，不断弥合智能鸿沟和人工智能治理能力差距，协调国际人工智能发展、安全与治理重大问题。**三是积极探索平台自治机制。**在平台规则构建方面，大型互联网企业围绕生成式人工智能开展内部治理探索，抖音发布《抖音关于人工智能生成内容的平台规范暨行业倡议》，知乎发布《关于应用 AIGC 能力进行辅助创作的社区公告》，行业自律生态逐步建立。在技术工具研发方面，技术研发能力较强的企业已开展技术布局、加大研发力度，阿里发布 CValues 中文大模型评测数据集、商汤科技发布"AI 安全治理开放平台"，政府指导下的企业间技术研发合作增多，营造"在安全中谋发展、在发展中保安全"的良好行业氛围。

3. 人工智能治理的重要进展

一是数据治理问题。一方面是高质量数据集的构建问题。自 2023 年以来，新一轮人工智能大模型的发展对高质量数据的需求日益高涨，高质量数据集匮乏制约新一轮人工智能发展创新。持续扩大数据规模、种类成为人工智能企业和各国政府共识。美国、欧洲等主要国家和地区积极开发公共数据集、推动公共数据和私人数据的流通共享、建立数据安全传输平台，以"多种来源、不同领域"为数据集的重要构建方向，保障高质量数据集的构建。此外，Gartner 的预测显示全球高质量语言数据将在 2026 年前耗尽，合成数据的开发和利用成为大模型训练数据的未来趋势。**另一方面是数据隐私保护问题，新一轮人工智能重数据、多参数和强交互的特点使数据隐私保护面临新的挑战。**第一，由于大模型训练数据来源广泛，欧洲数据保护组织联盟（CEDPO）在《生成式人工智能：数据保护的影响》中指出，生成式人工智能收集个人隐私须建立在通过合法途径获得合法利益、收集前与被收集者签署合法协议或取得知情同意的合法性基础上。第二，大模型拥有上亿参数，大模型内部目前处于"黑箱"状态，使得删除、变更和可携权等个人信息权益等难以实现。第三，OpenAI 等人工智能企业将用户与公司产品的交互数据用于下一代模型的开发，其处理交互数据的方式不透明、未公开，难以被有效监测。面对数据隐私保护挑战，各国探索在现有的个人信息保护框架下应对大模型的应用带来的隐私泄露风险，在出台解释性或指引性规则保障数据隐私安全的同时，积极探索隐私监管沙盒等创新治理手段。

二是知识产权界定问题。世界各国旨在促进知识产权规则更好地适应技术创新，以人工智能的输入和输出两端为切入点进行治理。**在人工智能的输入端，各国加速探索人工智能训练数据的开放共享与知识产权保护之间张力的平衡。**在 2019 年欧盟发布的《数字化单一市场版权指令》中将科研机构的文本数据挖掘界定为文本数据的合理使用，并于序言部分指出不排除私营机构的参与。此外，日本的《著作权法》则规定了商业目的文本数据挖掘例外，并发布草案规定人工智能训练数据不受《著作权法》限制，因此被称为人工智能的"训练天堂"。美国法院在首起大模型训练侵犯版权案例中指出，若大模型的训练是为了学习语言模式或其他转换性目的，即通过改变作品原有的功能，为作品赋予新的价值、意义或功能，则可构成合理使用。韩国同样对此持开放态度。我国的《著作权法》规定的合理使用规则尚无法解释为涵盖大模型数据训练行为。**在人工智能的输出端，为激发人工智能产业发展，各国积极探寻人工智能生成物在法律中的定性。**我国司法实践走在世界前列，但在人工智能生成物的可版权性认定上，不同法院之间尚存不同见解。美国在《版权登记指南》中指出，拒绝将没有人类作者的任何创造性投入或干预的随机或自动生成的内容登记为作品。英国、法国则积极尝试从立法层面对人工智能生成物进行保护。此外，在企业层面，为避免用户因侵权纠纷望而却步，OpenAI、微软等企业为用户提供"版权盾"服务，作为版权侵权索赔的法律保障。

三是伦理治理问题。当前人工智能伦理事件频发，加快了人工智能的治理进程。诸如"暂停 AI 开发"联名信、OpenAI 管理层动荡等人工智能领域的重大事件引发了公众对人工智能伦理问题影响的关注。例如，美国信息技术和创新基金会（ITIF）指出，人工智能给服务落后地区或边缘化社区带来更严重的负面影响；美国布鲁金斯学会发布的《ChatGPT 和医疗保健：对互操作性和公平性的影响》亦指出，人工智能加剧医疗保健领域的不平等。**国际组织与国家政府加大了在伦理治理领域的投入，从初期的原则倡议走向较为成熟的标准实践。** 例如，在国际组织中，联合国教育、科学及文化组织呼吁各国参与落实《人工智能伦理问题建议书》，并与欧盟委员会签署协议，预计拿出 400 万欧元帮助部分欠发达国家建立相关法案；在国家政府中，韩国产业通商资源部制定了首个人工智能伦理相关的国家标准，涉及人工智能的透明度、公平性、问责制等伦理项目，创建了自查伦理问题清单。**企业纷纷从"以技治技""机制创新"两层面探索"智能向善"的发展路径。** 例如，OpenAI 与 Anthropic 分别开展漏洞赏金计划与"人工智能宪法"公众参与计划，积极通过危险能力评测、对齐技术研究、部署前风险测试、红队测试等技术手段进行内部治理；Meta 全球招募技术人员开展对齐技术研究，避免人工智能大模型的图像偏见。

四是信息内容治理方面。各国纷纷确立添加标识水印的要求，通过信息披露的手段，减少虚假信息危害。一方面，在相关内容中添加显性标识水印，避免公众混淆或误认。美国针对大模型标识制度已形成部分立法提案，如《人工智能披露法案》提议在所有人工智能生成内容中添加披露声明；欧盟《人工智能法案》提出大模型披露（标识）要求，规定用户与人工智能交互时必须告知用户，人工智能生成内容必须被标记；中国《生成式人工智能服务管理暂行办法》也要求生成式人工智能服务提供者对人工智能生成内容进行标识。**另一方面，人工智能生成内容内嵌隐性标识，有利于信息溯源问责。** 根据美国《行政令》，美国商务部将制定内容认证和水印指南，以明确标记人工智能生成内容；中国也要求采用技术手段为人工智能生成内容添加不影响用户使用的标识。**在企业层面，国内外企业纷纷通过发布平台规则、研发标识工具、行业协同履行、明确用户要求等方式，积极履行标识义务。** 例如，2023 年 7 月，7 家领先人工智能企业自愿向美国政府承诺，为人工智能生成内容添加标识水印。**立法普遍采取信息内容分级分类的治理思路，明确大型平台的责任义务。一方面，依据平台用户规模不同对不同**

平台进行分级管理。欧盟《数字服务法》将平台划分为一般平台和大型平台两级，要求大型平台在风险管理、合规审计、监管合作等方面承担额外义务；英国出台的《在线安全法案》也提出对具有足够大的覆盖范围与用户规模的网络社交平台进行特殊监管。另一方面，**根据内容危害属性、平台受众对象等对平台进行多维度分类管理**。《在线安全法案》将网络社交平台上的有害信息内容划分为非法和合法但有害两类，要求大型平台采取额外措施保护用户免受合法但有害内容的侵害；上述法案还针对面向未成年人的网络社交平台服务提出了特殊监管要求，迫使 TikTok 下架了针对 13～17 岁青少年的个性化广告推送服务。

（二）促进平台经济规范健康持续发展

1. 我国平台经济进入转型发展关键时期

过去，我国平台经济发展更多表现为基于人口红利的规模扩张，当前驱动平台经济高速增长的关键要素已然改变，我国平台经济发展进入"三期叠加"阶段，正处在转型发展的关键时期。

增长速度进入换挡期。受人口流量红利见顶等多重因素的叠加影响，我国平台经济发展呈现倒"V"字形，平台企业数量与价值规模在 2020 年达到顶峰，此后逐渐下降。截至 2023 年 6 月底，我国市场价值超 10 亿美元的平台企业共 148 家，较 2022 年年底减少了 19 家，价值规模为 1.93 万亿美元，较 2022 年年底下降 18.2%。自 2021 年以来价值规模持续收缩。与此同时，主要平台企业业绩增长普遍承压。2022 年，市场价值排名前 10 位的上市平台企业营收规模为 3.2 万亿元，增速仅为 7.8%，与 2021 年相比下降 19.8%。面对增长压力，平台企业开始采取一系列成本优化举措，试图通过减少经营成本，以提高经营效率。2023 年前 3 季度，我国市场价值排名前 10 位的平台企业总营收规模增速达 12.8%，提高 6.2%。总净利润达 3000 亿元，增长 195.3%，远高于 2022 年同期的 -2.7% 的增速。2015—2023 年上半年我国平台经济发展情况如图 8-1 所示。

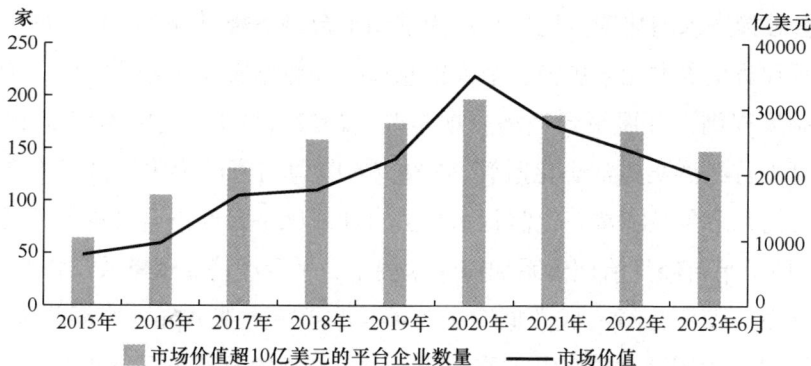

图 8-1　2015—2023 年上半年我国平台经济发展情况

（数据来源：中国信息通信研究院根据企业公开财报整理）

资本布局进入调整期。数据显示，2022 年，全球风险投资总额为 4830 亿美元，与 2021 年创纪录的 7340 亿美元相比，下降了 32%，但仍为自 2010 年以来的第二高。其中，资金主要流向了新能源、企业服务和金融科技等领域。连接买方与卖方的电商等双边平台类初创企业融资额在总投融资额中的占比由 2021 年的 26% 下降为 2022 年的 19%，为近 10 年来的最低占比，传统平台业态融资吸引力出现下降。2013—2022 年电商等双边平台类初创企业融资额在总投融资中的占比情况如图 8-2 所示。

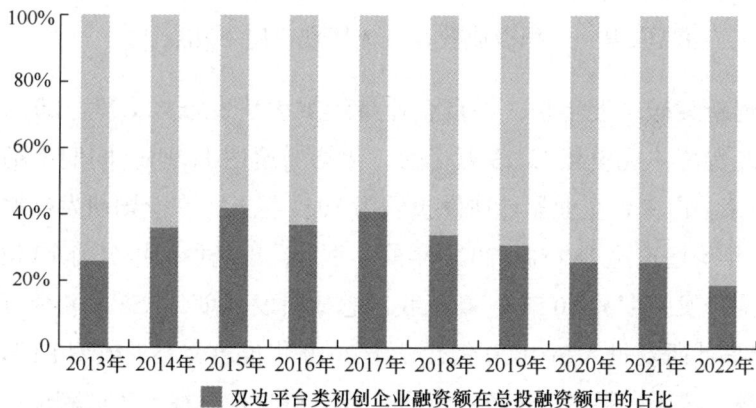

图 8-2　2013—2022 年电商等双边平台类初创企业融资额在总投融资额中的占比情况

（数据来源：Dealroom）

监管政策进入消化期。近年来，为推动平台经济规范健康持续发展，我国围绕反垄断和防止资本无序扩张、个人信息保护和数据安全保障等方面，加快建立和完善制度规则，开展平台经济专项整改。2022 年 7 月，中共中央政治局会议提出要对平台经济实施常态化监管，2022 年 12 月召开的中央经济工作会议进一步提出要提升平台经济常态化监管水平。自此我国平台经济监管进入"常态化监管"新阶段，平台经济治理体系加速建立健全，平台经济专项整改工作基本完成。2023 年 1 月，滴滴出行完成数据安全专项整改重新上架 App，恢复新用户注册。2023 年 7 月，中国证券监督管理委员会等对蚂蚁集团及其旗下机构处以罚款（含没收违法所得）71.23 亿元，对腾讯财付通支付科技有限公司处以罚款近 30 亿元，同时宣布平台企业金融业务存在的大部分突出问题已完成整改，金融管理部门工作重点从推动平台企业金融业务的集中整改转入常态化监管。

2. 平台企业转型探索取得积极成效

2023 年 3 月，习近平总书记在看望参加全国政协十四届一次会议的民建、工商联界委员时强调，支持平台企业在创造就业、拓展消费、国际竞争中大显身手。2023 年 7 月，李强总理在主持召开平台企业座谈会时指出，希望平台企业要持续推动创新突破、要赋能实体经济发展、要积极履行社会责任、要加快提升国际竞争力。这一系列决策部署为企业向高质量发展转型指明了方向。目前，平台企业在转型探索方面已取得一定积极成效，具体体现在以下几点。

推动创新突破。近年来，平台企业持续加大研发投入力度。2018—2022 年我国研发经费总体规模超 13.23 万亿元，年均增速达 11.9%，同期市场价值排名前 10 位的家上市平台企业累计研发投入为 8651 亿元，在全国研发经费中的占比约为 7%，年均增速达 18.6%。2023 年前 3 季度，市场价值排名前 10 位的上市平台企业平均研发强度为 10.5%，高于我国总体研发强度（2.5%）8 个百分点。百度近 10 年累计研发投入超 1000 亿元，于 2019 年推出文心大模型 ERNIE，已在能源、金融、航天、制造、传媒、城市、社会科学及影视等领域落地，助力相关行业领域的智能化升级。阿里巴巴自主研发了性能和能效较高的 ARM 架构云服务器芯片"倚天 710"，并于 2023 年 4 月推出大语言模型"通义千问"，将陆续接入阿里巴巴生态内的所有商业应用。京东近 6 年研发投入近 1000 亿元，截至

2022 年年底，其供应链基础设施资产规模达到 1326 亿元，增幅达到 59%，支持供应链基础设施效率提升。2018—2023 年前 3 季度我国前 10 位的上市平台企业研发投入情况如图 8-3 所示。

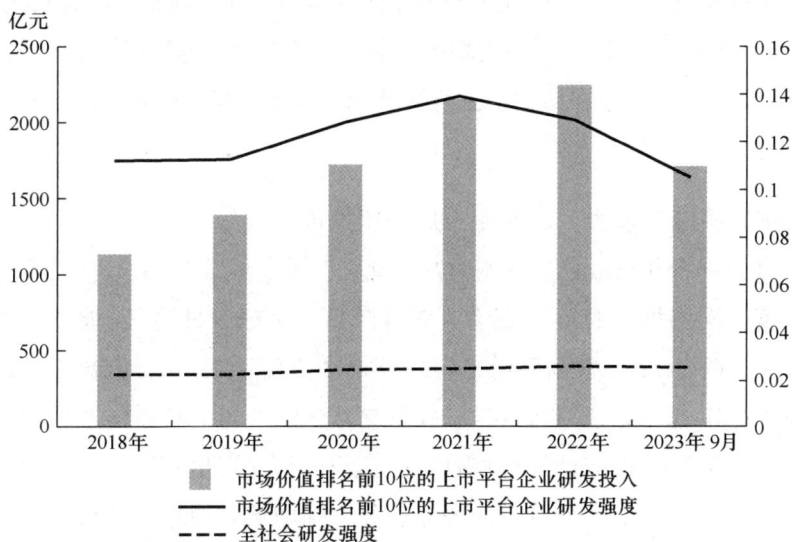

图 8-3　2018—2023 年前 3 季度我国市场价值排名前 10 位的上市平台企业研发投入情况
（数据来源：中国信息通信研究院根据企业公开财报、国家统计局数据整理分析）

赋能实体经济发展。消费互联网平台进一步激发内需潜力。国家统计局数据显示，2023 年前 3 季度，全国网上零售额达 10.8 万亿元，同比增长 11.6%，高于社会消费品零售总额增速 4.8 个百分点。其中，实物商品网上零售额达 9.04 万亿元，同比增长 8.9%，实物商品网上零售额对社会消费品零售额增长的贡献率达 33.9%。工业互联网平台有效带动中小企业联动创新。例如，阿里巴巴、腾讯、百度与京东的工业互联网平台入选国家级"双跨"工业互联网平台，服务工业企业超过 190 万个，覆盖化工、钢铁、机械、纺织、食品等 20 余个细分行业，工业设备连接总数超过 670 万，积累面向企业特定场景的解决方案产品超过 4000 个，为中小企业数字化转型赋能。

积极履行社会责任。平台企业为"摩擦性失业"群体提供了大量过渡性工作机会。饿了么兼职骑手的注册量在 2022 年的 4 个季度中分别同比增长 4%、16%、

12%、35%。2023 年上半年美团平台的骑手数量同比增长 21.9%。截至 2023 年 9 月底，全国共发放网约车驾驶员证 618.8 万本，同比增加 28.5%。平台企业激活了更多职业形式。据不完全统计，2022 年，腾讯数字生态带动了 147 个新职业，其中处于稳定期的新职业共 14 个，主要集中在云与智慧产业生态、互动娱乐、广告营销等领域；处于成长期的新职业共 26 个，主要集中在微信、广告营销等领域；处于萌芽期的新职业共 107 个，主要集中在微信、云与智慧产业生态、互动娱乐、广告营销、职业教育等领域[9]。

加快提升国际竞争力。国际化布局加速推进。截至 2023 年 11 月，拼多多旗下的跨境电商平台 Temu 已在全球 47 个国家先后上线。2023 年第三季度，阿里巴巴旗下菜鸟网络推出跨境电商物流旗舰产品"全球 5 日达"，能力已覆盖 8 个国家和地区。据 data.ai 数据显示，2023 年前 3 季度，Temu、希音（Shein）、全球速卖通（AliExpress）、TikTok Seller 成为全球市场下载量增速最快的购物类 App。其中，希音和 Temu 的下载量已超过亚马逊，分别位列 2023 年全球购物类 App 下载量第一和第二。平台企业国际业务大幅增长。根据企业公开财报数据显示，2023 年第三季度，在阿里巴巴旗下的六大业务集团中，阿里国际数字商业集团营收增速最为明显，同比增长 44%；腾讯国际市场游戏收入增长 14%，达到 133 亿元，占游戏总收入的 29%。

3. 平台经济高质量发展仍面临多重挑战

我国平台经济高质量发展仍面临不少挑战。一方面，国内平台经济常态化监管水平仍有待提升，尚不适应平台经济高质量发展要求；另一方面，平台企业国际化发展环境也在不断恶化。

平台经济常态化监管水平有待提升。一是监管规则有待进一步完善细化，避免影响市场预期。《数据安全法》《个人信息保护法》的相关配套法规尚未完全出台，待进一步细化落实，数据保护与数据利用间的平衡待进一步加强。投资审查与新技术、新应用安全评估可预期性待进一步增强。二是监管机制有待进一步明确优化，避免出现"合成谬误"。当前，我国平台经济监管呈现多部门共同监管

---

9 《腾讯新职业与就业发展报告（2022）》。

格局，监管行动和政策间的协调性待进一步提升。三是监管方式有待进一步改革创新，避免抑制发展活力。沿用"一刀切"监管思路的现象依然存在，仍主要通过新增事前安全防护手段加强风险防范能力。

国际化发展环境不断恶化。一是先进技术遭遇出口管制。我国高端芯片获取路径被封锁，部分云平台只能选择中低端芯片作为替代，云平台关键性能的提升难度加大，企业竞争力面临削弱风险。二是一些国家对于科技、教育和投资领域采取"保护性"措施。我国学生申请国际领先学校的科学、技术和数学类专业受到限制，此外，我国赴美投资涉及先进技术或用户个人数据的交易极易触发安全审查，对我国平台企业"走出去"产生负面影响。

4. 优化监管环境、强化国际合作更好地支撑平台经济高质量发展

平台经济高质量发展的目标是实现平台经济发展从模式创新主导向科技创新驱动转变，从消费互联网主导向工业互联网与消费互联网协同发展转变，从追求规模增长向更加兼顾社会效益转变，打造具有全球竞争力的平台经济生态。

平台经济向高质量发展的转型，既是企业发展方式和企业增长路径转变的过程，也是政府制度创新和营商环境优化的过程。实现平台经济高质量发展的关键，是通过政府、企业双向发力，在企业侧加快企业的转型与创新发展，在政府侧加快形成与企业高质量发展相适应、相配套的政策环境。

在企业侧，要主动把握发展机遇，积极贯彻国家要求，加快平台企业的转型发展步伐。一是把握人工智能等新一代信息技术创新机遇，打造平台经济新动能。利用平台优势充分对接需求侧与供给侧的规模效应，加快大数据、通用人工智能、区块链等新一代信息技术在制造、政务、金融、能源等重点领域的应用赋能，培育新增长点。二是顺应数字化转型发展趋势，拓展平台经济新空间。互联网企业发挥技术、资源优势，大型制造企业发挥工业基础优势，初创企业发挥专业领域优势，积极建设工业互联网平台。充分挖掘可复制、可推广的应用场景，以点带面促进制造业的数字化、网络化、智能化转型，赋能实体经济转型发展。三是积极拓展服务消费场景，在扩大内需中发挥更大作用。我国服务消费在居民消费中所占的比重为44.5%，对标欧美发达国家74%的平均水平，仍有巨大增长

空间。平台企业可着力优化信任机制、提高匹配效率、提升用户的消费体验，加大优质产品和服务供给，激发服务消费增长潜力。四是开辟就业创业新渠道，在创造就业机会中发挥更大作用。平台企业汇聚众多小微企业，吸纳了庞大的灵活就业人员，充分发挥其就业"蓄水池"作用，培育发展新业态、新模式创造更多新型就业机会，利用数据、技术优势持续提升劳动力供需匹配规模和效率。五是充分发挥场景优势和产业链优势，提升全球化发展水平。积极对外输出国内成功商业模式、技术能力，将应用先发优势转化为海外市场竞争优势。继续巩固提升我国在全球产业链供应链中难以替代的优势地位，精准快捷地为全球消费者提供高品质产品和服务。

在政府侧，要着力营造良好发展环境，形成平台经济发展新支撑。一方面，提升平台经济常态化监管水平，稳定市场预期、激发主体活力。通过聚焦监管目标、完善监管机制、创新监管方式，实现"在发展中规范，在规范中发展"。监管目标上，统筹发展和安全、活力和秩序等多元目标，在防范系统性风险的基础上，推动平台经济创新发展，提升平台企业国际竞争力。在监管机制上，加快构建协同格局，充分发挥平台自治和公众监督作用，凝聚多方共治合力。在监管方式上，推进合规监管、分类监管、敏捷监管、技术监管等多种监管方式共同发力，提升平台经济监管效能。另一方面，有效拓展数字领域国际合作，支持平台企业"走出去"。积极构建多层次的全球数字合作伙伴关系，推动建立互利共赢的国际经贸规则，积极开展数据安全、人工智能等领域的双多边数字治理合作，为平台企业全球化发展营造开放、包容、公平、公正、非歧视的环境。国家多次部署提升平台经济常态化监管水平、拓展数字经济国际合作，将更好地支撑平台经济向新市场开拓、新动能培育、新空间拓展、新价值升级，在高质量发展道路上实现转型突破。

（三）构建数字领域高水平开放发展新格局

1.国家积极推进数字领域高水平对外开放

随着大数据、云计算、人工智能、区块链等数字技术赋能传统行业创新发展，数字经济与实体经济间的融合加深，数字领域对外开放成为国家推进高水平对外开放、构建双循环新发展格局的重要内容，对重组全球要素资源、重塑国际经济贸易格局具有重要作用。在当前世界百年未有之大变局加速演进、数字经济繁荣发展的态势下，数字领域扩大开放成为各方关注的重点。

从国际层面来看，全球数字贸易发展不平衡，数字治理包容性问题加剧，我国推进数字领域高水平对外开放是应对外部挑战的战略需要。全球范围内数字贸易发展不平衡、机会不平等、规则兼容性不足等问题日益突出，"数字鸿沟"加剧，全球数字治理碎片化风险提升，亟须构建开放包容的全球数字治理体系，助力各国共享数字经济发展红利。麦肯锡全球研究院报告指出，当前亚洲正处在新时代的风口浪尖，在世界秩序、技术应用、人口力量等方面成为世界新的主导力量[10]。中国作为亚洲的贸易和增长中心，统筹利用好国内国际两个市场、两种资源，推进数字领域高水平对外开放意义重大。数字领域高水平对外开放将拓展中外经济贸易关系、深化全球互联互通，促进数字贸易创新发展，为全球经济增长注入新活力、提供新动能。

从国内层面来看，中国数字贸易蓬勃发展，数字产业基础坚实，推进数字领域高水平对外开放是推动数字经济高质量发展的内在要求。党中央、国务院高度重视对外开放，党的二十大报告提出"推进高水平对外开放"，2023年《政府工作报告》提出"实行更加积极主动的开放战略"，2023年中央经济工作会议提出"放宽电信、医疗等服务业市场准入"，对数字领域实施高水平对外开放提出新要求。一方面，我国跨境数字服务贸易规模、增速位居世界前列，具备完善的数字经济产业生态和庞大的市场应用基础，进一步扩大高水平对外开放有助于引入境外优质外资企业在国内开展竞争，激发市场主体活力，提升行业服务水平和国际竞争力。另一方面，我国坚持以数字领域高水平对外开放促进数字经济高质量发展，通过发布对外开放政策、对标高标准国际规则、在自由贸易试验区试点等多种对外开放形式，优化完善了对外开放监管政策和配套安全管理措施，对外开放监管能力和风险防范能力进一步提升。

从开放方向来看，统筹外资企业开放诉求和国内发展需要，推进数字领域

---

10 《亚洲正处在新时代的风口浪尖》。

高水平对外开放的重点方向包括放宽电信等服务业市场准入、促进数据跨境流动、优化外资营商环境 3 个方面。一方面,我国境内经营的外资企业高度关注放宽电信等服务业市场准入限制、优化数据出境政策制度、提供开放透明的营商环境等问题。中国美国商会发布《美国企业在中国白皮书》,建议中国取消对境外投资者在电信行业中的投资限制,同时不再实施数据本地化政策。中国欧盟商会发布《欧盟企业在中国建议书》,重点关注外国股东在增值电信业务领域的限制、数据本地化、制定与国际接轨的标准规范等问题。另一方面,经济合作与发展组织(OECD)发布的《OECD 服务贸易限制指数:2023 年政策趋势》报告指出,2014—2022 年,由于在金融服务、物流服务、增值电信和专业服务等领域对外资企业采取所有权限制、设立方面的自由化措施,中国的服务贸易限制指数大幅下降。伴随服务贸易在全球贸易中所占的比重不断上升,数据跨境流动对促进数字经济发展的作用日益凸显,我国需要把握新一轮科技革命和产业变革的历史机遇,进一步扩大电信等服务业开放,促进数据依法有序自由流动,同时对标高标准国际经贸规则,持续优化外资营商环境,以更加开放的姿态拥抱世界,与各国携手共促开放共享的数字经济。

2. 扩大数字领域服务业对外开放为我国数字经济发展注入新动力

当前,服务贸易在数字贸易中所占的比重正在不断上升,扩大数字领域服务业对外开放有助于激发我国市场主体活力,提升行业服务水平和国际竞争力,为我国数字经济发展注入新动力。

我国电信业对外开放水平不断提升。一是在我国加入世界贸易组织(WTO)时首次对外开放电信市场。我国于 2001 年正式加入世界贸易组织,承诺开放相关增值电信业务和基础电信业务,并发布《外商投资电信企业管理规定》,为电信业对外开放奠定了法律基础。二是通过《内地与港澳关于建立更紧密经贸关系的安排》(CEPA)面向港澳资本扩大电信业务开放。自 2012 年以来,我国在 CEPA 补充协定中允许港澳服务提供者在内地经营互联网数据中心、呼叫中心、互联网接入服务等业务,并对部分业务设置了外资持股比例要求,在开放过程中不断完善外资企业监管政策。三是开展自由贸易试验区试点,逐步复制推广至全国。2014 年 1 月,工业和信息化部与上海人民政府联合发布了《关于中国(上海)

自贸试验区进一步对外开放增值电信业务的意见》，在上海自由贸易试验区开展呼叫中心业务、国内多方通信服务、互联网接入服务（为上网用户提供互联网接入服务）、国内互联网虚拟专用网业务等增值电信业务开放试点。2019年，在修订《外商投资准入特别管理措施（负面清单）》《自由贸易试验区外商投资准入特别管理措施（负面清单）》等政策文件时，我国在全国范围内取消了在线数据处理与交易处理（经营类电子商务）、呼叫中心业务、存储转发类业务、国内多方通信服务等增值电信业务的外资企业的持股比例限制，并将上海自由贸易试验区增值电信业务开放试点政策复制推广至所有自由贸易试验区，电信业对外开放水平显著提升。

我国电信业对外开放取得积极成效。一是产业发展基础不断夯实。一方面，引入境外优质的外资电信企业在我国境内开展经营，为消费者带来了丰富的产品和服务，同时激发了我国境内企业的创新活力，提升了行业服务水平和国际竞争力，为电信业高质量发展注入新动能。另一方面，境内企业积极优化国际化布局，开放透明的政策环境有利于中外企业加强国际合作，实现互利共赢。二是监管法规政策持续完善。我国持续加强电信等领域的监管法规建设，自2022年《外商投资电信企业管理规定》实施以来，外资准入门槛进一步降低，外资管理要求进一步优化。三是安全管理政策、措施不断充实。自2022年《反电信网络诈骗法》正式实施以来，2023年，数据安全、网络安全、个人信息保护等领域的法规制度持续完善，进一步提升了对外开放监管能力和监管水平。

国家对电信等服务业扩大对外开放提出新要求。一是立足新发展阶段，国家对电信等服务业扩大开放作出顶层部署。《"十四五"信息通信行业发展规划》指出，"实施行业更大范围、更宽领域、更深层次开放""推动数据中心、云服务等增值电信业务试点开放"，为信息通信领域实施高水平对外开放、推动实现高质量发展提供了基本原则和方向指引。二是地方自由贸易试验区积极部署电信等服务业对外开放试点措施，打造对外开放创新高地。《海南自由贸易港外商投资准入特别管理措施（负面清单）（2020年版）》提出，"允许实体注册、服务设施在海南自由贸易港内的企业，面向自由贸易港全域及国际开展互联网数据中心、内容分发网络等业务"，北京、上海、深圳等地的自由贸易试验区也积极部署扩大增值电信业务开放，对接高标准国际经济贸易规则，发挥制度型开放示范效应。三是着眼下一步发展方向，云服务、数据中心等增值电信业务是扩大对外开放的重要内容。扩大对外开放需要以促进高质量发展为目标，丰富行业服务供给，建立与高水平对外开放相适应的法律法规和监管政策，提升监管能力和水平，并且先试点后推广，根据监管制度完善程度、产业发展成熟度稳步推进高水平对外开放。

3. 我国跨境数据流动制度持续优化

我国数据跨境的规制思路逐渐由强调安全转向平衡安全和发展双重目标，相关体系持续完善、实践工作有序推进、具体场景的管理要求也开始探索放宽。党中央已通过多项文件，进一步强调要构建更有利于发挥数据要素价值的数据跨境流动机制，2022 年 12 月，《中共中央 国务院关于构建数据基础制度更好发挥数据要素作用的意见》指出要"构建数据安全合规有序跨境流通机制"；2023 年 8 月，《国务院关于进一步优化外商投资环境 加大吸引外商投资力度的意见》提出要"探索便利化的数据跨境流动安全管理机制"。在党中央的指导下，我国数据跨境流动相关立法不断完善，同时寻求在现有制度框架和保障数据安全的前提下，进行创新探索。

第一，安全评估落地实施。安全评估是指，当数据处理者向境外提供数据时，通过所在地省级网信部门向国家网信部门申报，由国家网信部门组织有关机构就数据出境活动可能为国家安全、公共利益、个人或者组织合法权益带来的风险进行评估并作出是否允许数据出境的评估结果的一类数据出境路径。安全评估在《网络安全法》《数据安全法》《个人信息保护法》3 部立法中均有规定，并在《数据出境安全评估办法》中得到进一步的规范和明确。2023 年，相关部门根据《数据出境安全评估办法》中的规定，已经通过了医疗、民航、日化、汽车、信息通信等多个不同行业中的企业申报的数据出境安全评估。例如，2023 年 1 月，首都医科大学附属北京友谊医院与荷兰阿姆斯特丹大学医学中心合作研究项目成为全国首个数据合规出境案例；2023 年 5 月，北京现代汽车有限公司数据出境安全评估项目顺利通过国家互联网信息办公室的审批，并成为我国汽车领域首个全系统盘点、全业务申报且全场景获批的数据出境安全评估案例。

第二，**标准合同正式出台**。标准合同是指由国家网信部门制定的，并由个人信息处理者与境外接收方订立的，约定双方的权利和义务的合同。2023 年 2 月，国家互联网信息办公室公布了《个人信息出境标准合同办法》，明确了我国《个人信息保护法》第三十八条中规定的个人信息的出境路径之一，尤其为中小型企业跨境传输个人信息提供了很大便利。根据该办法规定："个人信息处理者通过订立标准合同的方式向境外提供个人信息的，应当同时符合下列情形：（一）非关键信息基础设施运营者；（二）处理个人信息不满 100 万人的；（三）自上年 1 月 1 日起累计向境外提供个人信息不满 10 万人的；（四）自上年 1 月 1 日起累计向境外提供敏感个人信息不满 1 万人的。法律、行政法规或者国家网信部门另有规定的，从其规定。"同时明确"个人信息处理者不得采取数量拆分等手段，将依法应当通过出境安全评估的个人信息通过订立标准合同的方式向境外提供。"《个人信息出境标准合同办法》自 2023 年 6 月 1 日起正式施行，为部分个人信息出境案例提供了标准合同文本，明确了个人信息处理者的备案义务。依据本办法，北京、上海、浙江、山东、广东等多地也已经出台了详细的备案指导文件，企业进行标准合同备案具有了明确的方向和指导。

第三，**具体场景探索放宽**。2023 年 9 月，国家互联网信息办公室发布《规范和促进数据跨境流动规定（征求意见稿）》并向社会公开征求意见。《规范和促进数据跨境流动规定（征求意见稿）》结合此前数据出境安全评估、个人信息出境标准合同备案工作中的实际问题，大幅调整了数据出境安全、评估合同备案工作的适用标准，实质性豁免了具有强出境必要性及仅涉及少量个人信息出境的数据出境场景的安全评估、合同备案义务，在确保数据有序跨境流动的同时实质性减轻了企业的合规负担。例如，针对合同所必需、人力资源管理、紧急情况、数量没达到限制等场景减少了需要通过安全评估方式进行出境的数据范围；增加了地方数据出境管理的权限，规定自由贸易区可自行制定本自由贸易区数据出境负面清单。

4. 积极参与协定谈判拓宽高标准数字经济贸易规则网络

当前，以数字技术为代表的新一轮信息技术革命和产业变革持续深化，全球数字贸易蓬勃发展，数字经贸规则成为国际经济贸易规则竞争的新前沿。推进数字领域高水平对外开放要求我国主动对接高标准数字经济贸易规则，输出中国方案，放大国内政策制度的外溢效应。2023 年，我国积极参与数字领域高水平经济贸易规则谈判，拓宽全球数字合作和治理网络。

世界贸易组织电子商务谈判取得标志性进展。世界贸易组织电子商务谈判自 2019 年启动以来，已成为全球覆盖范围最大、规则水平最高的数字经济贸易规则谈判，也是中国、美国、欧盟共同参与推动的重要经济贸易规则谈判，被赋予重振世界贸易组织谈判职能、构建全球数字经济贸易规则的殷切期望。截至目前，谈判参加方已扩展至 90 个成员，涵盖全球贸易规模 90% 以上。2023 年经过 8 轮全体磋商，世界贸易组织于 2023 年 12 月宣布，包括中国、美国、欧盟在内的 90 个成员实质性结束部分全球数字经济贸易规则谈判，就促进数字经济贸易便利化、开放数字环境、增强商业和消费者信任三大领域共 13 项议题达成一致。目前参加方正在就电信服务、免征电子传输关税、电子支付、使用密码的信息通信技术产品、发展等议题开展谈判。在部分议题领域，电子商务谈判的规则水平高于《全面与进步跨太平洋伙伴关系协定》（CPTPP）等高标准自由贸易协定。完整规则形成后，世界贸易组织电子商务规则将为未来全球数字经济贸易规则的制定提供方向指引，为全球数字经济发展注入重要驱动力。

我国积极推进加入《数字经济伙伴关系协定》（DEPA）进程。《数字经济伙伴关系协定》是由新加坡、智利、新西兰于 2020 年 6 月签署的数字经济贸易专门协定，旨在加强 3 国间数字经济贸易合作并建立相关标准规范。2021 年 11 月，我国正式申请加入 DEPA。一是在谈判进程方面，自 2022 年 8 月成立中国加入 DEPA 工作组以来，中方与协定成员方密集开展磋商，已举行 2 次部级会议，3 次首席谈判代表会议和 4 次技术磋商，总体进展积极，为后续加快谈判进程、与协定成员方更好地拓展数字经济国际合作奠定了坚实基础。二是在议题设置方面，DEPA 涵盖了政府数据开放、数据创新、数据跨境流动、数字产品非歧视待遇、金融科技、人工智能等诸多规则，在传统约束性议题的基础上，纳入有助于促进协定成员方产业国际合作、加强政府及科研机构对话交流的新兴议题，有利于协定成员方之间将数字经贸规则转化为实际经济利益。三是在规则修订方面，新加坡、智利、新西兰于 2023 年 5 月修订 DEPA，规定数字产品非歧视待遇、使用密码的信息通信技术产品、数据跨境流动、计算设施本地化 4 个核心规则适用于争端解决机制，强化了缔约方履行上述协定义务的纪律约束。

三、2024 年数字治理与法律领域发展趋势展望

（一）适应数字化发展的网络安全法律体系更加完备

面向以信息化、数字化驱动引领中国式现代化的发展需要，围绕平台、基础设施、数据和新技术新应用这四大数字经济发展的关键要素，我国将持续健全网络法律体系，细化规则标准，以良法促进发展、保障善治。

构建常态化治理规则，发挥平台企业引领作用。平台经济在扩大需求、创新发展、就业创业和公共服务等方面的地位和作用日益突显，需要完善相关政策和规则，推动平台经济规范健康持续发展。一方面，着力完善投资准入规则、新技术新业务安全评估规则等，明确审查标准、流程和时限，提升审查过程、结果的可预期性，健全透明、可预期的常态化治理规则，降低平台企业合规经营成本，促进行业良性发展。另一方面，研究并推进《数字经济促进法》立法工作，构建全方位深入推进数字产业化和产业数字化的法律制度，促进数据资源的开发利用与保护，营造一流的数字营商环境。

完善基础设施保护立法，健全网络安全规则。数字基础设施在为经济赋能方面发挥关键作用，为经济社会数字化转型提供关键支撑和创新动能，是推进数字经济发展行稳致远的关键抓手之一。为加快新型基础设施建设，保障关键信息基础设施安全运行，需要进一步构建和完善相关法律制度。一是研究电信基础设施安全保护规则，推进《电信法》立法工作，助力新型基础设施建设发展，细化电信领域配套制度。二是修订《网络安全法》，进一步完善网络安全法律责任制度，如调整违反网络运行安全保护义务或者导致危害网络运行安全等后果的行为的行政处罚种类和幅度；完善关键信息基础设施的运营者有关违法行为的行政处罚规定等。

全面推动释放数据要素价值，协同完善数据分类分级规则。数据作为新型生产要素，已快速融入生产、分配、流通、消费和社会服务管理等各环节，深刻

改变着生产方式、生活方式和社会治理方式，成为推动经济高质量发展的关键动力。党中央、国务院高度重视发挥数据要素作用，《中共中央 国务院关于构建数据基础制度更好发挥数据要素作用的意见》明确提出要探索建立数据产权制度，加强数据分类分级管理。下一步从以下 3 个方面完善法律规则。一是持续推进数据产权法律制度研究，为数据要素价值创造提供基础性制度保障，逐步形成具有中国特色的数据产权制度体系。二是推动制定数据共享和开放相关规则，探索制定公共数据授权运营规范，促进数据要素充分有序流通。三是统筹各领域健全数据分级分类安全管理制度，推动各行业领域数据的安全有序利用。

加快健全技术风险防控措施，探索形成新技术规范标准。人工智能等新技术新应用加速向经济社会各领域渗透，引领新一轮科技革命和产业变革，将持续对经济发展、社会治理、国际格局产生重大而深远的影响。需推动制定《人工智能法》，坚持科技向善的理念，鼓励人工智能的前沿研究和原始创新，完善人脸识别等技术的监管规则，优化安全和发展并重的监管方式，明确科学化、精细化、体系化的治理要求，发展负责任的人工智能。

（二）面向人工智能等新技术的敏捷治理能力加快提升

人工智能等新兴技术具有颠覆性强、迭代速度快、风险高等特点，需要采取具有适应性、包容性、可持续性的治理方式。敏捷治理符合上述特征，能够有效回应人工智能治理需求，是未来人工智能治理可能的通行方案与发展方向。

通过多元主体敏捷互动，建立敏捷治理共同体。引导包括政府部门、试点企业、研究机构等在内的各方主体进行良性的敏捷互动，建立生成式人工智能服务伦理敏捷治理共同体，探索包容试错、多方参与的敏捷治理创新模式。其中，政府负责规范引导，为科技研发提供规则遵循和指导建议，引导企业自律，为科技发展创造良好制度生态。企业落实主体责任，构建负责任的科技伦理治理和风险管理体系，主动、积极、有效地管理科技研发应用全生命周期的各类风险，定期报送风险评估报告。第三方研究机构等提供专业服务，加强技术支持，提供专家力量。

创新治理举措与工具，搭建公共技术服务平台。 一是在治理举措上，创新人工智能伦理测试评估的方法、技术、规范，开展"监管沙盒"等试点工作，探索分级分类清单，建立可信数据库与可靠模型系统。二是在治理工具上，着力研发大模型训练数据评估、大模型评测、应用监测、鉴伪溯源、人工智能价值对齐等技术工具，开发测试框架和自动化评测系统，推动基础软硬件在人工智能领域的广泛适配。三是在公共服务领域，积极搭建人工智能公共服务平台，以此作为服务业试点企业的发展重要抓手和数字化保障，推动各类评估、检测、增强、监测、管理工具的开源开放，促进"产学研用"共创共享、军民科技成果共建共享。

整合优化敏捷治理流程，构建科学平衡的敏捷治理体系。 敏捷治理的本质要求是具有适应性、包容性、可持续性，因此在敏捷治理体系的构建中应注重保持风险控制与发展促进之间的平衡，通过整合优化敏捷治理流程等手段，实现对人工智能等新科技的科学治理。在整合优化敏捷治理流程方面，一是风险识别，在建立技术监测分类体系的基础上，对不同风险等级的技术与产品进行甄别并管控。二是实时监管，建立全流程、全要素的实时监管体系，保障人工智能的开发与应用处于可控的环境中。三是智能审查，在进行监管审查的过程中反向借助智能科技，审慎、高效、公正地应对新兴风险，快速进行敏捷决策。四是应急处理，通过技术检测工具快速进行问题溯源，并在紧急状态下妥善处理相关风险。

（三）面向多领域多主体的协同治理水平持续提升

《数字中国建设整体布局规划》提出，到 2025 年基本形成横向打通、纵向贯通、协调有力的一体化推进格局。面向未来，数字经济、数字政府等领域的治理将内嵌在数字中国建设整体布局之下，持续提升内外部协同治理水平和能力。

建立完善多元参与、有效协同的数字经济治理格局。 在各政府部门的协同方面，强化行业主管部门和综合监管部门统筹协调，健全条块结合、区域联动的监管机制。注重政策措施统筹协调，防范政策叠加导致的非预期风险。在政府与企业的协同方面，建立健全政府与平台企业的常态化沟通交流机制，及时了解企业的困难和诉求，完善相关政策和措施。加强平台企业合规管理建设，督查企业实现有效自我治理。在多元主体协同共治方面，鼓励企业、第三方机构、公众等利益相关方有序参与到政策制定和治理的过程中，充分发挥社会和第三方机构专业技术能力，以提升监管水平，完善相关政策措施。开展社会监督、媒体监督、公众监督工作，畅通多元主体表达诉求、保障自身权益的渠道。

以一体化建设为推进路径，构建协同高效的数字政务。 从省域一体化、区域一体化、全国一体化3个层面，及数据资源一体化、平台支撑一体化、安全防护一体化等关键领域，加快推进数字政府一体化建设和运营。从不同层面推进的一体化建设重点任务不同。在数据资源方面，重点实现省级数据资源目录清单编制、源头治理，跨区域数据共享与开发利用，全国数据资源开发利用的顶层设计和核心节点建设；在平台支撑方面，重点实现政务云省级统筹、市县部署，推进区域平台支撑一体化建设、全国共性应用技术支撑体系建设；在安全防护方面，重点实现省级安全统筹规划、分层分级实施，区域安全协同共建、联防联控，以及全国安全动态防御、全局感知。

（四）应对全球数字治理赤字的包容性治理水平不断提高

面对数字领域发展不平衡、规则不健全等矛盾问题，国际社会高度重视数字领域的包容性治理。二十国集团、国际电信联盟、联合国开发计划署、世界银行、经济合作与发展组织等多边机制和国际组织发布各类行动计划、评估报告，为弥合"数字鸿沟"、实现可持续发展目标提供工具和指引，促进全球数字化转型包容性发展。

全球数字化转型包容性发展追求更高质量的发展。 一是追求更高质量的连接，包括提升网络覆盖率，提高信息和通信技术服务水平、移动终端的可负担性，提高学校、社区、中小微企业的基本数字连接质量、促进先进数字技术应用。二是追求更全面的数字素养，包括提升劳动者数字技能、安全保护意识和网络安全防范能力、有效识别和抵御虚假信息等。三是追求更普惠的科技公共服务，推进数字技术赋能公共服务，降低获取公共服务的门槛，加强数字身份系统、政务平台建设，持续优化教育、普惠金融、社会保障等服务提供。四是追求更有效地从数字经济中获利，特别是鼓励和支持中小微及初创企业创新，营造良好的投融资环境等，把握数字经济发展机遇。五是追求更高水平的数字治理，包括提升政府数字治理能力，建立和完善数据等领域的监管机制，推动制定普惠包容的数字经济贸易规则，加强政策协调等。

包容性治理供给更加丰富。一是以多元化融资方式破解数字发展融资困局。当前全球数字发展面临巨大资金缺口，打通数字连接"最后一公里"等数字发展挑战需要更大的资金支持。亟须更具创新性和可持续的投融资机制，撬动和引导更多资金流向难以获得商业回报且投资风险较大的地区和项目，鼓励加大数字基础设施建设、数字人才培育、数字技术研发等数字化转型领域的资金投入。二是以数字化发展合作促进全球技术流动。鼓励各方加强对发展中国家的技术援助力度，加大对技术转让、能力培训、咨询评估、政策制定、数字公共产品提供等方面的支持力度。反对科技垄断和阻碍发展中国家获取信息通信技术和设备的做法。随着发展中国家的数字化转型不断深入，发展中国家相互间关于技术流动的治理议程可能有所增长，深化南南合作为包容性数字化转型贡献更多积极成果。三是促进政策、理念交流互鉴。鼓励多利益攸关方开展和参与研讨会、大赛、产业合作等各类形式的交流活动，增进彼此之间在政策、理念、发展模式等方面的了解和信任，为务实项目的开展夯实基础。

网络安全篇

导　　读

本篇主要包括"2023 年网络安全领域发展情况综述""2023 年网络安全领域热点分析""2024 年网络安全领域发展趋势展望"三大部分。

第一部分"2023 年网络安全领域发展情况综述"盘点了 2023 年网络安全总体形势，具体包括全球网络安全形势进入动荡变革期，网络安全风险不断增加；大国网络空间博弈日趋激烈，多国出台战略争夺先发优势；全球网络安全产业蓬勃发展，我国网络安全产业规模在震荡中保持增长。

第二部分"2023 年网络安全领域热点分析"聚焦和深入分析了 2023 年网络安全领域热点，具体包括大模型推动人工智能发展迈入新阶段，大模型安全成为全球人工智能治理新焦点；车联网核心要素安全威胁和风险日益突出，多方协同推动车联网产业发展和安全深度融合；全球电信网络诈骗犯罪严峻形势不断升级，我国多措并举有效应对风险挑战。

第三部分"2024 年网络安全领域发展趋势展望"结合当前网络安全产业发展情况和网络安全形势进行综合研判，以新安全格局保障新发展格局，战略目标向推进网络安全能力现代化升级，具体趋势为安全威胁难以绝对化规避，安全防护将拓展韧性能力；算力成为数字时代核心生产力，网络安全防护能力同步建设；政策和技术创新双管齐下，助力数据要素价值安全高效释放；人工智能技术蓬勃发展，网络安全智能化时代即将来临。

本篇作者：

田慧蓉　丰诗朵　高婧杰　冯泽冰　宋绪言　黄媛媛　景慧昀　张琳琳
梁琼琳　谢俐倞　周丽丽　秦博阳　关伟东　杜　霖　李　文　常　雯
王玉环　姜清明

一、2023 年网络安全领域发展情况综述

（一）全球的网络安全形势进入动荡变革期，网络安全风险不断增加

1. 国际网络安全局势动荡

近年来，全球网络和数据安全事件频发，网络安全风险不断加剧，国内外网络安全形势依然严峻，甚至愈加错综复杂。**一是关键信息基础设施遭受攻击烈度空前。**在数字化背景下，关乎国计民生的关键信息基础设施成为遭受网络攻击重灾区，网络攻击对其造成的危害、破坏愈发严重。2023 年，德国爆发大规模网络攻击，超过 70 个城市的市政基础设施服务陷入瘫痪，严重影响社会、经济稳定运行；英国网络安全事件数量暴增，仅 2023 年上半年，英国关键信息基础设施遭受网络攻击事件数量已超过以往任何年度的网络攻击事件总数，攻击手段更加复杂多元、安全影响乘数递增。**二是多国联合开展网络安全防御行动，网络安全对抗攻防趋势明显。**当前围绕网络空间权力和利益再分配的斗争日益激烈，面对复杂的国际形势，多国逐步联合开展网络安全防御行动，提升网络安全防御能力。2023 年，欧盟委员会发布《网络团结法》，协调各成员国团结一致应对网络安全威胁，提升网络安全防御能力；美国联合五眼联盟开展网络安全攻防演习，联合提升协同操作能力和实时应急响应能力，提高国家应对网络安全威胁的整体水平。**三是新技术的应用诱发多领域安全风险加剧。**2023 年，生成式人工智能，尤其 ChatGPT 等大模型，成为科技革命和产业变革的重要驱动力，也标志着人工智能技术的重要进步。与此同时，新技术的应用诱发的多重网络和数据安全风险日益突出。例如，2023 年 ChatGPT 因违规收集和处理个人数据、用户支付信息丢失等原因被意大利个人数据保护局宣布暂时禁用；印尼总统"说中文"的人工智能深度伪造视频在网络上热传，用于实施欺骗行为，引发社会广泛关注。

2. 我国网络安全风险突出

我国数据泄露风险上升，涉及众多行业。2023 年，我国数据安全风险仍然突

出，在多行业领域发生数据泄露事件。据《2023 年第三季度互联网黑灰产研究报告》统计，我国 2023 年前三季度数据泄露事件累计达 8000 余起，2023 年第三季度有效数据泄露事件共 5110 起，较第二季度增加 153%，涉及金融、物流、航旅、汽车、综合电商、电子消费、短视频等众多行业领域，其中金融行业数据泄露风险最高，数据泄露事件数在总事件数中的占比达 51.09%，其次是物流行业，占比达 23.28%，航旅行业的数据泄露事件数占比达 8.06%，汽车行业的数据泄露事件数占比达 5.07% 等，如图 9-1 所示。

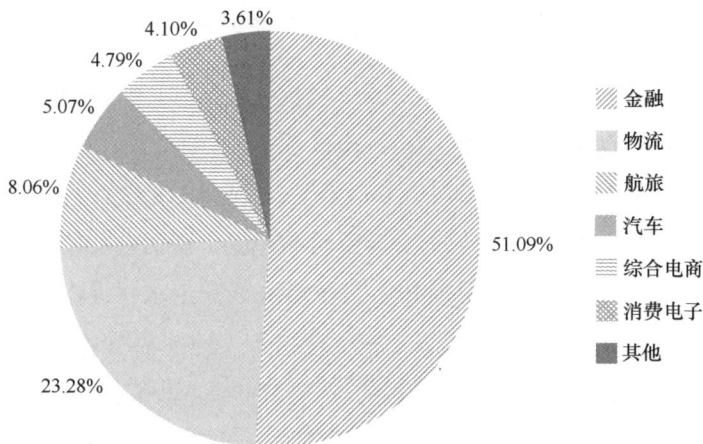

图 9-1　2023 年第三季度各行业数据泄露事件数占比

网络攻击事件数量仍呈上升趋势。我国网络攻击事件数量居高不下，在公共互联网方面，发现 3200 万余起各类网络攻击事件，月均保持在高位；在工业互联网方面，发现 6000 万次恶意网络行为，较去年同期增长约 7%；在车联网方面，发现近 700 万次恶意网络行为，较去年同期增长近 5%。

（二）大国网络空间博弈日趋激烈，多国出台战略争夺先发优势

1. 网络空间对抗升级促进多国战略提升网络安全防御能力

各国结合当下网络安全形势不断出台或更新安全战略，国家安全博弈日趋激烈。**一方面，战略内容将关键信息基础设施安全保护作为重点任务。**为提高本国关键信息基础设施安全保护水平，多国加强战略重点布局。2023 年，美国发布

《国家网络安全战略》，将关键信息基础设施安全保护作为五大战略支柱首位；欧盟同年发布《经济安全战略》，提出重点评估审查关键信息基础设施的物理和网络安全风险。**另一方面，受地缘关系影响多国战略呈现"阵营化"趋势。**结合当前全球网络冲突加剧和大国结盟对抗的形势，多国战略试图打造同盟的"阵营化"趋势明显。2023 年，美国发布的《国防部网络安全战略》表示将大力发展盟友合作，构建网络安全防御圈；韩国于 2023 年发布的《国家安全战略》表示将强化韩国与美国的同盟关系，进一步加强在网络安全等领域的务实合作。

2. 多国布局量子密码、人工智能等新技术安全领域，抢占新赛道

多国开展新技术安全领域布局，抢占未来发展先机。**一方面，多国加强量子密码等技术研发打造数据安全之"盾"。**2023 年，德国发布《国家安全战略》将网络安全研究重点聚焦于量子密码等技术变革上，保障数据安全；英国于 2023 年出台《国家量子战略》，重点关注量子安全密码学和量子密钥分发技术，明确未来 10 年发展路线图。**另一方面，多国提升人工智能网络安全水平促进发展提速。**欧盟发布的《经济安全战略》重点加强人工智能网络等关键技术网络和数据安全风险评估，保障人工智能安全发展。美国发布的《国家网络安全战略》表示将重点投资人工智能技术研发，开展多项研发项目，使美国在人工智能领域保持世界领先地位。

（三）全球的网络安全产业蓬勃发展，我国的网络安全产业规模在震荡中保持增长

1. 网络安全产业规模增速回归高位水平

全球网络安全产业规模进一步增加。近年来，不稳定的地缘政治局势、攻击技术的迭代升级等因素导致全球网络威胁增加，APT（高级长期威胁）攻击、勒索软件攻击、供应链攻击等攻击事件数量不断攀升。与此同时，需求侧对网络安全的关注度显著提升，倒逼全球网络安全市场进一步扩张，2022 年全球网络安全市场规模为 1647.3 亿美元，增长 10.6%。预计 2023 年全球网络安全市场规模增长 14.2%。

我国网络安全产业规模增速放缓。受经济下行压力加大、网络安全业务拓展和项目实施交付进程放缓、重点行业推迟或减少网络安全产品或服务采购等因素

的叠加影响，2022 年我国网络安全产业规模增速有所下滑，2023 年逐步回归以前水平。中国 - 全球网络安全产业规模增长率如图 9-2 所示。

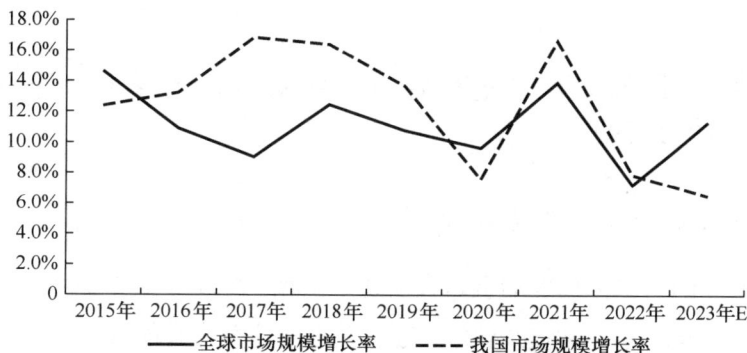

图 9-2 中国 - 全球网络安全产业规模增长率

2. 全球领先企业已形成稳定的市场份额，中国与英国企业处于高速追赶发展阶段

全球网络安全市场已形成较为稳定的市场格局，2022 年市场价值排名前 12 位的网络安全企业市场份额占全球网络安全市场份额的 47.9%，主要为美国、以色列企业。2022 年与 2017 年对比，美国、以色列企业凭借先发优势，整体价值始终居于高位；我国和英国增速均超 7 倍，反映出两国企业的巨大发展潜力。2017—2022 年主要国家（组织）网络安全企业生态价值增长情况如图 9-3 所示。

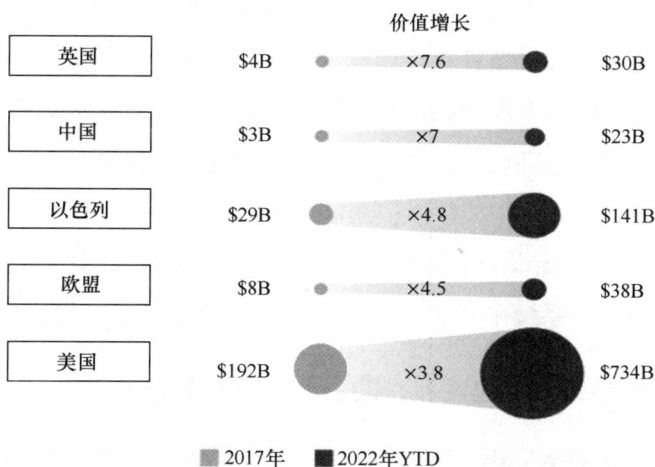

图 9-3 2017—2022 年主要国家（组织）网络安全企业生态价值增长情况

二、2023 年网络安全领域热点分析

（一）大模型推动人工智能发展迈入新阶段，大模型安全成为全球人工智能治理新焦点

1. 大模型推动人工智能发展迈入新阶段，新风险、新挑战快速涌现

2023 年，ChatGPT 引发的全球大模型"竞赛"推动人工智能由专用弱智能逐渐向通用强智能迈进，智能水平的跃迁、人机交互方式的创新、应用模式的变革等进一步加剧原有人工智能算法、数据和应用带来的安全风险，并且引入新的安全挑战。**一是大模型智能水平高、滥用门槛低，加剧国家和社会安全风险。**大模型在原有人工智能算法已有的感知理解能力的基础上，进一步扩展了信息生成、长期记忆、逻辑推理等能力。大模型的滥用门槛低体现在普通用户通过人类语言即可无障碍地运用大模型的"类人"能力，部分做法损害国家和社会安全。**二是大模型自身存在技术局限性，引发新的人工智能算法和数据安全风险。**大模型是基于深度神经网络技术构建的，天然具有深度神经网络面临的算法弱鲁棒性、算法不可解释性、数据依赖性等安全风险。而且，由于大模型未完全与人类价值观和世界知识对齐，可能生成普通用户难以鉴别的失真"幻觉"信息，误导人类的认知和决策。此外，大模型具有规模庞大的网络参数可记忆训练数据，攻击者通过指令注入等方式诱导大模型在回复时泄露训练数据。**三是大模型将成为人类社会的智能规模化供给基础设施，安全风险向下游应用大规模扩散。**基于大模型进行简单微调将成为各行业构建智能应用的主要研发模式，这促使大模型有望成为向社会输出智能的基础设施。布鲁金斯学会发布的报告指出，智能应用开发者将大模型整合至软件系统中，将极大程度地增加软件错误和失控风险。

2. 大模型安全保障技术快速发展，助力各行业安全应用

为助力各行业安全应用，"产学研用"各界优先攻关技术成熟度高、应用前景广的语言大模型安全保障技术，以期建立涵盖训练数据安全保障、算法模型安

全保障和业务应用安全保障的综合技术体系。**一是训练数据检测过滤和安全增强技术**。为防范训练数据污染投毒、隐私泄露等风险，大模型研发者可采用检测技术来及时发现并过滤含违法违规信息的数据、含个人隐私的数据、无知识产权的数据、含偏见歧视的数据等。并且，为提升训练数据安全性，大模型研发者可选用来源可靠的数据，并对高可靠性数据进行上采样。**二是模型价值对齐和检索增强技术**。为防范算法模型存在偏见歧视、被恶意使用等风险，大模型研发者通过增加安全训练数据、优化奖励函数等方式进行大模型价值对齐，促使大模型行为遵循人类意图并符合人类价值观。为降低大模型生成"幻觉"信息的概率，大模型研发者可采用检索增强生成（RAG）技术，即通过结合检索系统和生成模型来提高信息生成的准确性。**三是应用输入输出安全保护技术**。为防范恶意使用、指令注入攻击等风险，大模型应用运营者可采用输入检测过滤技术将识别出的恶意指令及攻击指令直接丢弃，避免大模型响应，并采用输入安全增强技术为通过检测过滤的指令添加安全约束，引导大模型在安全范围内进行指令响应。与此同时，为防止大模型生成虚假有害信息，大模型应用运营者可采用输出检测过滤技术，直接丢弃输出中含违法违规内容的生成语句。

3. 大模型安全成国际治理新焦点，推动人工智能安全走"深"向"实"

大模型促使人工智能治理需求更迫切，措施更快落地。全球各国在大模型安全风险及治理目标等方面逐渐达成共识。《布莱切利宣言》《全球人工智能治理倡议》《关于负责任的生成式人工智能的建议》等国际宣言文件，将"以人为本""促进公平""防范歧视偏见""反对利用大模型操纵舆论"等作为共同的治理目标。与此同时，世界主要国家的具体大模型治理策略存在明显差异。**一是欧盟采用严格监管策略**。欧盟制定的全球首部人工智能统一法案《人工智能法案》将大模型作为重要监管对象，并提出保障大模型透明度、上线前测试、大模型备案、保障内容安全等硬性要求。**二是美国从重发展与转向发展与监管并重策略**。美国于2023年10月发布的《行政令》针对大模型突出安全风险，提出加强技术标准引导及大模型研发企业与政府共享安全信息等软性要求。**三是中国在严守安全底线的基础上鼓励大规模的创新发展**。我国于2023年8月正式实施的《生成式人工智能服务管理暂行办法》是全球首部大模型专门性法规，旨在通过算法备案、安全评估等监管措施指导企业加强安全保障。**四是部分亚洲国家偏重弱化监管。**日本、新加坡、印度等亚洲国家鼓励大规模的创新发展。例如，2023 年 4 月，印度信息技术部部长表示，目前未考虑出台任何法律来规范大模型等人工智能技术在印度的发展。

（二）车联网核心要素安全威胁和风险日益突出，多方协同推动车联网产业发展和安全深度融合

1. 车联网加速发展衍生新安全问题，多重安全风险交织

随着车联网向智能化、云控化、数字化、电动化发展，"云、数"等车辆网核心要素间的协同发展愈发高效，安全事件频频发生，车联网安全风险日益突出。**一是车辆的智能化加速发展，整车网络安全问题不容忽视。**一方面，智能驾驶市场渗透率正快速增长，更多个性化智能服务涌现，车辆架构变得更加复杂，整车网络安全风险持续增加。另一方面，车载大屏作为智能座舱中最重要的人机交互信息展示窗口，是汽车第一网络攻击入口，单品装载率持续提升，整车网络安全脆弱性急剧增加，《智能网联汽车安全渗透白皮书 3.0》数据显示，整车安全问题检出率高达 80%。2023 年，某韩国汽车制造商旗下约 830 万辆车被黑客破解，仅依靠 USB 连接即可开走汽车。**二是汽车实现电动化快速转型，充电设施成为新网络攻击媒介。**充电设施部署点多面广，直接连接到汽车和公共网络，在端、云等核心节点都易被入侵，安全通信问题亟须解决，Upstream 发布的《2023 年全球汽车行业网络安全报告》显示，充电设施遭受的网络攻击占攻击总数量的 4%。2023 年，某研究团队称多个汽车充电系统的漏洞被利用，黑客可利用这些漏洞窃取车主支付信息等隐私数据。**三是汽车的云控化服务全域赋能，攻击暴露面不断扩大。**车联网云服务覆盖场景不断增加，业务结合程度逐步加深，资产暴露面和安全边界随之扩张，网络安全风险持续增加，中国信息通信研究院安全研究所的最新检测数据显示，93% 的车联网服务平台存在高危安全隐患，可被黑客入侵、控制。2022 年，俄罗斯某网约车服务平台被入侵，致大量汽车集聚，发生严重交通堵塞。**四是汽车的数字化驱动安全防御升级，数据安全泄露事件高发。**车联网融合用户、汽车运行、道路、交通等多方海量数据，数据类型复杂、处

理主体多样，面临的数据安全风险不断增加，Upstream 发布的《2023 年上半年汽车领域网络趋势报告》显示，数据泄露事件占汽车行业安全事件总数的 37%。2023 年，某汽车企业发生数据泄露事件，导致欧洲多国车主受影响。

2. 车联网全要素网络和数据安全防护技术持续演进

面对日趋严峻的安全形势，产业界转变传统以车辆为中心的安全防御思路，积极创新，围绕车联网安全核心对象的联合安全防护技术加快攻关、强化实践。**一是"车云一体化"安全产品持续部署。**企业通过部署汽车安全运营中心（VSOC），实现对汽车、车联网服务平台一体化安全态势监测和全闭环安全管理，有效提升风险预防、检测和响应能力。如东风汽车推出车联网网络安全态势感知 VSOC 平台，提出多品牌便捷接入、"端管云"一体化感知的总体策略，实现安全事件可感、可视、可追踪的全周期保障；为辰信安携手亚马逊云科技打造全球 VSOC，实现全球化部署运营，支持百万辆以上汽车接入。**二是数据安全合规体系建设、数据安全防护方案逐步落地。**聚焦数据采集、传输、存储、处理、销毁等数据全生命周期各细分场景，企业汽车数据安全合规体系加速建设。如大众汽车、现代汽车等多家汽车企业开展数据出境风险自评估工作，建立汽车数据跨境合规机制，加强数据安全合规体系建设；北京市高级别自动驾驶示范区工作办公室发布《自动驾驶数据分类分级管理细则》，通过明确数据分类策略，指导构建多维统一的数据层级，为北京市高级别自动驾驶示范区开展数据分类分级工作提供指引。**三是充电基础设施（如充电桩）安全解决方案不断创新。**当前，采用可信安全技术仍为主流解决方案，企业通过增强充电基础设施基于可信计算的安全免疫，形成"车—桩—网"协同充电服务安全防护。如国家电网通过应用可信计算、安全接入认证等安全防护措施，提升充电桩本体、数据传输的安全防护水平，保障国家电网车联网系统的安全稳定运行；Tellus Power 集团通过充电桩信息传输加密、定期备份数据及开展安全演练等技术手段，加强充电桩信息安全能力建设。

3. 安全生态逐步形成，加速推动车联网产业发展和安全深度融合

车联网安全涉及多重要素、多元主体，各方加强合作、协同创新，逐步形成发展和安全融合的产业格局，共促车联网安全防护能力提升。**一是政策释放重磅信号，安全保障成为产业发展硬要求。**2023 年 11 月，工业和信息化部、公安部、住房和城乡建设部、交通运输部联合发布《关于开展智能网联汽车准入和上路通行试点工作的通知》，正式启动智能网联汽车准入和上路通行试点，在生产、上路通行等环节明确网络和数据安全防护要求，引导各企业主体加强安全防护能力建设，探索强化车联网安全基线管理。**二是标准指导产业实践，安全成为企业动作必选项。**全国汽车标准化技术委员会加快开展《汽车整车信息安全技术要求》《汽车软件升级通用技术要求》等强制性国家标准的制修订，预计 2024 年发布实施，标志着汽车网络安全即将进入"强标时代"，为企业各方开展网络安全建设提供有效指导。**三是联盟协会引领产业热点，安全成为产业交流重要议题。**联盟协会作为产业资源汇聚、政企沟通交流的平台，逐渐成为推动车联网安全领域协同、创新发展的重要力量。2023 年 9 月，在世界智能网联汽车大会"集智创新车联网安全新格局"特色专场上，车联网安全集智联盟正式成立，包括汽车生产企业、电信运营商、零部件供应商、网络安全企业、高校和科研机构等在内的 120 余家产业链上下游企业、学校机构加强合作交流，共同推动车联网安全协同创新和应用探索。**四是人才是发展的基础，网络安全技能培养成为人才技能培养重点。**车联网安全涉及学科多，且学科深度交叉应用，对既懂车又懂网络安全的专业型、复合型人才需求迫切，产业各方积极开展车联网安全专项人才联合培养，为助推行业建设贡献力量。例如，2023 年 6 月，大陆集团和重庆邮电大学签署汽车网络安全联合实验室合作框架协议；2023 年 8 月，临港新片区数字基建等 10 家企业共同签约上海市车联网安全实训基地。

（三）全球电信网络诈骗犯罪的严峻形势不断升级，我国多措并举有效应对风险挑战

1. 电信网络诈骗风险全球蔓延，世界主要国家立足本国国情采取应对措施

当前，全球电信网络诈骗愈演愈烈，2023 年 8 月全球反诈骗联盟（GASA）发布《2023 年全球电信网络诈骗现状报告》称，过去一年，全球电信网络诈骗造成损失超 1 万亿美元，增长 84.5%。其中，美国、加拿大、英国、澳大利亚、新

加坡、韩国等主要国家的电信网络诈骗案件数量持续高位，电信网络诈骗造成损失金额巨大，电信网络诈骗已成为全球治理难题。具体表现如下，**一是北美地区电信网络诈骗犯罪形势愈发严峻。**以美国为例，2023年上半年，美国社交媒体类诈骗累计发案超5.6万起，损失超6.6亿美元，其中，利用社交媒体实施的虚假投资诈骗、"杀猪盘"诈骗造成损失在总损失中的占比最高，达到67%。**二是欧洲地区互联网领域诈骗案件数量占比极高。**英国金融机构报道称，2023年上半年，英国电信网络诈骗累计发案140万起，损失5.8亿英镑，其中互联网领域诈骗案件数量占全部电信网络诈骗发案数的77%，支付卡诈骗、授权推送支付诈骗造成的损失最多，合计占比超90%。**三是大洋洲地区电信网络诈骗案件激增。**根据澳大利亚竞争和消费者委员会（ACCC）的诈骗监察服务（Scamwatch）发布的调查结果显示，2023年澳大利亚累计收到28万份电信网络诈骗报告，比上年同期增长17.1%，损失金额总计4.6亿美元，短信、电子邮件是澳大利亚当前最主要的诈骗渠道。**四是亚洲地区诈骗案件持续高发。**2023年上半年，新加坡电信网络诈骗累计发案2.2万起，同比增长近65%，损失金额达3.3亿美元。同期，韩国电信网络诈骗造成损失达2050亿韩元；2023年3—8月，泰国近9万人遭受电信网络诈骗，损失5.1亿泰铢。

面对日趋复杂的电信网络诈骗形势，世界主要国家和地区纷纷采取有效措施，极力遏制电信网络诈骗高发态势。**一是电话诈骗治理力度加大。**针对境外诈骗电话突出问题，2023年4月11日，美国联邦贸易委员会（FTC）与美国联邦通信委员会（FCC）合作开展"网关禁入"计划（PoNE），通过监测识别为非法呼叫提供通道和接入服务的VoIP（IP电话）服务提供商及给予警告处分，以加大对境外诈骗电话的整治力度；阿联酋于2023年年初推出"揭露者"服务，当用户接听到某企业或机构使用注册的手机号码或固定电话号码拨打的电话时，会显示来电企业或机构名称，这在一定程度上提高了用户防范电信网络诈骗的能力。**二是网络诈骗治理成为共识。**针对不断升级的电信网络诈骗技术，法国设立打击网络犯罪分局，负责调查基于新技术的网络诈骗活动，同时专门开通了举报热线"33700"及跨运营商平台，方便多家电信运营企业进行大数据分析，联合防范和有力打击网络诈骗犯罪；新加坡则在2023年6月颁布《网络犯罪危害法案》，授权政府及时删除网络有害内容，并与各大互联网平台和网络服务供应商加强合作，建立"多方联动治理"机制，打击网络犯罪。**三是生成式 AI 诈骗治理成为热点。**为治理生成式 AI 诈骗，越来越多的国家出台法律法规，如 2023 年 6 月，欧盟议会高票通过《人工智能法案》，该法案按照不同的风险类别对人工智能技术应用进行了分类，通过识别不同风险来进行监管；同年 3 月，英国政府发布《支持创新的人工智能监管方式》政策文件，指出人工智能的使用应符合英国现有法律，同时需对人工智能的使用方式加强监督问责，AI 诈骗治理法律体系进一步完善。2023 年 3 月，意大利个人数据保护局宣布暂时禁止使用 ChatGPT，以防范 AI 诈骗风险。**四是多国协同治理成为未来趋势。**2023 年 8 月，中国、泰国、缅甸、老挝决定在泰国清迈共同建立专项行动综合协调中心，严厉打击本区域电信网络诈骗和网络赌博犯罪。

2. 诈骗手段不断升级，我国电信网络诈骗治理仍面临诸多风险与挑战

当前，我国电信网络诈骗治理面临不同群体帮助实施诈骗、诈骗技术快速升级、黑灰产业链专业化、跨国打击治理难等新挑战。**一是电信网络诈骗"工具人"参与实施诈骗，加大了打击治理难度。**一方面，号卡资源来源升级，随着号卡资源价格的不断上涨，诈骗分子开始直接向用户高价租借、收购号卡资源，大幅扩充通联工具来源，大大提高了打击治理难度；另一方面，诈骗方式升级，现在的诈骗方式已由在特定地点设置专门诈骗窝点、雇专人架设诈骗设备拨打诈骗电话，转变为高薪雇佣各类人群在任意地点搭建"简易 GoIP（基于互联网协议的网关）"等设备实施诈骗，进一步提升了诈骗的隐蔽性。**二是诈骗技术快速升级，诈骗速度、广度、精准度不断提高。**随着信息技术的不断发展，诈骗技术经历了 4 个阶段的变化。第 1 阶段，诈骗技术简单、诈骗手段僵化，主要以"录音型"电话诈骗、网站贴图诈骗为主，依托固定脚本实施"广撒网"式诈骗；第 2 阶段，诈骗分子大量使用 VoIP、GoIP 等设备拨打电话、收发短信，实现人与 SIM（用户标识模块）卡分离，达到隐藏身份、逃避打击的目的；第 3 阶段，诈骗分子用两部手机搭建简易组网 GoIP，隐蔽性进一步提升，同时利用 iMessage、FaceTime 等功能漏洞实施精准诈骗，诈骗成功率大幅提升；第 4 阶段，诈骗分子利用 AI 换脸、AI 换声等新技术，结合非法获取的个人信息，定制针对不同人群的诈骗脚本，实施"点对点"精准诈骗，以假乱真，诈骗精准度进一步提升。**三是黑灰产业链不断发展壮大。**当前，公民个人信息已经成为电信网络诈骗犯罪的"基本物料"，各行业"内鬼"为谋取非法利益，利用职务之便，窃取、泄露、出售公民个人信息，为电信网络诈骗提供了"精准弹药"，形成了一条成熟、专业化的黑灰产业链，且随着国内打击力度的不断加大，黑灰产犯罪开始境外化，犯罪链条逐步向境外转移，不法分子在境内大量使用境外通信工具及将服务器设在境外的资金交易平台上实施诈骗，加剧了打击治理难度。**四是境外作案占比大幅攀升，溯源打击面临多难困境。**自 2023 年以来，我国电信网络诈骗犯罪境外作案在总电信网络诈骗案中的占比已由六成上升为八成，主要分布在菲律宾、柬埔寨、马来西亚、越南、缅甸等东南亚国家中，特别是缅甸北部地区，作案数量占全部境外案件的 68.5%。面对电信网络诈骗的境外化趋势，我国跨境打击存在诸多难点，如境外诈骗分子流动性大、位置更新快，难以快速定位打击；诈骗分子与海外"保护伞"势力勾结，阻碍案件侦查和落地抓捕；国际司法协助制度不完善，导致境外诈骗分子难遣返、难定罪。

3. 我国"打防管控宣"多管齐下，有效应对电信网络诈骗治理新挑战

为应对日趋复杂的电信网络诈骗新形势，快速压降我国电信网络诈骗高发多发态势，全国各地区各部门坚持以人民为中心，以《反电信网络诈骗法》颁布实施为契机，坚持"打防管控宣"结合，多措并举推进电信网络诈骗的打击治理工作取得新成效。**一是以打开路，高压严打境外诈骗。**2023 年下半年，公安机关依托边境警务执法合作机制，与缅甸相关地方的执法部门开展多轮联合打击行动，累计抓捕 4666 名缅甸北部地区涉诈犯罪嫌疑人，狠狠打击了诈骗分子嚣张气焰，形成强大震慑。最高人民检察院、公安部内外联动，分 3 批联合挂牌督办 13 起特大跨境电信网络诈骗犯罪案件，全力打团伙、摧网络、斩链条，深挖组织者、领导者及幕后"金主"，切实维护社会稳定和人民群众切身利益。**二是以防为先，防范重大涉诈风险。**针对低龄用户涉诈突出问题，全国多地对低龄用户办卡入网采取校验、提示风险等临时性保护措施，提升低龄用户风险防范意识，降低入网后的涉诈风险；针对诈骗分子大量利用 App 实施诈骗的问题，自 2023 年 9 月以来，工业和信息化部、中国人民银行等单位联合开

展信息通信领域金融类 App 反诈电子标识试点工作，累计监测发现 1.4 万余款仿冒金融类 App，相关试点 App 的仿冒量下降近 80%；针对 "AI 换脸" 引发的风险隐患，公安机关联合国家重点实验室等单位，开展人脸识别与活体检测技术安全测评，对境内用户量大、问题隐患突出的即时通信、网络直播等重点 App，及时发现人脸识别验证系统存在的风险隐患；为进一步提高事前风险防范能力，自 2023 年以来，工业和信息化部组织基础电信企业、互联网企业对新业务和高风险存量业务开展涉诈风险安全评估，建立起 "事前充分评估、事后及时治理" 的涉诈风险防范体系。**三是以管促防，健全法律法规体系。**2022 年 12 月 1 日，《反电信网络诈骗法》正式颁布实施，在法律层面明确电信、金融、互联网领域的诈骗治理要求，为今后一个时期常态化做好反诈工作提供了强有力的法治保障和规则指引。同时，为进一步规范生成式 AI 的发展，2023 年 5 月，国家发展和改革委员会、教育部、工业和信息化部等 7 部门联合发布《生成式人工智能服务管理暂行办法》，明确指出生成式人工智能服务提供者要完善处置措施，在发现违法内容时，应当及时采取停止内容生成、停止内容传输、内容消除等处置措施，采取模型优化训练等措施进行整改，并向有关主管部门报告。**四是以控为要，防控黑灰产业链。**自 2021 年以来，工业和信息化部加大对涉诈黑灰产治理力度，启动 "打猫" 专项行动，累计打击架设 "猫池" 设备的窝点 2.6 万个，缴获 "涉猫" 设备 6.5 万个，特别是针对简易 GoIP 涉诈突出问题，统筹指导行业企业大规模部署大数据监测模型，有效提升精准识别、快速处置能力。**五是以宣为基，加大反诈宣传教育。**2023 年 6 月 15 日，中央宣传部、公安部联合启动 "全民反诈在行动" 集中宣传月活动，并印发《防范电信网络诈骗宣传手册 2023 版》，普及反诈常识，切实营造全社会反诈的浓厚氛围；自 2023 年以来，中国人民银行加大反诈宣传力度，组织开展 "全民反诈百日宣传""金融为民 暖心工程" 等系列活动，不断提升群众防骗意识。2023 年，工业和信息化部组织全行业开展以 "进学校、进企业、进社区、进农村、进家庭等" 为主线的 5000 余场宣传活动，针对新型诈骗手法等发送公益提醒短信超 200 亿条，共绘社会反诈 "同心圆"。

三、2024年网络安全领域发展趋势展望

当前全球正加速向网络化、数字化、智能化转型，进入"数智"新时代，数字化与智能化成为新一轮世界产业革命的核心驱动力。**新安全格局保障新发展格局，战略目标向推进网络安全能力现代化升级。**2023年7月，《习近平总书记关于网络强国的重要思想概论》提出新思想、新理论、新要求，基于总体国家安全观和正确的网络安全观，紧抓网络空间安全技术发展的新特征，站在贯彻落实总体国家安全观的战略高度，全面加强网络安全保障体系和网络安全能力建设，坚决维护国家网络安全，实现高质量发展和高水平安全间的动态平衡。为加快推进网络安全能力现代化建设，以新安全格局保障新发展格局，"数智"时代的网络安全目标逐渐呈现网络安全防护能力的不断拓展和升级、先进安全能力构筑算力基础设施安全屏障、数据治理创新赋能数据要素价值高效释放、大模型技术迭代升级加速网络安全智能化时代来临等发展趋势。

（一）安全威胁难以绝对化规避，安全防护将拓展韧性能力

2023年以关键信息基础设施为攻击目标、以设施瘫痪和业务中断为目的的高烈度攻击层出不穷。由于网络设施的复杂性、暴露性特点，以及系统漏洞的天然存在和外部威胁的客观存在，难以做到100%地对所有网络攻击进行监测、识别和阻断。因此，数字时代的网络攻击、功能安全问题等难以避免，绝对化网络安全理念难以继用，驱动在传统安全防护的基础上叠加韧性能力。**一方面，网络安全设计从绝对化的"护盾"设计，转变为以强化网络自身抵御能力、容忍外部攻击为核心的网络韧性设计。**网络韧性与传统安全有一定区别，主要关注网络在受到极端网络攻击的情况下，通过一系列韧性技术，承受不利条件并能保障网络和业务以期望的基本性能运行，具备预防性、防御性、适应性和恢复性4个目标。2023年3月美国发布的《网络安全战略》，明确政府将优先考虑可防御和具有弹性架构的技术研究和开发，减少底层技术漏洞，以确保其网络安全。国际电信联盟无线电通信组（ITU-R）在全球6G愿景框架建议书（《IMT面向2030及未来发展的框架和总体目标建议书》）中，也提出未来构建6G网络安全需要同时

保证安全性、隐私性和韧性。**另一方面，新型网络安全防护理念和技术将推动网络全生命周期韧性能力。**为了提升网络韧性，需要以韧性工程为基础，结合零信任、拟态防御等新型网络安全防护理念和技术构建网络全生命周期韧性能力，如图 9-4 所示。在网络的初始运行期，通过资产、态势和威胁监控及时预判潜在风险，在受到攻击后网络迅速进入恢复反应期，通过系统损坏评估、网络行为分析、故障定位等精确发现脆弱点位，在网络的抵抗恢复期利用网络资源动态分配、攻击欺骗等技术迅速形成对威胁的抵御能力，并在网络的体系重构期迅速进行网络安全能力重构，通过攻击面收缩，逐步减少网络攻击对网络产生的影响，使得网络能够恢复正常运行，最终达到提升网络鲁棒性、缩短网络恢复时间的效果。

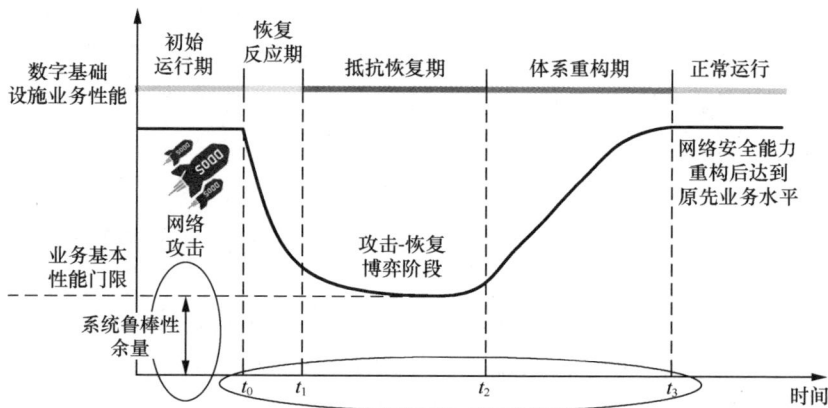

图 9-4　网络全生命周期韧性能力示意

（二）算力成为数字时代的核心生产力，网络安全防护能力同步建设

2023 年 10 月，工业和信息化部等 6 部门印发《算力基础设施高质量发展行动计划》，提出加强计算、网络、存储和应用协同创新，推进算力基础设施高质量发展。根据工业和信息化部公布的数据，截至 2023 年 6 月，全国在用数据中心机架总规模超过 760 万标准机架，总算力达到 197 EFLOPS，存力总规模超过 1080EB。算力基础设施成为千行百业应用的底座，其网络安全直接关系国家安全，算力基础设施网络安全的重要性逐步凸显。**一方面，算力基础设施提速建设中的"量"和"质"的安全风险需要高度关注。**从量来看，算力基础设施涵盖云、

网、边、算等多类设施和环节,网络安全风险积聚,风险点位和攻击入口增多;从质来看,算力设施、网络设施、调度管理系统等的安全风险交织,网络威胁可能会渗透不同设施和系统,安全风险级联影响增大。**另一方面,先进安全技术理念将支撑算力基础设施安全保障能力同步建设。**在算力网络方面,以内生安全理念为支撑,认证鉴权、通信加密、防篡改等安全能力贯穿算力网络各个环节,增强跨系统、跨网络域的安全隔离,结合态势感知、冗余备份等机制提升算力网络风险应对能力和可靠性。在算力中心方面,以可信计算体系为基础,通过信任根、可信度量等机制构建算力基础资源之间的信任关系,同步强化底层计算组件的安全可控。在算网调度编排方面,以建立动态信任体系为思路,运用零信任等架构保障算力和网络资源的访问和编排操作过程中的全流程访问安全,避免算力资源被侵占和滥用。

(三)政策和技术创新双管齐下,助力数据要素价值安全高效释放

自国家数据局正式挂牌成立以来,促进数据要素价值安全高效释放的相关政策举措加快出台。2023 年 12 月,国家数据局等 17 部门联合印发了《"数据要素×"三年行动计划(2024—2026 年)》,在 12 个重点领域推动数据要素高水平应用,同时提出要围绕法规制度、安全产品和服务等方面强化数据安全保障支撑。可以预见,未来我国数据安全政策和技术产业方面的创新力度将进一步加大,助力解决数据要素价值释放中的基础性问题,为构建安全高效的数据要素市场夯实基础。**一是以规范数据要素流通利用为导向的数据安全政策将进一步完善。在数据产权方面,**《中共中央 国务院关于构建数据基础制度更好发挥数据要素作用的意见》强调淡化持有权、强调使用权,创新性提出数据资源持有权、数据加工使用权、数据产品经营权"三权分置"的数据产权制度框架。作为数据要素市场化的基础前提,"三权分置"的数据产权制度的配套细则将加速出台,明确 3 种权利的权属认定、行为规范、授权方式,推动"三权分置"的数据产权制度真正落地。**在数据使用方面,**公共数据因权属结构相对清晰,其开放共享和授权运营是培育数据要素市场的关键突破口。各行业、各地区积极探索公共数据授权运营,但尚未形成统一的机制,可能存在数据安全和合规问题,亟待通过完善政策法规进行规制。**在数据跨境方面,**数据跨境流通是维系全球经济活动的重要枢纽,随

着我国加快推进高水平制度型开放，围绕便利化的数据跨境安全管理制度的探索将进一步深化，自由贸易试验区一般数据清单、负面清单等创新措施将加快落地实施。**在数据交易方面**，当前数商已成为促进数据要素流通与数据要素价值释放的关键主体，其在数据要素安全保障方面也将发挥越来越重要的作用，未来面向不同类型数商的数据安全责任和义务有望进一步明确细化。**二是以促进数据要素安全可信流通为目标的技术产品进一步丰富。** 在技术应用方面，隐私计算、数据沙箱、数据空间、区块链等数据流通安全技术的应用场景和领域将不断扩展，助力打造可信数据共享、开放、交易环境，有效提升数据流通环节的安全可靠水平。**在产品创新方面**，数据安全产品一方面将与企业数字化进程、数据治理需求紧密结合，实现基于数据流向和业务调度控制下的整体安全协同；另一方面，将向着标准化、规范化不断发展，各类产品之间的互联互通工作将逐步推进。**在生态培育方面**，数据安全"产学研"协作有望进一步做深做实做细，实现资源共享、优势互补、协同发力，构建数据产业与数据安全产业相互融合的生态体系。

（四）人工智能技术蓬勃发展，网络安全智能化时代即将来临

近年来，人工智能技术蓬勃发展，不断拓展网络安全防护新思路。从功能单一的小模型，到以微软 Security Copilot 为代表的安全大模型，不断涌现的人工智能模型正在以"虚拟安全专家"等形态赋能安全产业，引领网络安全走向智能化时代。

当前，安全大模型的发展呈现出两大趋势。**一方面，风险处置能力呈现集中化趋势。** 相对于规模较小的机器学习模型、深度学习模型，安全大模型汇聚多维信息，打通威胁信息间的"信息孤岛"，在逻辑推理能力、知识理解能力、泛用性等方面大幅提升。安全大模型有助于综合理解和分析安全领域特定数据内容，如威胁情报、漏洞、网络攻击技术等相关知识和术语，从而更为准确地识别网络安全风险、提供处置建议。同时，安全大模型可以更好地分析不同安全事件之间的关系、理解上下文相关性、挖掘潜在威胁情报等，进一步推断可能的攻击路径和可能发起攻击黑客组织。

另一方面，安全大模型的发展呈现内生式趋势。 大模型为网络安全带来了全

方位的提升。在产品侧，通过将大模型的逻辑推理能力和数据分析能力融合到下一代网络安全防护产品中，能够分析和理解复杂的网络流量模式，并检测异常活动或潜在的攻击行为。在平台侧，安全大模型在安全运营平台中辅助安全态势分析、安全事件预警等能力，快速发现并解决网络威胁，更加准确地分析和预测不断变化的网络安全态势。在人员侧，通过基于安全大模型的机器人构建安全专家队伍，极大程度地降低了人员能力要求、人员精力投入，提升了网络风险处理时效，帮助企业更安全地通过利用大模型提升生产力。

ISBN 978-7-115-64471-8

人民邮电出版社网址: www.ptpress.com.cn

定价: 129.80元